U0949885

世界政治与国际关系丛书

世界政治

[俄] M. M. 列别杰娃 著
刘再起 田园 译
刘再起 审校

WUHAN UNIVERSITY PRESS
武汉大学出版社

图书在版编目(CIP)数据

世界政治/[俄]M. M. 列别杰娃著;刘再起,田园译;刘再起审校. —武汉:武汉大学出版社,2008.10
世界政治与国际关系丛书
ISBN 978-7-307-06592-5

Ⅰ.世… Ⅱ.①列… ②刘… ③田… ④刘… Ⅲ.国际政治—研究 Ⅳ.D5

中国版本图书馆 CIP 数据核字(2008)第 160377 号

著作权合同登记号:图字 17-2007-070

责任编辑:胡 荣　　责任校对:黄添生　　版式设计:詹锦玲

出版发行:武汉大学出版社　(430072 武昌 珞珈山)
(电子邮件:wdp4@whu.edu.cn 网址:www.wdp.com.cn)
印刷:武汉中科兴业印务有限公司
开本:720×1000 1/16　印张:19.25　字数:292 千字
版次:2008 年 10 月第 1 版　2008 年 10 月第 1 次印刷
ISBN 978-7-307-06592-5/D·837　定价:36.00 元

写在前面的话

2006年是中国的“俄罗斯年”。2007年是俄罗斯的“中国年”。世纪之交的中俄关系已经发展到了一个崭新的高度。在平等互惠基础上，目前中俄两国的政治、外交、军事、经济、教育文化等领域联系之密切和规模之大，协作层次之高、程度之深可以说是前所未有的。作为一个普通的中国知识分子，作为一个留学俄罗斯并从事国际关系与俄罗斯问题研究的学者，我常常思考一个问题：中俄两个大国，又是互为最大之邻居，其历史与地缘政治之关系应该是远远超出一般国与国交往利益之范畴，如何继续深化我们两个民族、两国人民间的传统友谊和彼此之历史文化认同，并且由此产生发自内心之彼此尊敬？

从历史和国与国交往之现实看，相互了解是友好之前提，而只有建立在对彼此认识和了解的基础上，才能引发内心的尊重和信任，而建立在彼此尊重和信任基础上的友谊与关系才可能是长久的。中俄两国间历史交往的经验和教训启迪我们：幻想建立在共同意识形态的基础上的国与国的关系是经不起历史风雨的；只考虑各自民族和国家狭隘利益，而忽视国与国之间、民族与民族之间的认知、尊重与平等的国与国之间的关系同样是不可靠的。因为从历史的高度来看，国家、政党、集团、利益都不可能是长久不变的，即它们是个“变量”；而民族以及与之相生相伴的历史与文化则相对稳定：因为每个民族以及以该民族为主体而建立的国家都有其独具特色的历史与文化传统，而以此为基础形成的其对待内部和外部的价值观、世界观及处理各种问题的方法论，从而形成各个国家独特的政治文化、宗教文化、思想文化、外交文化、经济文化等。

无论一个国家的政治、外交和经济精英团队如何变化，以及不同政治领导人所推行的内政和外交政策如何演变，但是，作为一个民族国家的政治和外交文化则是相对稳定的。它像一只看不见的手在深深地、一贯地影响一个国家的内政和外交；而研究一个国家的政治与外交文化的最好的办法之一则是研读该国政治和知识精英的著作。

“言为心声”、“士乃秀民”。俄罗斯学术界部分精英的思想（著作），甚至部分学者直接作为俄政治和外交政策的制定者和执行者。如，俄前总理普里马科夫，既是著名的阿拉伯问题专家，又是著名的政治家和外交家；前俄罗斯外长科济列夫，前代总理盖达尔等，即使他们从政治和外交的最前线退下来后，仍然笔耕不辍，以其思想和学说继续影响着俄罗斯的对外政策。笔者在莫斯科 4 年留学期间，有幸接触和交结了大批的俄罗斯学界精英。随着与他们交往之增多和了解之深入，愈发产生一种强烈冲动：要把他们的著作介绍到中国。得益于武汉大学出版社的慧眼和颇费心力的支持，使得笔者有机会主持本套丛书的翻译。

武汉大学出版社引进的这套“世界政治与国际关系”丛书，其作者都是俄当代活跃的政治（国际关系）、外交学界的著名学者。例如:《国际关系社会学》就是本人的老朋友、俄“功勋科学工作者”茨冈科夫教授父子的新作，它是一部视野开阔、涉历广泛、才气横溢的好书。老茨冈科夫教授是著名的国立罗蒙诺索夫莫斯科大学社会学系国际关系社会学教研室主任，又是俄罗斯外交家的摇篮、国立莫斯科国际关系学院（也是笔者的母校之一）的教授；小茨冈科夫是美国南加利福尼亚大学国际关系学博士、美国圣弗朗希斯科国立大学国际关系学院教授。父子俩珠联璧合，近年来活跃于俄美两国国际关系学界，发表和出版了一系列有重要影响的著作和论文，受到俄罗斯、欧洲、美国学界和政界的尊重和推崇。《国际安全》一书则是俄外交界的老外交家、资深国际关系理论学家、著名的国立莫斯科国际关系学院资深教授库拉金先生的又一部崭新的力作。库拉金教授是一位在俄罗斯和西方深受尊重的学者，其知识之渊博、阅历之丰富、治学之严谨、学养之深厚和待人之诚恳，在俄政治、外交学界是有口皆碑。本人虽然与他年龄和资历相差悬殊，但我们之间的交往是非常顺利和愉快的，并且有幸多次听他的报告和发言。《世界政治》一书则是俄现今思维活跃、才思敏捷的“美女学者” M. M. 列别杰娃近期推出的一部得意之作。2005 年 9 月 21 日，笔者和该套丛书的另外 4 位作者及出版商在她办公室围坐一堂，品尝这位“美女学者”亲手为我们煮的咖啡，其间就有学人感叹：没想到，您煮的咖啡和您的著作一样有“味”。一个看似纤细文雅、彬彬有礼、谦让有加的“美女”竟然研究的是重大的国际和区域政治问题、安全问题、国际恐怖主义问题、冲突问题、生态和人口问题等。

Э. Н. 奥日加诺夫教授著的《政治战略分析（理论基础和方法）》已经被俄罗斯教育部门推荐作为俄高等学校“政治学”专业的经典教科书。А. И. 科斯京教授的《生态政治学与全球学》，在研究生态、能源、食品、自然环境和其他社会与政治问题方面更是有着独特的见解。我们相信通过这套丛书的引进和出版一定能为中国人民认识当今俄罗斯的政治、社会、经济、安全、外交等领域打开一个新的“窗口”，也冀望能借此之机为中国的“俄罗斯年”和俄罗斯的“中国年”作一个小小献礼，更希望能增加中俄两国人民间彼此的了解和尊重，并在此基础上长期和谐相处。

诚然，全球化、信息化时代日新月异，进步飞速，随着中国的“和平崛起”和建设“和谐社会”，提倡“和谐世界”的理念已经深入人心，作为古老的华夏民族，我们应该有自己独特的政治、外交和国际关系学理论和学说，在借鉴和学习外来文化及他国学科建设的成果时，不但不必言必称欧美，而且应当以“我”为自豪。企盼通过这套丛书的引进和出版，让国人知道在国际政治和国际关系学领域，除了英美国家的话语权威外，在地球的另一边即在我国的北边，还有一个伟大的民族和智慧的人民——一个叫“俄罗斯”的民族和国家，他们以自己的劳动和创造力顽强地追求进步和发展。一个伟大民族的开放应该是全方位的，建设“和谐世界”的理念也应该是全方位：东边的、西边的、南面的、北面的等，世界所有的民族和文化都有值得我们交流和借鉴的物质和精神，了解和吸收外来文明成果可以使我们的民族自信心得以加强，也可以使我们的创新能力的发展有更坚实的基础。

当然，需要指出的是，因为这是一套学术性译作，我们坚持忠实原著的翻译原则。所以，我们引进和出版该套丛书，但并不意味我们完全赞同原作者的观点和立场。

在全套丛书的引进和翻译过程中，我们非常感谢武汉大学领导、武汉大学出版社及本人所在院、系领导的大力支持，特别是武汉大学出版社的郭园园、游径海等同志为丛书的出版做了大量细致的工作。感谢各位参加翻译和校稿工作的同仁的同力协作，同时，我们也要感谢俄罗斯各界朋友的支持和帮助，特别要感谢我的妻子雷晓菊，她除了承担大量的本职工作和家庭劳动外，还不辞辛劳地为该套丛书的出版打字和反复校对。

随着译著《国际关系社会学》的出版，作为该套丛书的其他四部也将很快面世，欢迎国内同行批评教正。

刘再起

武汉大学国际关系学教授、博士生导师，

武汉大学俄罗斯乌克兰研究中心主任

2007年1月25日于武汉大学珞珈山

前　言

大众媒体每天都在播报新发生的事件。也许，没有哪一个人是不关注这些新闻的。众多事件被安排在一起，依次播出：会见和谈判，恐怖活动，冲突与合作，战争，大型的金融和贸易活动等。那么，应该怎样理解和思考这些事件，如何将其归类？世界政治舞台上又有哪些规律呢？

乍一看来，所有新闻可以划分为属于国内政治的新闻，以及与国外政治有关的新闻。苏联时期的电视和广播新闻节目就是按照这一原则编制的。那么现在的新闻分类是否与此一致呢？回答大概是否定的。在现代世界，国内与国外事件相互紧密联系在一起，因此也影响到了新闻播报的方式。例如俄罗斯最大的电视频道之一——俄罗斯公共电视台在2002年7月23日18时所播报的新闻题材和顺序就有所不同。新闻播报的日期和时间是任意的，内容包括：联邦安全局局长H. 帕特鲁舍夫向普京总统作关于恐怖活动的报告；大批巴勒斯坦民众对以色列夜间空袭感到恐慌；俄罗斯船只在丹麦海岸失事；明斯克法庭对前总理马·赤基尔进行审判；交通和信息部部长向普京总统汇报情况；M. 卡希扬诺夫总理召开企业联合会会议；美元汇价上涨；莫斯科遭遇酷热；俄罗斯飞机设计师诞辰等。

首先引起注意的是，对国内及国外事件缺少明确的划分。更多是按照新闻的重要程度和所涉及的领域区分的，例如纯政治新闻，政治—经济新闻等。所有这些都与世界政治的态势有着最直接联系。

世界政治是20世纪下半叶才出现的科学，但很快在许多国家得到普及。世界政治关注在当今世界进行的，且具有发展前景的政治进程，在这个意义上，世界政治（不同于历史）面向当今和未来，并以最紧密的方式与政治实践相联系。世界政治的另一个特性在于，不了解与之相近的领域的知识，如经济学，法学，社会学，心理学等方面，就不可能理解世界政治的内容。

我们向社会推荐的这本教材是俄罗斯最早的世界政治教材之一，它也不同程度地符合俄罗斯教育部对国际关系、政治学和地区学专业的专家培养标准，以及学士和硕士培养标准。世界政治这门课可以在俄罗斯各大专院校的社会学系，历史学系以及其他院系进行讲授。俄罗斯也有世界政治教研室。正如上面所提到的，世界政治在俄罗斯还是一门全新的科学和教育学科，还未形成应有的制度，因此，俄罗斯常常把世界政治理解为全球性的现当代问题，比如生态问题，艾滋病泛滥问题，恐怖主义，以及有政治影响的其他问题等。然而，这些问题虽然是世界政治学科的重要组成部分，但世界政治并不仅仅包含这些问题。此外，这些所谓全球性的问题只有通过理论的全面阐述才能被认识。

国内世界政治学的局限在于，在很长一段时期，前苏联和俄罗斯把国际政治舞台仅仅看做国家之间的互动领域，因此学科建设和教学课程只包括了对国家间的互相作用的研究，忽略了国际关系的其他参与者（跨国公司，非政府组织，国内区域等），以及与之相关的各种进程，如现代世界全球化、民主化、区域化、一体化等。

近年来，出版了许多关于世界政治的学术出版物，进行了有关世界政治问题的学术讨论。出现了不少有趣的文章和专著。所有这些都毋庸置疑地促进了俄罗斯世界政治学的发展。

本书的任务在于向大学生介绍世界现代政治结构的特点，世界政治的问题及其解决途径。本书适用于初学者，不着重展开阐述单个问题（一部教科书也不可能讨论所有问题），而是解释相互间的联系。因此我们建议学完这本书后，根据学校的方向和具体教学计划，再为学生开设世界政治的专题课程。

本教材的基础是俄罗斯外交部莫斯科国际关系学院政治学系的世界政治理论课程。感谢许多俄罗斯和国外同事的帮助，多年来和他们进行的讨论促进了对世界政治问题的理解。遗憾的是，作为作者的我不可能一一举出他们的名字，这里只想对莫斯科国家关系学院的第一副校长，政治学博士，И. Г. 秋林教授和莫斯科国际关系学院的副校长，哲学博士，А. Ю. 梅里韦尔教授特别表示感谢。我深深感谢国际政治进程教研室的各位同事，在教研室会议上讨论了本书的许多观点：经济学副博士 C. A. 阿风采夫副教授，历史学副博士 O. H. 巴拉巴诺夫副教授，政治学副博士 K. П. 波里什波列茨副教授，历史学副博士 B. M. 库拉金教授，政治学博士 B. E. 别特洛夫斯基教授，政治学博士 Д. M. 费里德曼教授，哲学博士 П. A. 茨冈科夫教授等。

多年来，我有幸与巴黎政治研究学院合作，制订和修改俄罗斯第一个国际关系硕士教学大纲。为此我向法国同事们致以最真诚的谢意。

非常感谢国关学院政治理论教研室主任，哲学博士，T. A. 阿列克谢耶娃教授为第二章作了注解；感谢国关学院国际关系和对外政治教研室主任，历史系博士，M. M. 那林斯基教授以及该教研室的历史系副博士，A. Ю. 西多罗夫副教授为第一章作了注解；感谢比较政治学教研室的讲师，政治学副博士 M. Г. 米罗纽恩克先生，在编写第一部分时使用了他提供的参考资料。

我还要感谢国关学院参与术语词典编写的各位同学：C. 阿达米扬茨，P. 波利绍夫，Д. 戈鲁边科，Ю. 吉诺夫斯基，M. 列别杰夫，B. 摩尔恰诺娃，A. 潘克拉托娃，E. 萨弗洛诺娃，H. 森切娃等，以及主持这项工作的我的研究生 P. H. 斯涅库尔。当然，如果没有日常与学生们的接触，本书也不可能问世，他们提出的问题和意见在出版前的准备工作中起着无比重要的作用。

这本教材是在国关学院完成的，我深深感谢学校的各位教师、研究生、本科生，当然还有校长——政治学博士，A. B. 托尔库诺夫教授。正是他们营造了我们学院的创作氛围。

最后，我必须感谢我的丈夫，历史学副博士 B. B. 列别杰夫，在他的帮助下，本书的许多观点，特别是安全问题的观点得以校正。

没有审阅者和出版者就不可能有本书的问世。我要特别感谢哲学博士 Ю. B. 科索夫教授，历史学博士 B. M. 谢尔盖耶夫教授，政治学博士 A. И. 索洛维耶夫教授和《新闻视点》出版社全体人员，我和这个出版社已经有多年合作；感谢 Л. H. 希波娃和她的出版专业团队，包括排版、校对、文字和美术编辑等人员。

正如上文所说，本书是俄罗斯国际政治的首批教材之一，缺憾在所难免。在此预先向读者们表示感谢，请就教材的内容和形式提出宝贵意见和建议，这不仅能帮助我们完善世界政治这门课程，更能促进将来更多教材的出版。

目录

第一部分 世界政治的历史与理论

第二部分 当代政治结构的特点

第三部分　世界政治的主要问题和观点

第一部分

世界政治的历史与理论

第一章　世界政治发展的概述

世界政治所研究的当代世界是几千年来在复杂而相互矛盾的环境中形成的。人类社会的社会政治机构以及民族之间的互相作用机制发生了变化。过去的遗产总会在今天体现出来，因此，只要回顾世界的历史发展，就可以理解今日地球上所发生的一切。通过分析历史，可以回答如下问题：什么以及为什么改变了世界政治格局，或者相反，什么以及为什么世界保持不变；什么是发展的大方向，未来可以期待什么。

第一节　世界政治体系：前发展史

许多世纪以来，人们居住在一起，建立村落、城市和国家。居民之间相互作用——贸易，战争，缔结条约，甚至拥有各种不同的代表机构，这些都是当代国际关系和世界政治的雏形。

在历史文献中可以找到大量民族间相互关系是如何形成的论述。首批描写民族冲突的经典著作之一便是古希腊历史学家修昔底德所著的关于希腊城邦联盟之间的伯罗奔尼撒战争（公元前 431—公元前 404 年）。这场战争是由雅典为首的提洛同盟和以斯巴达为首的伯罗奔尼撒联盟主导的。这部作品取名为修昔底德的《弥罗斯的对话》，成为把实力作为主要依据解决国际问题的范例。

希腊城邦的人口相对不多，其政权仅限于本城之内，有的城邦强大些，把其他城邦置于自己的影响之下，而弱小的城邦常常向强大的城邦寻求军事保护。城邦之间的相互关系一部分是通过互遣使节实现的，这些使节提出一定的条件，解决争端问题，签订贸易与和平协议。使节本身的要求十分严格：他们要有好记性，声音洪亮。

古希腊和波斯相互关系的例子十分有趣。由于没能占领希腊，波斯人开始向最强大的希腊城市及其同盟进贡金钱和船只，同时——正如我们的说法——对他们的政治，经济施与影响。尽管最终马其顿国王亚历山大的军队还是打败了波斯人。

有趣的事例!

这是《弥罗斯的对话》中的一段，它使我们对古希腊民族之间的相互关系有所了解。

雅典人：我们是有权力进行统治的，因为我们击败了波斯人……当实力相等时，人们之间按照权力行事，实力不等时——如果最强大一方坚持己见，弱小一方必须让步。

弥罗斯人：但是，我们认为，利益（说到利益，因为你们决定从利益而不是权力出发）不是让你们完全取消公众的福利，而是让身处危境的人总是得到其应得的。

雅典人：我们一点也不担心我们的统治会结束……我们需要的不是令人不愉快的权力，而是对我们双方都有利的你们的臣服。

弥罗斯人：你们做主人，当然是有利的，我们做奴隶，怎么可能对我们有利呢?

雅典人：臣服会使你们免于灭顶之灾，只要你们不灭亡，对我们就有利。

（修昔底德：《雅典人与弥罗斯人的辩论》（第五卷），载《希腊的历史学家——希罗多德，修昔底德，色诺芬》，莫斯科，1976，第211—222页。）

罗马帝国也起源于城邦，并沿地中海不断扩大领地。希腊各城邦也并入了罗马帝国。罗马帝国的迅速扩张导致了领土控制的一系列复杂情况。他们是通过不同方式来实现领土的管理——从任命罗马执政官到利用当地行政机构。公元1—2世纪时，罗马倾向于非直接管理，由地方政权处理日常事务。因此地方传统不仅未被根除，相反，常常被保留下来。

众所周知，文明中心不仅产生在地中海，中国、印度、日本、近东以及中美洲的古代文明发展也达到了很高水平。比如在古代中国，大约与古希腊存在城邦国家的同时，中国形成了领土割据，各方都利用武力捍卫自己的统治。这在中国古代著名军事家孙子所著的经典作品《孙子兵法》中可以得到反映。中国古代文明在社会结构、艺术、教育、经济领域取得了巨大的成就，在许多方面超过了欧洲人。拥有共同的宗教基础——印度教（形成于10世纪）的古印度，在政治层面上也是一系列独立政权，它们之间也相互作用。总之，古代世界形成了一些国际关系的重要因素，比如谈判和缔约实践（进行谈判和签订合约），派遣使节磋商问题等。

大约在7—9世纪（扩张时期，随阿拉伯哈里发政权的瓦解而结束）和10—11世纪（阿拉伯—穆斯林文化的高速发展时期）阿拉伯文明繁荣兴旺。13—15世纪伊斯兰教正处于鼎盛时期，稍晚出现的奥斯曼帝国征服了巴尔干、美索不达米亚和北非。

14世纪，欧洲政治体系最发达的法国和英国开始了百年战争。对大部分欧洲人来说，14世纪是残酷的。正是在这一时期欧洲盛行鼠疫，鼠疫也叫黑死病，夺去了许多生命。但同时欧洲中世纪又与“新技术”发展相联系——出现了来自于中国的火药和罗盘。

中国文明在东方的发展使得日本受到了其强大的文化影响。因此（从16世纪起）日本同世界其他国家——尤其是欧洲文明——隔绝开来。直到19世纪中叶，日本才积极地开始现代化和工业化。

在地球的其他地方发生了什么事情呢？从3—5世纪，拉丁美洲的玛雅文明得到了最长足的发展，而阿西德克和印加文明在接近15世纪时达到了顶峰。5世纪，加纳建成了赤道非洲最早的王国之一。14世纪，非洲大陆的马里则形成了贸易和教育中心。贸易区内的黄金、盐、棉花、毛皮、铁和铜的交易进行得非常活跃。整体上说，10世纪以后非洲国家已经逐渐形成。然而，从16世纪起，这些国家处在欧洲人强有力的控制之中。欧洲人贩卖奴隶，从而翻开了非洲历史新的残酷的一页。

约从15—16世纪起，即从文艺复兴和宗教改革时期起，欧洲便成为世界的领先地区。这一历史发展时期的地理发现以及经济发展的总水平促使欧洲国家侵占新的领地。15世纪末葡萄牙航海家瓦斯科·达·伽马到达印度，葡萄牙宣告发现了从欧洲到南亚的海路。荷兰人也开发南亚，然后以南非国家为基地，为驶往亚洲的船只补给水和食物。在现在的开普敦地区开始建立欧洲居民点。

自 15 世纪中克里斯托弗·哥伦布发现美洲起，开发美洲的进程就开始了。最初的强国是葡萄牙和西班牙，而法国和英国起先甘拜下风，但后来它们选择了一条西北路线进军美洲大陆，在被占领的欧洲以外的领土上推行在欧洲大陆上形成的政治制度和秩序。

已经开始形成的资本主义对欧洲来说具有重大意义。资本主义的诞生使人类发展史出现了新的工业化时代，这一时代使得作为世界政治体制基础的中央集权国家的成立成为可能。同时，欧洲人又重新关注古希腊和古罗马时期的古典文化。文艺复兴时期意大利一些城邦国家重新发现了古希腊曾实行过的国际关系的许多方面，包括实力原则，这反映在当时思想家的著作里（首先是马基雅维里），表现在建立国际关系的实践中。14 世纪意大利出现了第一批对外代表机构，它成为外交使团的雏形。

有趣的事例!

象征饮酒、欺骗和狡猾的畜牧、商业及赢利之神赫尔墨斯被选为外交官的庇护人，在希腊神话中，他还是牧人和旅行者的庇护人，众神使者（神的意志的信使），能言善辩的象征。

于是，正是在欧洲产生了这样一种政治模式，由于随后欧洲人对其他大陆民族的殖民统治，它便成为世界共同的政治模式。因此，在谈到世界政治模式的发展时，有时会提到西方化。

在一千年间（约从 500—1500 年），尽管居住欧洲的各民族有种族和语言差异，但是欧洲实际上是在统一基督教原则的基础上得到了发展。罗马教皇主要充当了封建领主间领土及其他争端的仲裁者角色。16 世纪初，许多国家又一次开始强化王权，王权对罗马教皇构成了威胁。同时，开始了旨在反对天主教教会的运动。西欧进入了宗教改革时期。马丁·路德 1517 年在德国的演说为宗教改革拉开了帷幕。宗教改革拥护者反对天主教教会及其残酷的等级制度，反对对土地财产的所有权等。宗教改革为新教奠定了基础。

第二节 威斯特伐利亚和约的缔结以及世界国家中派政治体系的形成

17 世纪中叶，分布欧洲各地的诸侯们加强了对各自领土的控制，企图摆脱罗马教皇及皇帝，获得独立。欧洲开始了内战。最大规模的内战是 30 年战争。欧洲大部分国家出于不同原因，包括宗教的、王朝的、领土的等原因都参与了这场战争。战后 1648 年威斯特伐利亚和约的签订成为历史发展最重要的标志，它表明新的政治制度的形成（新政治制度不足 400 年，因此与人类历史相比，是相对不长的“年龄”）。和约签订的基础是民族国家（英语：nation-sate）的思想。产生于欧洲的这一政治制度模式后来传播到其他大陆，真正成为了世界性制度。确实，地球上有些地方的国家有时不完全像欧洲，它们有时不是历史发展的结果，而仅仅是殖民征服的后果，这些国家被随意划定边界，当地传统和社会生活同外来的东西复杂地交融在一起。20 世纪的历史都可以说明这一点。

威斯特伐利亚和约包括两个和平条约，谈判持续了好几年，分别在明斯特和奥斯纳布吕克两个城市（威斯特伐利亚）进行。这两个条约签订于 1648 年，签约方分别是德意志民族神圣罗马帝国与法国（明斯特），以及德意志民族神圣罗马帝国与瑞典及新教德意志诸侯国（奥斯纳布吕克）。威斯特伐利亚和约保证了法国、瑞典及其盟国获得大片领土和干预帝国事务的权力。荷兰和瑞典同盟被承认为主权国家，德意志各诸侯也被承认享有国王的权利。德意志民族神圣罗马帝国变成了近 300 个独立国家的混合体。威斯特伐利亚和约也承认新教徒和加尔文教徒拥有信仰宗教的权利和选择宗教的自由。有时人们将 1648 年 1 月 30 日荷兰与西班牙签订的和平条约也归入威斯特伐利亚和约。该和平条约结束了两国之间 80 年战争（从 1625 年开始的两国之间的战事通常被认为既是 30 年战争的一部分，也是 80 年战争的一部分）。

新政治体系的产生并非空穴来风，15—16 世纪欧洲的历史发展为它做好了准备。它不仅来源于古希腊，与罗马帝国的领土相互关系，也来源于中世纪晚期意大利城市的政治传统。威斯特伐利亚和约被认为是民族（国家）主权（英语：state sovereignty）的关键性原则之一，开创了新的关系体系，该体系后来被称为“威斯特伐利亚模式或者国家中心世界模式（体系）”。

国家主权原则确定了每个国家对自己的领土拥有全权，有权决定对内对外政策，国家权力不仅局限于政治方面，事实上，正如英国学者泰勒（P. J. Taylor）所指出的，国家还有权决定其经济、社会和文化战略。这也是国家所自然拥有的权力，就像地理景观必然拥有河流、山岭和大海一样。拥有国家权力的权利受到其他国家的尊重，其他国家不得干涉邻国的内政。还有一项事实也是很重要，那就是国家主权原则不承认高于国家主权的其他权力。

总的来说，根据民族国家思想，拥有主权的国家具有四个主要特征：

- 拥有领土；
- 拥有居住在这一领土上的人口；
- 合法统治居民；
- 为其他民族国家所承认。

上述任何一个特征不具备，国家就不可能存在，或者受到严格限制（比如不被其他国家承认）。

近年来，争取国家被承认成为十分迫切的事情。如果世界大多数国家拒绝承认某个国家，那么这个国家不可避免地会碰到经济和政治困难。

有趣的事例!

今天，领土是民族国家一个最明显的特征。但在过去，民族国家成立之前，当局主要关心管制居民（征收敛财，镇压起义等），促使当局占领新领土的重要动机是从居民手中获得收入来源。这种情况下，一般说来，当局不会强制干预人民的与民族风俗习惯、教育等相关的日常生活。

以后，国内及国家之间的关系体系开始建立起来，该体系有自己固有的管理机制以及机构自己的政治和法律准则，而民族国家变成了建设世界政治体系的某种“分子”和单位。在此情况下，正如一位当代法国研究人员盖埃诺（J-M Guehenno）所指出的，威斯特伐利亚和约的签订者非常明白，他们所建立的世界秩序不可能建立在宗教等价值取向上。价值不容讨论，在此问题上谁也不会作出让步。正因为如此，威斯特伐利亚和约的确是一个进步的决定，使民族利益成为世界国家中心模式的基础，衡量民族利益就有可能达成妥协。主权民族国家之间的相互作用构成了国际关系体系（涵盖各领域——经济、政治、法律、社会、文化等的国际交往的参与者之间的相互作用和相互关系）。

对外政策是国家及国家机构在自己的主权领土之外为了实现民族利益而采取的行动，世界国家中心模式发展初期的对外政策与我们今天所看到的有所不同。对外政策的制定与实施只由贵族担当，这些贵族常常具有血缘关系。尽管如此，但也同我们今天一样，对外政策旨在调整国家间的关系。

有趣的事例!

17 世纪末，国际交流语言是拉丁语。顺便提一下，威斯特伐利亚和约本身也是用拉丁语撰写的。稍晚些，在 18 世纪，对外事务上法语取代了拉丁语。

因此，由于国家在其领土上垄断了动用武力的权力，建立于 17 世纪的世界国家中心体系结束了国家内讧，但同时又导致了后来国家之间的大量冲突，包括 20 世纪的几次世界大战。

最初，国际舞台上国家间的相互作用是通过国家联盟来调整的。这些联盟根据一系列原则协商自己的外交行动。18 世纪初签订乌德勒支和约时第一次出现力量平衡（英语：balance of power）的术语，20 世纪下半叶它在政治词汇中得到广泛传播。乌德勒支和约结束了争夺西班牙遗产的战争，这场战争以法国和西班牙为一方，以英国为首的国家联盟为另一方。

18 世纪末 19 世纪初，英国的作用增大了，是英国最先开始工业革命。其竞争对手是法国。同时，西班牙、瑞典、荷兰开始丧失昔日的威力。然而，普鲁士和俄罗斯正在强大，它们成了国际关系中最重要的参与者。

法国革命后的拿破仑战争以法国战败而告终。维也纳会议对此进行了总结，并恢复了被破坏的国家主权原则。在威斯特伐利亚世界模式的框架内形成了国际关系体系，该体系被称为“欧洲音乐会”，或被称为“维也纳国际关系体系”（英语：Concert of Europe）。

虽然不同国家间依然存在利益冲突，但是主要的欧洲国家在这一框架内努力寻求合作以防止欧洲大陆新战争的发生。维也纳国际关系体系建立在这样的基础之上：赞成最强大的欧洲君主国（超级大国，包括俄罗斯）保持在欧洲的领土和政治地位，允许集体干预受到革命威胁的国家的事务；要求就有关领土和其他问题进行外交协商。总之，正如美国研究人员、政治活动家基辛格指出的，19 世纪的欧洲正是传统的民族利益和不断变化的力量对比关系决定了外交手段，决定了联盟的建立与瓦解，决定了势力范围的改变。

19 世纪末的特点是大国激烈地争夺新的殖民地。世界实际上被主要的欧洲国家瓜分了。欧洲政治体系扩大到整个地球。20 世纪初，世界舞台上出现了新的国家。首先是美国（它成为世界经济的领头人），然后是日本、德国和意大利。从此，欧洲不再是造就新的世界列强国家的唯一大陆。

20 世纪因两次世界大战而闻名。第一次世界大战（1914—1918 年）以德国及其盟国的战败而告终。1919 年 6 月在凡尔赛签订和约，它规定了德国新的领土界线。与盟国也签订了和平条约。凡尔赛条约的一个组成部分是国际联盟章程。国际联盟是政府间组织，以发展民族合作与保障民族和平与安全为其主要宗旨。最初签约的有 44 个国家。美国没有批准这个条约，也没有加入国际联盟。未加入该联盟的还有苏联和德国。

集体安全主义是创建国际联盟的一个重要思想。它规定国家有合法权利抵抗侵略者。众所周知，集体安全主义实际上没能执行，世界又陷入新的世界大战之中。1939 年（第二次世界大战开始）国际联盟事实上已经不存在，尽管其形式上是在1946年瓦解的。但是国际联盟其体制和程序上的许多做法，甚至其主要宗旨都为联合国所继承。

有趣的事例！

由于第一次世界大战，德国丧失了约13.5%的领土及10%的人口，还有殖民地。同时，德国及其盟国被认定对战争所造成的损失和破坏负责。

第一次世界大战结束后，国际关系体系是在美国倡议召开的华盛顿会议（1921—1922年）上得以完成的。该体系规定了太平洋地区新的力量的布局。形成于两次世界大战之间的国际关系体系被称为凡尔赛—华盛顿体系，或两战之间的体系。与“欧洲音乐会”一样，该体系也处于威斯特伐利亚世界模式的框架内。尽管如此，20世纪实际上第一次建立起了超越欧洲、覆盖全世界的国际关系体系。

凡尔赛—华盛顿国际关系体系在很大程度上是在战胜国政治和军事战略构想的影响下建立的，而忽视了战败国以及新成立国家（欧洲出现了10个新国家）的利益。因此该体系是矛盾的、不稳定的。其后果是无法避免第二次世界大战（1939—1945年）的发生。“二战”的结束产生了新的国际关系体系——雅尔塔—波茨坦体系，该体系同之前的体系一样，是威斯特伐利亚世界模式的一部分。第二次世界大战中的战胜国在雅尔塔会议（1945年2月4日—11日）和波茨坦会议（1945年7月17日—8月2日）上签订的条约为该体系奠定了基础。

雅尔塔—波茨坦体系的重要特点是两极性：它是以两个超级大国（苏联和美国）相对其余国家拥有的军事政治优势为基础的。这一优势首先是由于核武器的存在。核武器可以多次毁灭两个超级大国及其盟国。雅尔塔—波茨坦体系的另一个重要特点是建立了围绕两个超级大国的互相对抗的军事政治集团。总之，“二战”后国际关系的发展既复杂又矛盾。正如上文已经指出的，“二战”后成立了联合国，其宗旨如下（保留至今）：

“1. 维持国际和平及安全……

2. 发展国际间以尊重人民平等权利及自决原则为根据之友好关系……

3. 促成国际合作，以解决国际间属于经济、社会、文化及人类福利性质之国际问题，且不分种族、性别、语言或宗教，增进并激励对于全体人类之人权及基本自由之尊重。

4. 构成一协调各国行动之中心，以达成上述共同目的。”

联合国的成立实际上成为实现集体安全思想的第二次尝试。“二战”后的国际关系发展十分积极，签订了大量多边和双边合作条约。1975年，欧洲安全与合作会议（后来成为欧洲安全与合作组织）签署的赫尔辛基最后文件是重要的里程碑。文件使国际紧张局势得到了缓和。

但是除了合作外，战后时期的特点还在于新的对抗。世界分裂为两大集团，其竞争不止一次把世界推向世界大战的边缘。正因为如此，与两大集团对抗相关的国际关系体系叫做两极化体系。军备竞争、限制军备竞争、军事安全问题都是国际关系的中心问题。从整体上说来，两大集团的对立被称为冷战（英语：cold war）。

两大对立的集团各自拥有军事同盟：成立于1949年的北大西洋公约组织（英语：North Atlantic Treaty），以及成立于1955年的华沙条约组织。“力量平衡”这一概念成为雅尔塔—波茨坦国际关系体系的一个关键因素。世界被两大集团划分为两大影响区。进行着激烈的斗争。

两极出现的时间是有争议的，许多研究人员认为它是在“二战”后马上形成的，但是有另外一种观点，比如由俄罗斯研究人员博加杜罗夫提出的观点。他认为，当时两极作为国际关系的固定模式并未存在。其格局的形成大约需要10年时间。

1962年的加勒比海（古巴）危机是战后历史上最危险的时刻，当时美国和苏联都认真讨论过进行核打击的可能性。

“二战”以后国际关系发展的重要阶段是殖民主义的崩溃，尤其是20世纪60年代，几乎整个非洲大陆都摆脱了殖民主义。发展中国家第一次开始影响世界政治的发展。它们加入联合国，1955年组织了不结盟运动（英语：Nonaligned Movement）。创建者的意图是该组织应该对抗两大相互抗衡的集团。同时，在联合国及其相关组织内部，这些不结盟国家对许多问题持相同立场，试图使国际关注本国贫穷的经济状况。1964 年联合国贸易与发展委员会第一次会议上，77 个国家，即所谓的“77 国集团”，宣布它们将通过多方外交解决最重要的国际经济问题。至 1990 年已有 130 个国家加入了该集团。

20 世纪 80 年代末 90 年代初的特点是苏联解体，华沙条约组织军事战略集团的瓦解及东欧国家和前苏联各加盟共和国剧变。这些地区成立了一系列独立国家。俄罗斯成为苏联在联合国安理会的合法继承者。伴随着这些变化，世界进入了冷战结束后的新的发展时期。

开始，许多国家，首先是西方国家欢欣鼓舞甚至是带着浪漫主义情怀来看待这些事变。1989 年出版了美国作家弗兰西斯·弗库雅玛的文章《是历史的终结吗?》（*The End of the History*?）。作者预言了民主的胜利，认为无须再用武力解决世界争端，不再有武装冲突。从这个意义上说，这是历史的终结。

思考材料

20 世纪 90 年代初美国研究人员乔·穆罗斯写道：一枚埋在欧洲的最大的炸弹是繁荣的西方与原属于东方集团的贫穷的中欧，以及更为贫穷的巴尔干、苏联之间日益扩大的鸿沟。这很可能将导致社会的不稳定，导致企图拉平差距，这有可能酿成公开冲突。

（穆罗斯：《东欧的发展及其对世界其他国家的政治影响力》，载《爱尔兰国际事务研究》1991 年第 3 版第 3 期，第 49 页。）

思考题：

您同意这种观点吗?（您的依据是什么?）

然后，20 世纪 90 年代，在看似平静的欧洲激发了冲突（这引起了欧洲人与美国人的特别关注）。于是产生了完全对立的理论。美国研究人员萨缪尔·亨廷顿1993年在文章《文明冲突》中提出了与弗兰西斯·弗库雅玛相反的观点，预言会产生文明基础上的冲突——文明冲突，虽然他的观点受到了批评，但一时间，由于发生了冲突（特别在欧洲），这种观点变得相当普遍了。

这样一来，我们简略地“描画”出了不同时期中世界各民族相互关系的轮廓。但是可以从国际范围错综复杂的相互关系发展中划分出某些阶段来吗？对此问题布赞和利特尔在《世界历史上的国际关系》（*International Systems in World History*）一书中给出了一种答案。该书引发了许多争论和评论。该书的两位作者把国际关系发展划分为4个阶段。他们的划分不是指国家间的相互作用（也是威斯特伐利亚世界模式中的体系），而是世界政治体系，或是其发展的阶段。

被这些研究人员称之为前国际的（英语：pre-international）第一阶段，是地球原始公社关系时期所特有的。当时部落与附近的邻居互动。并且，在相互之间距离较远的民族间已出现了食品交换。第二阶段——古老的、古典的国际关系（英语：ancient and classical international systems），该体系由古代世界文明所建立，其特点是存在发达的贸易、经常征战和以侵犯相威胁、创建同盟、进行有关相互承认地位的谈判、分配自然资源。第三阶段——根据布赞和利特尔的说法，是现代阶段，它约从16世纪开始，起先与国际互动的大量参与者有关，参与者包括中世纪的城邦国家、修道院、天主教教堂等。后来，形成了民族国家，并在全球推广。

该体系的进一步发展又引发分化出国际互动的新“单位”，如非政府组织，跨国公司等。最后根据他们的意见，20世纪末21世纪初，我们有可能成为国际关系体系发展的第四阶段的见证人。但是，研究人员写道，如果真是这样，在时代交替之时，发展的动力较之从前是不一样的。今天在现代国际关系体系中我们似乎看到“两个世界”：一个世界发生着根本变化，同时另一个世界却继续保持原状。“第一个世界”——发达国家，“第二个世界”——发展中国家。后一类国家继续“生活”在国家间力量关系依旧极其重要的世界中。作者们在2000年《国际研究述评》（*International Studies Review*）杂志举办的圆桌会议上指出，甚至在经历过快速现代化的东亚国家，国家仍还是十分脆弱并诉诸武力。

20 世纪末 21 世纪初，从整体上来说，国际关系和世界政治领域的争论更多地不是就单个问题（比如，裁军、经济发展等），而是就一整套世界政治问题。威斯特伐利亚世界体系正发生着重大变化吗？这种变化令人谈起体系的消亡或者至少被侵蚀。如果是，那么什么可以或者应该来替换它？当代世界国家的作用是什么？国家是否正丧失其权势而让位于国际组织或国内区域？什么是当代国际关系体系的基础？当代世界的经济和法律有什么作用？这许许多多的问题便构成了世界政治作为一门科学的本质，它的一个特点是面向未来，寻求人类面临要解决问题的答案。

关键术语

国际关系
世界政治
民族国家
民族主权原则
威斯特伐利亚世界模式或国家中心世界模式
国际关系体系
外交政策
“欧洲音乐会”（维也纳国际关系体系）
威斯特伐利亚和约
政府间组织
联合国
凡尔赛—华盛顿国际关系体系（两战间的国际关系体系）
雅尔塔—波茨坦国际关系体系
两极化国际关系体系
国际紧张局势的缓和
冷战
北大西洋公约组织
不结盟运动
国际联盟
集体安全

讨论题

在民族国家体系形成之前世界政治发展的主要阶段及特点是什么？

如何说明威斯特伐利亚世界模式最重要的因素？

欧洲国际关系体系——“欧洲音乐会”最重要的特点是什么？

凡尔赛—华盛顿国际关系体系的主要特点及发展阶段是什么？

雅尔塔—波茨坦国际关系体系有哪些特点（这一体系是如何变化的）？

冷战结束后世界政治发展的主要问题的争论实质是什么？

实践题

运用历史文献填写所给出的表格：

日期	国家/地区	社会政治组织主要原则	国际互动的形式

参考文献

《俄罗斯联邦的外交政策》，莫斯科，2000。

《外交史：第三卷》，莫斯科，1941—1945。

卡利瓦科列西：《1945 年后的世界政治：第二卷》，莫斯科，1999—2000。

基辛格：《外交学》，莫斯科，1997。

普罗托波波夫、科济缅科、叶尔马诺娃：《1648—2000 年的俄罗斯国际关系史和外交政策》，莫斯科，2001，第一部分。

博加杜罗夫主编：《国际关系体系史：第四卷》（1918—1945），莫斯科，2000。

弗库雅玛：《是历史的终结吗?》，载《哲学问题》1990 年第 3 期，第 134—148 页。

亨廷顿：《C. 文明的冲突》，载《城国》1994 年第 1 期，第 33—48 页。

哈伦别尔格：《人类编年史》（第二版、增补版），莫斯科，2000。

网络资源

新闻：	http://www.broadcast.com
	http://www.cnn.com
	http://www.interfax.com
	http://www.megastories.com
	http://www.newslink.org
	http://www.reuters.com
各国外交部网址：	http://people.itu.int/~baldi/mofa.htm

第二章　国际研究中的理论流派

国际舞台上所发生的事件须加以理论的思索，因为这些事实本身只说明了已发生的事情，并不能解释某件事情为什么会发生。理解和解释该问题不仅对于研究人员很重要，而且首先对与国际互动有某种联系的从事实际工作的人，对政治家、外交家、商人、记者等都很重要。正是基于这种解释，可以对未来发展的趋势作出评价和预测：正如著名心理学家列文所说，没有比好的理论更符合实际的了。的确，正如后来被讽刺的那样，寻求这样的理论仍是一大难题。但这已经是研究人员的任务了。

历史长河中，理论观点不断发展变化，相互影响。最初，对国际关系的思索是在不同的学科范围内——首先是在历史学范围内进行的。

20 世纪乃多事之秋（两次世界大战，大规模杀伤性武器的发明，冷战，冷战结束后世界的变化等），这刺激了纯国际关系领域理论的发展。此外，20 世纪社会科学领域科学思想本身的潜力也有助于更全面地从理论上了解国际舞台上所发生的事件。由于这些原因，国际关系和世界政治理论在 20 世纪获得了迅猛发展，首先在美国是如此，这的确让著名研究人员赫夫曼（St. Hoffmann）（他先在巴黎受教育，以后又来到美国）有理由大加讽刺地称这些理论为“美国的社会学”。

国际关系极其复杂，并且是多方面的，因此，不存在某种可以解释国际现实全部多样性的统一理论。不同的理论方法是以不同的公理体系（初始观点）为出发点的。同时，由于在世界国家中心模式框架内，国内外政策被清楚地分开，理论范畴的研究也是分开的：国际关系理论和政治理论的制定是相互平行的。然而，20 世纪末 21 世纪初世界的发展，尤其是国内政策与国外政策间界限的消除，这些很明显地给研究人员提出一个任务——创立包括理论探索的政治理论。这些理论探索不仅存在于政治学领域，还存在于国际关系领域。加之许多问题就其本质是一致的，比如道德和政治，人的本性及许多其他问题，包括政治领域理论观点的哲学起源。

目前，有关国际关系和世界政治的研究通常分为以下几个基本理论流派：现实主义（现代它主要表现为新现实主义），自由主义（今天其基础是新自由主义），新马克思主义及后现代主义，这些流派代表人物之间的讨论使人们有机会更好地理解当今世界舞台所发生事件的意义。

第一节　现实主义和新现实主义

政治现实主义，或者干脆说现实主义，其理论流派起源于这样一些作者的作品，比如修昔底德，马基阿韦利，戈布斯等。其代表之首则是：卡尔，凯南，摩根索，尼尔布。

现实主义是国际研究中最古老的理论流派之一，要求尽量准确、真实地描写国际关系，即研究客观存在，而不是研究希望或者将来可能发生的事情。现实主义产生于20世纪上半叶，最初是批评政治领域中忽略国际舞台强力关系的道德说教和空想。现实主义以人类自私的本性为出发点，根据现实主义者们的想法，自私的本性是不可改变的。

现实主义者把国家作为分析的“单位”，把国际关系看做国际舞台上杂乱无章的国家间互动，而该国际舞台正是尖锐对抗的“场”。根据现实主义理论家沃尔弗斯（A. Wolfers）的比喻，各个国家好像台球一样，互相碰撞。据戈布斯的说法，正是在这个意义上，国际关系是“一切人对抗一切人的战争”。因此，这种关系被现实主义者们描写为“无政府主义的关系”。

批评家指责现实主义者没有看到调整国际关系的可能性。但是，事实上并非如此。按照现实主义者的想法，杂乱无章的相互作用关系是通过各种各样的条约关系来进行调整的。在此，应该对沃尔弗斯（A. Wolfers）在国家间的合作问题上所做的详尽的理论研究作出应有的评价。而且，根据现实主义者的观点，国家本身在国际舞台上的活动是出于三个戈布斯动机：达成并保障国家安全；满足在政治上起举足轻重作用的居民阶层的经济需求；提升国家的威信。

为了公正起见，应该指出，如此强调国家，把它作为分析“单位”，这不仅仅是国际关系的特点。按照美国研究人员福开森（Y. Ferguson）的看法，19 世纪末 20 世纪初出现现代社会科学时，正值国家鼎盛时期。正因为如此，社会学、政治学、经济学及其他学科都完全接纳了所谓的国家主义，把国家作为“计算点”。

在现实主义看来，国家和国际关系体系自身的存在取决于对民族利益（英语：national interest）明确的追求，这是现实主义理论的一个关键概念。正如现实主义者断言的那样，民族利益具有客观性，因为它由传统、不变的人的本性、地理条件等这些客观因素决定的。因此，现实主义的问题在于如何确定这些利益，以及该由什么来决定具体政治家对此理解的差异。比如，什么样的外交政策符合俄罗斯的民族利益。显然，不同分析家的看法将是不同的，同样，其他任何国家的情况都是这样的。

国家遵循自身的利益在国际舞台上活动时，它应该以评估自身的可能性（实力）为出发点。因此，现实主义的又一个重要的范畴便是“力量”或者“威力”（英语：power）。现实主义的另一个同样重要的概念便是“国家主权”。这是国际法的基石，它一方面给予国家行动的自由，另一方面，又不免除国家对自己所采取行动所负的责任。

现实主义者以从道德观上考虑政治行为的重要意义，考虑政治行为与道德要求之间不可避免的矛盾。他们强调没有一个国家拥有垄断权力来确定美德以及从道德观上确定“什么是好，什么是坏”。正是民族利益这个概念预防了此类权力的滥用。

在现实主义者看来，维护和平最有效的方法是力量平衡，它不仅产生于国家极力追求的民族利益的冲突中，而且也产生于文化的一致，产生于双方对各自权利的相互尊重以及对基本原则达成的一致。著名法国理论家阿龙（R. Aron）把国际关系定义为“外交家和士兵的领域”，这并非偶然。

纳粹分子掌握政权后，德国研究人员摩根索（H. Morgenthau）来到美国，发表了独特的古典现实主义宣言，形成了他的六个主要原则。摩根索（H. Morgenthau）的观点很大程度上是在 19 世纪末 20 世纪初从事分析和研究国家相互关系的历史学家的影响下形成的。他写道，外交政策，正像任何政策一样，都是为政权而战的。无论其目的如何，追求权力总是施政的主要动机。

现实主义在20世纪40—70年代十分普遍，它反映了第二次世界大战以及冷战的现实。接着，它被新现实主义所取代。国家在国际舞台上的互动与竞争是当时研究的主要对象，其他都是次要的。因此，现实主义者在分析国家间的互相作用时，特别注意军事领域的研究。

有趣的事例!

摩根索（H. Morgenthau）的六个原则：

1. 政治受客观规律的支配，客观规律的源头应在人的不变的且不完善的本性中去寻找；

2. 政治现实主义的核心是民族利益这个概念，而民族利益又是通过实力这个概念来确定的；

3. 民族利益是客观概念，但其具体内容取决于政治和文化环境；

4. 必须从道德观上考虑政治行为的作用。同时必须了解，在道德要求和政治行为要求之间存在着不可避免的矛盾；

5. 民族利益概念防止了从道德观上滥用确定“什么好，什么坏”，因此，任何一个国家都不拥有确定美德的垄断权利；

6. 政治现实主义从大量的有关人的本性的观点出发，人类本性包括经济的、政治的、道德的成分。“实力”这个概念所给出的民族利益的定义对政治家来说，就像是经济学家将利益定义为财富一样。

战后出现的被称为现实政治（德语：Realpolitik）的研究方法是现实主义的一个流派，尽管德国政论家罗谢早在19世纪就已经使用过这个术语。该流派假设的前提是国家为了维护和平，应该准备战争。较为“温和”的说法是，现实政治是指政治活动的原则，据此原则，应特别注意对手的真实利益，而非对手所宣称的一切，武力只是在一切可能发生作用的手段穷尽之后才准备采用。

地缘政治因为其具有的一系列特征也可以被视为现实主义主要观点的一个流派。地缘政治中，考量国家的威力要考虑到其领土、地理位置、气候、地形、人口、资源、出海口等因素。地缘政治学家认为，国家的主要任务是拓展和增加这些资源。“地缘政治学”术语曾广泛地为德国第三帝国的侵略目标服务。

同时，地缘政治学也包括了一系列超出现实主义范围的观点。比如，它不强调实力与国家概念的绝对关系（特别是最近时期）；在一些研究中出现了神秘主义的成分等。因此，地缘政治学常常被看做独立的理论思想流派。为了避免对学科进行意识形态上的“填充”，避免联想到法西斯德国，许多研究人员更乐于使用“政治地理学”作为更中性化的术语。泛言之，政治地理学作为一门学科，它研究的是地理因素对政治的影响，但是有关此问题的讨论仍在继续着。

重要的观点!

古典现实主义的主要观点可归纳为以下几点：

1. 国际关系是国家间的互动，国家就其本质上是一样的，是单个的参与者。国家类似人，其追求是自私的。

2. 国家间的互动关系是杂乱无章的，因为不存在“超国家政权中心”，因而国际关系是无政府状态的。

3. 追求强势，包括追求保障国家安全的军事优势，这是国家活动的主要动机。

4. 国家首先以自己的利益为出发点。它们可以考虑道德要求，但是任何国家也无权确定“什么是好，什么是坏”，正是“利益”这一概念预先防止道德上的投机倒把和滥用职权。

5. 政治的现实性与经济的现实性不同：对政治而言政权是主要的，对经济而言财富是主要的。

6. 在强力因素占主导地位的国际关系世界中，国家应该永远做好充分的战争准备。

然而世界上的许多进程，尤其是在20世纪50—60年代欧洲发生的许多事情并不符合古典现实主义的解释。首先是贸易与合作的发展以及一体化进程。为回应时代的要求，现实主义本身也在不断变化。20世纪70年代末形成了新现实主义（英语：neorealism）或者结构现实主义（structural realism）。美国研究人员沃尔茨（K. Waltz）是该流派的典型代表。其作品《世界政治理论》（*Theory of International Politics*）成为现实主义发展变化新阶段的奠基石。新现实主义领域中还有如吉尔平（R. Gilpin）、布赞（B. Buzan）这些著名研究人员。

新现实主义保留了许多古典现实主义的观点。首先，把国家看做构建国际关系的关键因素。新现实主义派不仅研究国家本身，把国家看做分析国际关系基本的、独立的单位，或者“分子”，而且研究国家构成的那些结构，其中包括联盟和政府间组织（由此该流派的另一个名字是结构现实主义），都一并加以研究。

“实力”作为新现实主义研究方法中的关键范畴被保留了下来。但是实力已不仅仅包括军事优势，尽管这点仍然是最重要的。根据新现实主义者的观点，国家在国际舞台上的行为取决于其本身的实力。新现实主义还保留了“力量均衡”的概念，认为力量均衡可以遏制其成员在国际关系中采用武力。力量均衡分为两种：一种是简单的力量均衡，最著名的有两极格局；另一种是复杂的力量均衡，它拥有几个实力中心（多极或多极格局）。

总之，新现实主义者承认国际关系有无政府主义的特点。然而，这里也出现了重大的变化。比如，著名研究人员布赞（B. Buzan）谈到现代世界正在建立调整中的“成熟的无政府主义”。在他看来，西方“民主国家”充当着调整人的角色，它们是国际安全的保障。

沃尔茨（K. Waltz）把国际关系与市场进行比较，国家类似公司，在市场上为自己的利益行动，与一些国家竞争，又与另一些国家合作。然而，新现实主义的着重点是冲突与竞争。在这点上沃尔茨的见解十分具有昭示意义。他写道：当国家进行合作并且取得某种共同利益时，它们就遇到了问题：该如何来分配这些利益。此时，他们必须解决的问题不仅包括是否能得到利益，还包括谁应该得到的更多些?

沃尔茨（K. Waltz）以演绎法作为自己科学建树的依据，他认为，必须将从前现实主义的思想转变为科学理论。他的出发点是，基于系统观察的先前理论的演绎法体系只涵盖了显而易见的一些关系。沃尔茨（K. Waltz）认为，不能仅依据个别参与者（实践者）或者一组参与者的特点来解释国家关系体系，因此，发展新现实主义理论的重要步骤是提出了这样一种观点：对现代国际关系起决定性的作用的是国际关系体系的全球水平，即国际机构本身。国际机构要求在国家之间分配机遇（首先是军事上的）。但是沃尔茨（K. Waltz）完全没否定研究单个国家以理解国际关系的必要性。

他制定出了国际关系结构的三项基本原则（即沃尔茨（K. Waltz）的结构三段式）。根据第一项原则，国家在国际关系中应遵循生存动机。研究人员认为，国家可以拥有无数不同的目的，然而达成这些目的的基础是生存。第二项原则是确定国际关系的参与者，对沃尔茨而言，参与者只能是国家。他指出，只有当非国家参与者（比如跨国公司）在拥有全权及权势能力方面赶上或超越超级大国时，它们才能在国际关系中发挥决定性作用。国家经受着国际关系体系的影响与压力，但是它们有权决定如何在这些条件下起作用。沃尔茨（K. Waltz）的第三项原则是，国家不是相同的，而是拥有不同机遇或潜力。它们试图扩大其机遇和潜力，这可能导致并且正在导致国际关系格局的改变。

沃尔茨（K. Waltz）很注意分析力量均衡，他把力量均衡看做国际关系理论的一个重要概念。他的出发点是，核武器是保障世界力量均衡的最重要的因素。核武器的广泛拥有不会破坏国际关系体系，相反会加强该体系。因为正是有了核武器的威慑作用，反对核冲突才有了保障。

随着现实主义的发展和新现实主义的出现，地缘政治学也在不断变化。地缘政治学不仅分析个别特定的国家，还分析国家集团以及经济、信息和其他因素。比如冷战结束后，地缘政治学从美国的地理位置，军事和经济实力出发，对美国的世界领袖角色进行了讨论。

第二节　自由主义和新自由主义

自由主义的理论流派作为国际关系理论中的最古老的理论之一，它的主要观点与现实主义是对立的。从事该流派研究的研究人员把乔·洛克、康德、卢梭、米里、斯密特、里卡尔多的著作作为自己理论观点的依据。

国际关系理论中的自由主义流派在20世纪初和20世纪末经历了高潮。自由主义在许多方面与美国第28任总统威尔逊有关，这位总统主张公开进行对外政治活动和外交活动，以民主原则、合作与道德为取向实行外交政策。

纵观20世纪初的自由主义，它可分为三大流派。第一个流派寄希望于法律来调整国际关系。1899年和1907年在海牙曾两次举行会议，签订了一系列有关法律和战争惯例的多边协议。第一次会议是俄罗斯倡议召开的，有27个国家参加。这次会议通过了3个公约：关于和平解决国际冲突；关于陆战规则与惯例；关于将1864年日内瓦公约初期的伤病员条例应用于海战。共有44个国家参加了1907年的会议（其中包括第一次会议（1899年）的所有参与者），这次会议上通过了13个公约，包括关于和平解决国际冲突；关于公开军事行动；关于陆战规则与惯例等。虽然这些措施没能防止第一次世界大战的爆发，但在“一战”结束后，靠法律来调整可能性的乐观主义又重新复活了。

第二个流派在很大程度上是想通过国际组织来整顿国际关系中的无政府状态。集体安全主义的实现及国际联盟的创建是国际关系的优先发展方向。

第三个流派的代表人重点强调裁军。他们的思想反映在1921—1922年召开的华盛顿会议上。会议代表来自比利时、英国、荷兰、中国、葡萄牙、美国、法国和日本，会议旨在限制海上武装，并解决一系列太平洋和远东问题。

与现实主义者不同，自由主义者对人的本性持相反的观点。他们强调，人的本性在于追求合作与和平，追求正义和道德（正是由于这个原因，该流派被称为理想主义）。也许，现实主义者和自由主义者唯一相同的看法是承认人的理性。换句话说，人的行动受不同动机的支配（按现实主义者的说法，动机是自私的；按自由主义者的说法，动机是全人类共有的），但在任何情况下都是理智的。这个观点后来引起其他理论流派代表的批评，他们指出，人也可能作出冲动的、不合理的行为。

自由主义者强调应发展旨在联合全人类的价值观，促成反战方针，推进自由国际贸易，赞成“外交的公开性”。正如他们所认为的，国家不应追求短期利益的最大化，互利合作才能带来更大的利益。

重要的观点!

古典自由主义的主要观点归结为以下几点：

1. 人类的本性不具侵略性，它倾向于合作；

2. 战争是只有通过共同努力才能解决的问题；

3. 国际社会应该意识到，能够防止武力冲突的国际机制是必不可少的；

4. 国家必须改革自己的政治体系，使国内的民主管理能够促进和平的建立与全球合作的发展；

5. 在国际舞台上起作用的不仅有实力因素，还有其他因素，如经济和道德等。

冷战时期，国际关系理论领域中占统治地位的是现实主义和新现实主义。冷战结束后，自由主义流派时期又重新开始。与现实主义一样，自由主义结合新的实际情况，转变为新现实主义。其著名理论家科恩（R. Kohane）和奈（J. Nye）写道，国家之间存在大量的联系和关系。在这些联系和关系中，力量或者实力是实施政策的无效的或非重要手段。因此，武装力量并非像新自由主义者认为的那样重要。新自由主义者认为，通过武装力量对国际社会的其他成员施加影响，不论在其直接意义上还是间接意义上都要付出很大的代价。经济和法律的杠杆是更大、更有效的影响手段。因此，新自由主义者特别强调政治和经济的相互关系，强调20世纪末国际政治中应减弱诸如军事力量等因素。

在新自由主义看来，国家虽然被看做国际舞台的重要的参与者，但远不是唯一的。同样起作用的还有政府间组织（intergovernmental organisations），综合性组织（如联合国），区域性组织（如欧洲安全与合作组织），专门性组织（比如贸易方面的贸易与关税总协定，后来改名为世界贸易组织），以及非政府组织（nongovernmental organisations），如国际性的非政府组织（英语：INGOS）——维护法律组织、环保组织、女权运动组织等，它们不属于某个国家，不以盈利为目的。此外，国际互动的积极参与者还有跨国公司和不同国家的地区等。

因为新自由主义者注重当代世界进程的众多参与者，该理论流派还有另一个名称——多元主义（英语：pluralism）。按照新自由主义者的观点，积极吸引新的参与者加入到国际关系中去会产生许多后果。国家把自己的权限“转交”给其他参与者后，国家“分出”自己的部分权限。但同时它们又获得新的功能，比如，在国际舞台上协调一致共同努力的功能。对外政策与对内政策的界限正在消除，世界变得更复杂了。

新自由主义拥有大量形式和派别，一方面，它们在很大程度上互相交叉，另一方面，有时被认为是独立的理论流派。其中“跨民族关系”这一概念，是由美国研究人员科恩（R. Kohane）和奈（J. Nye）在其著作《政权与相互依存性：转型期的世界政治》（*Power and Interdependence: World Politics in Transition*）中提出来的，该书于1977年第一次出版，2000年出了第三版。书中强调非国家参与者在现代世界中的作用，承认参与者多种多样，其互动关系的诸多种类和途径，因此必须避免把国家作为唯一的国际关系参与者进行分析。“国际关系”只是指国家之间的相互关系，研究人员提出另外一个更广泛的术语——“跨民族的”来取代“国际的”这一术语。因此，本理论流派得名“跨民族主义”。

科恩（R. Kohane）和奈（J. Nye）的另一个研究成果是提出了“综合的相互依存性”（英语：complex interdependence）理论。根据该理论，世界上存在大量的联系途径，在此基础上形成政治。联系途径包括外交精英间的非正式联系，政府与非政府机构之间的联系等。并且单独分出国内机构（比如，国内地区，城市等）。按照“多米诺效应”原则，对于国际关系的所有参与者来说，一部分联系与关系的破坏实际会导致连锁性的后果。在综合的相互依存性理论框架内进行的研究要分析的是：当国家在权衡本民族安全时，有多大程度会考虑到相互依存性；用什么方法来增强相互依存性。

新自由主义的一个重要的派别是国际制度理论（英语：international regimes）。该理论在鲁杰（J. Ruggie），克拉斯纳（St. D. Krasner），科恩（R. Keohane）的作品中得到体现。所谓国际制度是指决策的原则、准则、规章和程序，在这些方面，国际社会参与者在种种国际关系和世界政治的某一范畴内的期望是相吻合的（例如价格和贸易领域，金融政策和宇宙利用等）。严格地讲，不能将这一流派仅归于新自由主义，因为研究国际制度的研究人员属于不同的派别。但是新自由主义者还是占多数。

新自由主义还有一个派别——民主和平理论（英语：democratic peace）。研究这一理论的作者有道尔（M. W. Doyle），拉塞特（B. Russett）。该派别的研究人员所关注的是，由于共同的政治原则，现代自由民主国家不愿为了达到自己的目的而相互战争，往往选择以和平手段来解决矛盾。但民主和平理论，像国际制度理论一样，可以有条件地归于新自由主义。一些作者将他们划分为独立的流派。民主和平派的目的是世界的国家中心模式，因为他们研究国家对外政策，这使得他们与新现实主义者靠近。

美国作者凯格利（Ch. W. Kegley），维特科普夫（Eu. R. Wittkopf）就相同的、分析起来又十分明显的一些参数，对国际关系理论中的四大流派——现实主义、新现实主义、自由主义和新自由主义进行了比较（见表2.1）。

表2.1　**理论问题：四大流派**

标准	现实主义	新现实主义	自由主义	新自由主义
分析的主要单位	独立国家	国际体系结构	替代国家的机制	个体，已更新的国家，非政府因素
研究的主要领域	武装对抗和安全问题	在国际关系无政府状态条件下争夺政权和领导权的斗争	促进和平的关系的机制化	国际合作的发展，经济、社会和环保问题

续表

标准	现实主义	新现实主义	自由主义	新自由主义
主要问题	力量均衡	“威慑”平衡，军事准备，遏制	国际法、国际组织、民主化	综合的相互依存性，制度
世界发展的前景评价	悲观主义、稳定性	悲观主义	乐观主义，进步	期待进一步发展合作，建立全球共性
实践者的动机	民族利益，“零点游戏”竞赛（即一方失败等同于另一方胜利），政权（实力）	实力、威信，与其他国家相比所具有的优势	合作、互助、满足人的基本需求	全球利益（普遍受惠）；正义，和平与繁荣，自由，道德
主要概念	国际关系结构上的无政府主义，政权（实力），民族利益，力量均衡，两极性	国际关系结构上的无政府主义，合理选择，军备竞赛	集体安全，国际秩序，权力，一体化，国际组织	跨民族关系，权力，自由市场，相互依赖性，一体化，自由管理，人权，性别
建议	增强民族实力，反对限制民族独立	保留核遏制，避免裁军和建立超越民族之上的组织	进行机制改革	发展国际制度，促进民主和国际机制的传播，在解决全球问题时协调集体的努力

资料来源：Kegley Ch. W., Wittkopf Eu. R. *World Politics*：*Trend and Transformation*, Seventh Edition. N. Y., 1999, p. 40.

也许，在比较现实主义和（新）自由主义时还应该引进一个参数——时间。如果前者力图解释历史和部分现时现象，则后者力图去描绘未来，并在现时里找到未来的元素。

第三节　国际研究中的新马克思主义和后现代主义流派

一、新马克思主义

除了两个已经谈过的理论流派——现实主义和自由主义及其现代变体形式——新现实主义和新自由主义之外，相当流行的还有所谓的新马克思主义派（英语：neomarxism），该派强调当代社会的经济不平等，强调人口按经济参数分化。该分化现在不是按民族国家的边境线划分，而主要是按“南—北”轴线划分。新马克思主义科学引进了“第三世界国家”（发展中国家）和“第二世界国家”（社会主义国家）等概念。

从流派本身的名字就可看出，新马克思主义的概念起源于卡尔·马克思的著作。该理论的代表人物有：瓦伦斯滕（I. Wallerstein），弗兰克（A. G. Frank），科克斯（R. W. Cox）。

世界体系论（英语：world-system）是新马克思主义最有名的变体派别之一。它以下列观点为出发点：第一，世界不仅分为国家，而且分为更重要的结构单位——阶级。国家的出现对于转向世界经济体系和战胜从前的帝国世界是必要的。第二，目前只存在一种世界经济——资本主义经济。资本主义的发展经历了一系列周期性的扩张和停滞，这从资本主义在欧洲诞生时就已开始。起初，扩张和停滞在相对不算多的欧洲领土出现，接着遍布到全世界。由于资本主义的发展，国家按经济指标分成为三个部分：中心（核心），周边，半周边。处于中心的国家拥有相当高的生活水平并对其他国家占压倒优势（见图2.1）。

世界体系论代表人物的出发点是：中心的发展依赖其他国家来实现。这会导致冲突。世界体系论紧跟列宁之后强调帝国主义国家间（核心国家）正在持续进行争斗，但也指出，因为属于“共同俱乐部”而决定的共同目标在它们与周边国家的关系中占主导地位，在周边国家，它们能获得廉价的资源，劳动力和销售市场。

同时，周边国家和半周边国家试图反抗，举行各种各样的起义。

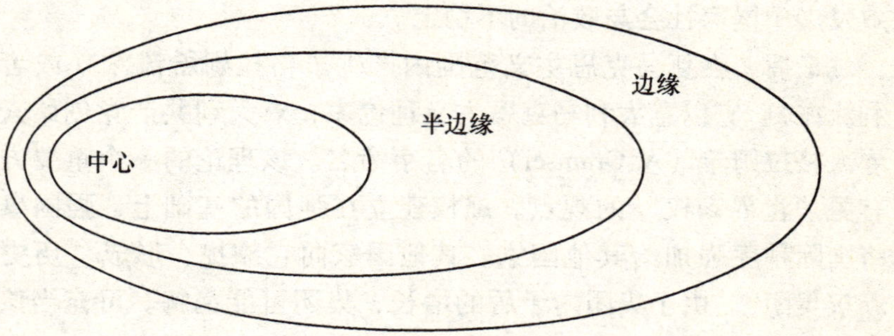

图 2.1　世界体系论的世界结构图

瓦列尔斯坦在 2000 年出版的作品集《我们所了解的世界末日：21 世纪的社会科学》中写道，“十月革命的领导者把自己看做组织了现代历史上第一次无产阶级革命的人。十月革命是世界体系的周边和半周边国家最早的，最富戏剧性的民族解放式起义之一”。总的来说，世界体系论认为，今天以“富裕的北方—贫穷的南方”为界线的两极分化正在进行，它正导致潜在的冲突。

从属论（英语：dependency theory）是新马克思主义的另一个流派。与世界体系论不同，从属论的重点与其说是强调世界的历史发展及其周期，不如说是强调世界的现况。继新自由主义者之后，从属论的代表人物（特别是弗朗克）也指出 20 世纪下半叶世界经济的迅猛发展。然而他们较为悲观，认为欠发达国家在经济上会依赖于较发达国家。从属论者强调，经济的发达或落后不是所有国家都固有的发展的自然阶段，而是不平等的国家关系的结果。长时间来，周边国家（殖民地与半殖民地）的剩余产品被重新分配，为中心国家，即殖民地宗主国带来利益。结果，这一过程导致了周边国家（“南方”）“依赖性的落后”。假如这些国家立足于自我发展，是能够成功的。

今天，发达国家继续剥削着发展中国家，但采用的不是武力，而是经济胁迫，这实质上是殖民主义的一种新形式——新殖民主义。因此，在发展中国家我们看到一种“双经济”现象（英语：dual economy），它是由发达国家和发展中国家互动引起的，结果导致后者经济发展不平衡：发展中国家某些领域超现代化，边界开放，一片繁荣，富有竞争力；然而其他领域却很传统，生产手段落后。所有这一切导致发展中国家社会与政治的不稳定。

最后，在新马克思主义范围内产生了格拉姆希流派（或者意大利流派）。它以意大利马克思主义理论家，意大利共产党创始人和领导人格拉姆希（A. Gramsci）的名字命名。该理论的一个重要方面是有关“世界霸权”的观点。霸权建立在强国的基础上，强国事实上将国际秩序强加给其他国家。其他国家向它靠拢，形成“历史上的霸权集团”。由于集团内矛盾的增长，集团可能瓦解。可充当该集团领袖的是19世纪下半叶的英国和20世纪下半叶的美国。

二、后现代主义

国际关系理论中的后现代主义流派（英语：postmodernism）产生于20世纪80年代：一方面是对古典理论（新自由主义尤其是新现实主义）的回应，另一方面，在寻求唯一理论时受到新马克思主义的影响。法国哲学家弗朗苏瓦·里奥塔尔引进了科学术语“后现代主义”，并将其定义为怀疑主义，这是基于对纯理论方法的怀疑，是对期望真实解释现实的理念的怀疑。

最近十年世界上发生的事情对后现代主义的发展给予了很大的影响。从新现实主义和新自由主义的立场很难解释这一进程：20世纪70年代的石油危机，石油输出国运动，汇率震荡，富裕的“北方”与贫穷的“南方”差距扩大，还出现了所谓“紧张度不高的冲突”，它很难被认为是两个超级大国的对抗结果。

后现代主义的理论纲要，流派和作者都极其多样。从事后现代主义流派研究的研究人员，如德·德里安（J. Der Derian），舍兰德（C. T. Sjolander）指出，世界太复杂了，以至于不能像纯理论派（以参与者的合理行为为出发点）的古典理论，尤其是像现实主义和自由主义流派那样在分析世界时将其简化。后现代主义者认为自己的主要任务是缩小差距：一方面是哲学观点的差距，另一方面是观察与从社会实践中得出的数据之间的差距，再则是社会实践本身的差距的。他们试图通过诉诸正义，价值观等更一般的哲学概念去解决国际关系理论与政治学理论之间的对立。

德·德里安（J. Der Derian）写道，后现代主义流派并不力图通过智力分析来反映世界政治的现实。纯理论主义者期待着科学的进步会让他们找到正确方法，记录并简化现实，将之归为一点。同时，按照后现代主义者的观点，任何一种世界观都受自己“计算点”本身的限制。正如科克斯（R. Cox）指出的，理论总是为某人或者某些目的而存在。

后现代主义者批评现实主义者，声称不可能用某种客观方法显示国家利益。而且，不存在普遍的利益。他们倾向于认为国家是一种假象，是研究人员用以表示某一群人的概念，有时候会导致误解。比如在现实主义的理念中，苏联被看做国际关系的整体参与者。但实际并非如此。所以现实主义者对苏联解体迷惑不解。后现代主义者建议对国际关系的基本概念进行“解构”（如“国家”，“国际体系”等），通过分析文本挖掘其潜在含义。

批判古典流派是后现代主义的一个重要主张（该流派被称为“批判性理论”）。然而，批判并没有解决问题。

许多后现代主义的研究人员把世界看做某种社会结构。这种流派被称为结构主义（英语：constructionism）。其代表人物是文特（A. Wendt）。结构主义者强调，世界不断在变化，正是人们自己导致了这些变化。比如，主权是建立在一套规则之上的，规则要求主体相互抱有期待，相互理解。因此，如果说，其他理论的代表人物宁愿按照韦伯原则首先致力于解释现实，那么后现代主义代表人物则积极地试图改变现实。

结构主义不同于新现实主义和新自由主义，仅满足于把国家看做国际舞台的参与者；结构主义提出问题：国家为什么是这样的。并且认为，参与者的利益会大相径庭，不可能有普遍的利益。某些结构主义代表人物研究人如何在语言（概念）的帮助下构建起政治世界，所构建的结构又如何影响人的政治行为。正如该流派的代表指出的，必须将主要注意力放在研究文本及其潜在的含义上。

其他结构主义者较少关注语言本身的结构。他们更感兴趣的是，政府及不同的非国家机构是如何理解和实现国家利益的。比如，按照结构主义的观点，小国在充当大国冲突的调停人时，其自我定位也会受到影响（比如，认为本国是国际互动的积极参与者），这种定位也可能在其他情况下表现出来。

结构主义者对国际关系理论的古典流派，首先是现实主义进行批判，强调现代世界的许多外交政治行为很难用这些理论来解释。美国作者戈尔斯泰因（J. Goldstein）在描述结构主义时提出这样的问题：是什么使得美国在20世纪90年代向索马里派遣军队？索马里对美国的国家战略计划并没有特殊利益。按照现实主义的观点，这一事实很难解释。结构主义者对此事实的一种解释是：美国企图借此建立国际行为新准则，给人民提供人道主义保障。

还有一个流派，它常与后现代主义相联系，尽管一些作者将其单独划分出来，取名为“女权运动”，其代表人物有蒂克纳（J. A. Tickner），这是产生于20世纪60年代国际研究的批判主义流派，反对世界政治的古典理论。“女权运动”注意到，一切现存的国际关系理论都建立在男人对世界的认识上，而没有考虑到妇女的看法，以及妇女在世界政治发展中的贡献（地位、作用、信仰体系、世界观等）。

该流派有几个“分支”。戈尔斯泰因（J. Goldstein）将其划分为三个主要“分支”。古典的女权运动强调，妇女正是基于本身的品质在世界政治中发挥作用。妇女不仅是战争的牺牲品（尽管武装冲突期间近80%的难民是妇女和儿童），或不仅在军事行动中充当护士、翻译等，她们也对战争与和平问题的理解施加影响。通常，她们坚持正义和“诚实的游戏”的规则，这是与教育儿童的经验相关的。

自由女权运动流派与古典女权运动相反，强调男性与女性在政治上是平等的。但同时又指出研究妇女（作为政治活动家，国际谈判的参与者）的社会作用的必要性。最接近后现代主义的流派是后现代主义的女权运动。其拥护者认为，虽然存在性别差异，但没有古典女权运动认为的那么大，也不是自由男女平等运动拥护者所认为的仅是角色功能的差别。

第四节　20世纪末至21世纪初国际关系理论的发展趋势

“二战”后形成的常见的世界政治格局在20世纪后10年内发生了急剧变化。例如20世纪80年代末90年代初的民主化新浪潮，例如经常以不正常的方式，由冲突和危机达到的解体运动，这些冲突和危机甚至使“二战”后相对平静的欧洲极为震惊（比如南斯拉夫，莫尔多瓦及其他地方），还有所谓的“天鹅绒”革命（捷克斯洛伐克）。在非一体化同时，明显可以看出一体化进程的继续发展（尤其在西欧）。明显感觉到某些国家的国内地区的独立活动，不仅在解决经济、社会问题，而且在解决政治问题时越来越经常地表达自己的意见。由于一些国际组织（首先是联合国）影响力不够，某些国际组织（例如在解决科索沃冲突中的北约）在解决同一问题时的积极性很高。还有国际安全问题的新方面和新挑战，例如恐怖主义问题的尖锐化：由于恐怖组织可能得到大规模杀伤性武器，该问题受到特别关注。最后，还有爆发于亚洲，拉丁美洲，然后是俄罗斯的金融危机。世纪交接之际“震惊世界”的一系列事件仍层出不穷。

20 世纪 80 年代末 90 年代初，对世界政治现实的理论思考跟不上事件的发展。许多作者对此予以关注，包括瓦伦斯腾（I. Wallerstein），科恩（R. Keohane），福开森（Y. Ferguson）等。20 世纪 90 年代初美国研究者福开森（Y. Ferguson），门斯巴赫苦恼地指出，分析国际关系的理论流派大多相互竞争，很少相互交流，结果导致了流派危机。

美国历史学家加迪斯（J. Gaddis）在 1992 年的《国际安全》杂志上刊登了一篇观点鲜明，富有论战性的文章：《国际关系理论和冷战的结束》(*International Relations Theory and the End of the Cold War*)，更为尖锐地表达了自己的看法。他指责国际关系研究者和政治学家，说他们既不能预见苏联瓦解，也不能预见两极格局的崩溃，历史造成的惊奇总是接连不断。加迪斯说：“冷战的突然结束，波斯湾战争的突然爆发，苏联的突然瓦解震惊了所有人：政府、科学界、大众媒体、政治分析家等。尽管所有这些事件并无任何特别不可思议的地方：冷战应该结束，近东总是武装冲突不断，但是事情发生得如此突然，表明现代政治家及其预言家企图确定世界政治未来所采用的方法是不适用的。”

加迪斯（J. Gaddis）的责备不见得是完全公正的。科恩认为，理解国际关系和预测国际关系的发展不相等，而且，20 世纪和 21 世纪的世纪之交，世界实质上处于危机关头，处在“转折点”，未来的发展方向极不确定，太多的因素影响着这一进程，世界甚至会走向完全相反的方向。因此，转折时期的政治预测变得尤其困难。

必须注意的还有一点：国际研究领域中，那些强调国家间的武力互动的政治家和研究者尤其表现出明显的疑惑和不知所措。正如福开森（Y. Ferguson），门斯巴赫所指出的，在巨大的政治震荡时代，他们看不到许多东西：不理解法国革命及伴随而来的民族主义爆发，也不明白1917年俄国革命的意义。

20世纪90年代进行了一场有关20世纪末世界政治发展的理论思考的激烈讨论。主要争论在两方间进行：一方坚持世界国家中心体系的变化理念，另一方则认为这些变化并不大，不具有原则性，这就是所谓的有关国际关系理论的“第三次大讨论”，抑或争论。

第一次讨论是在理想主义者和现实主义者之间进行的。“第二次大讨论”是在20世纪60年代进行的：一方采用传统的国际关系分析方法（传统派），另一方认为，当那些能对现象作出准确评价的方法占主导地位时（现代派），那么他们的研究应该建立在自然科学的基础上（国际关系的唯科学主义或者科学中心论）。

“第三次大讨论”结束后，导致理论分歧的基本参数原则上还是保留了下来。同时可以看到不同学派和流派的融合。我国研究者齐甘科夫列出了多数研究者都赞同的以下观点（不管研究者坚持何派理论）：

- 虽然国际关系中继续存在无政府主义，但是有可能对其进行调整。
- 国际互动参与者数量不断增加，除了国家外，还包括国际组织，如政府组织、非政府组织、跨国公司、各种公司及协会甚至个人。
- 目前世界所遇到的挑战和问题具有普遍共性，其解决不能仅依靠单个国家或国家集团。

承认国家是国际舞台主要的参与者，是多数研究人员最重要的共识。其他的较少分歧的观点包括国际关系主体的可变性和积极性。与会者也承认，在过去的350年里，国家和国际关系体系本身发生了变化。问题只在于，国家作为一种制度究竟发生了多大变化，其他参与者在多大程度上变得更有影响力，当代世界政治体系在多大程度上被调控，当代国际互动参与者的行为在多大程度上影响了现代世界等。这些都是今后的将要继续争论的问题。

回顾国际问题的研究，应该指出的是，这些研究不仅就理论方法，还是问题本身都千差万别。这方面笔者同意科恩的观点。他指出，现代国际命题本身的全球化超越了任何理论。因此，与国内和世界政治有关的学科间的界线变得越来越透明。多甘（M. Dogan）称之为科学的“杂交”，它是创造性的信息交换，而且这种交换主要是在国际问题研究的周边领域进行。

因此，可以推测，未来研究的最有趣的结果应该出现于学科的交叉点。既然国际关系学的研究中心是国际参与者，而世界政治的研究中心是非国家参与者，那么二者的交叉点就是国家和非国家参与者合作和对抗的互动问题。比如，它们在调解冲突时的合作问题，恐怖组织和国家结构的对抗问题等。

关键术语

现实主义
新现实主义
自由主义
新自由主义
新马克思主义
后现代主义
唯美主义
民族利益
实力/武力
民族主权
国际关系的无政府特点
参与者
沃尔茨的结构三段式
集体安全
理想主义
政府组织
力量均衡
现实主义政治学家
地缘政治学家
政治地理学
结构现实主义
国际关系的两极体系
国际关系的多极体系
民主世界论
世界体系论
新殖民主义
“双重化经济”现象
格雷斯流派（意大利流派）
后现代主义流派
唯理论
批判理论
结构主义

非政府组织　女权运动
多元论　传统主义者
跨民族关系　唯科学主义
跨国公司　现代主义者
国内地区　综合的相互依存关系
跨民族主义　国际体制

讨论题

现实主义的主要观点是什么？
新现实主义在哪些方面继承了现实主义？
与现实主义相比较，新现实主义有哪些新观点？
自由主义的实质是什么？
新自由主义有哪些主要派别？
新马克思主义在国际关系研究方面可以划分出哪些主要观点？
后现代主义出现的主要原因是什么（列出其主要派别）？
20 世纪 90 年代国际关系的理论发展的趋势是什么？

实践题

分析任何一个政治活动家关于政治问题的对外演说稿，或者对外政策的纲领性文件，包括组织的、党派的，并分析其中所反映的国际关系理论流派。

选一件近年来世界上发生的大事（比如 2001 年 9 月 11 日发生在美国的恐怖主义行为），并以主要流派的观点对其进行解释。

参考文献

阿列克谢耶娃：《现代政治理论》，莫斯科，2000。
阿伦：《民族间的战争与和平》，莫斯科，2000。
博戈莫洛夫：《关于新自由主义》，载《国际生活》1999 年第 2 期，第 9—19 页。

布尔：《无政府社会：世界政治秩序问题研究》，载《世界政治思想文选：第2卷》，莫斯科，1997，第802—805页。

瓦斯克兹：《后实证主义派别：批判古典现实主义时代国际关系理论和科学方法的重建》，载布斯、斯密特主编：《世纪之交的国际关系理论》，莫斯科，2002。

科洛索夫、米罗年科：《地缘政治学和政治地理学》，莫斯科，2001。

列别杰娃、齐甘科夫主编：《20世纪90年代的世界政治和国际关系：法国和美国研究者的观点》，莫斯科，2001。

莫尔根坦：《世界政治》，载《世界政治思想文选：第2卷》，莫斯科，1997，第501—507页。

布斯、斯密特主编：《世纪之交的国际关系理论》，莫斯科，2002。

季科涅尔：《从后实证主义和女权主义看国际关系》，载古丁、克林格曼主编：《政治学：新潮派》，莫斯科，1999。

弗库雅玛：《历史的终结?》，载《哲学问题》1999年第3期，第134—148页。

齐甘科夫：《国际关系》，莫斯科，1996。

齐甘科夫：《国际关系理论》，莫斯科，2002。

齐甘科夫：《国际关系的属性和规律》，载托尔库诺夫主编：《现代国际关系》，莫斯科，2000，第9—37页。

网络资源

后现代主义　http://www.cudenver.edu/~mryder/itc_data

女权主义　http://csf.colorado.edu/isa/ftgs

第三章　世界政治是一门学科

尽管世界政治还很年轻，但与任何一门学科一样，有其成长与发展的历史。研究世界政治使人们更好地理解该学科领域。许多学者正在该学科领域中进行探索，他们研究世界政治如何与其他相邻的学科相衔接，研究现今科学探索的方向，研究何处可以预期新的发现。

不确定研究方法就不可能有科学。世界政治领域正在进行激烈讨论，应当采用什么方法来研究当代丰富的政治现实。

第一节　世界政治学的成长以及与其他学科的联系

约20世纪70年代末，主要在新自由主义理论框架下，形成了一种新的科学流派，它被称为世界政治（英语：world politics）。该流派的发展与《国际组织》杂志（*International Organization*）以及与1921年出版的由罗伯特，科恩和奈主编的《跨民族关系与世界政治》（*Transnational Relations and World Politics*）有密切的联系。

《国际组织》杂志从20世纪40年代末开始出版。最初与这本杂志合作的作者们研究了一些传统的问题，如跨国公司的活动、世界金融、世界贸易等。这些研究的发展促使对整个国际体系，对政治与经济进程的相互关系和国内政治与国际经济环境的相互关系进行研究。分析家们研究国际体系的经济关系时，首先倾向于现实主义原则，但是很快他们确信，用这些框架很难解释“二战”后世界政治经济发展的许多进程。

所有这些研究都是在冷战年代进行的。冷战期间，大部分西方国际关系专家不太重视研究经济发展进程中的政治层面。他们将共产主义当做主要的威胁，集中精力研究安全保障问题或所谓的“高层政治”（英语：high politics）问题。那时，经济问题退居次要层面，被叫做“低层政治”（英语：low politics）。其实，类似的优先选择在苏联的科学研究中也存在。

然而，经济因素变得越来越重要。许多“二战”期间被摧毁的欧洲国家，还有日本的经济都在复兴。发达国家与发展中国家间不断扩大的经济鸿沟日见扩大。1973—1974 年的能源危机成为经济成分增长决定国家世界地位的最明显的征候之一。当时石油输出国组织（英语：Organization of Petroleum Exporting Countries，OPEC）限制了能源开采，美国巨大的军事政治实力也无济于事。必须与石油出口国组织进行谈判，以期通过相互让步协商问题。

同时，1970 年代，国际关系的研究者都把注意力集中在世界经济因素作用的增长上。在以后的数年里，这一领域的研究在积极地进行，被称为国际政治经济学。

正如美国研究者卡岑斯泰因（P. Katznstein），科恩，克拉斯纳（St. Krasner）在纪念《国际组织和世界政治研究》杂志（*International Organization and the Study of World Politics*）50 周年的一篇文章中指出的，政治学家已经开始研究各国的国内政治与国际政治经济之间的关系。其研究的问题主要是确定影响国家的外经贸政策和各个公司的战略的要素。大部分著作有经验主义的倾向，分析了发生在拉丁美洲和其他地区的具体情况。该研究表明，国家的国内政治组织对经济行为，无论是在国家层面上，还是在超国家层面上，都产生了很大的影响。对国际因素与国内因素相互关系的分析，对于世界政治成为一门学科发挥了非常重要的作用。

接下来，研究人员开始研究，对内政策是如何影响对外政策的，以及国际体系是如何影响国内政治结构及其进程的。对外与对内政策间的界线以及两者研究之间的界线变得越来越透明。

政治学研究也揭示了其他的一些重要规律。比如，公共政治开始被看做不同利益集团冲突的结果。为了实现其利益，集团形成联盟，而联盟不是固定不变的，而是随着具体情况而改变的。对该领域研究的发展具有重大意义的是 1971 年出版的美国研究者阿莉森（G. Allison）的专著《作出决定的实质：古巴危机的分析》（*Essence lf Decision：Explaining the Cuban Missile Crisis*）。作者在文中指出，国家并非从前认为的那样是千篇一律的。国家政治可以被看做国内不同结构的相互作用与竞争的结果。从这个意义上讲，国家利益是不同集团的妥协决定形成的，并非与生俱来。

帕特南（R. Putnam）对理解国内外政治因素的相互作用作出了很大贡献。他分析了制定外交政策的双层模式，指出国家所签订的国际条约是某种“双重妥协“：一方面在签订条约的国家之间妥协，另一方面在这些国家内部妥协。因为在确定谈判立场的准备阶段以及条约签订后，尤其是当条约需要得到国内批准的时候，都必须进行就谈判立场进行协商，比如不同部门之间，主要的政党之间的协商。因此，根据帕特南的观点，如果一个国家能使对方确信其“国内”妥协的范围不可能很大时，那么它在国际谈判中的立场就能够大为加强。

另一个对世界政治学的形成产生巨大影响的研究方向是对国际机构的研究。“二战”结束后，国际组织的数量急剧增长，这些国际组织成为政治家，经济家及国际关系专家们的研究对象。20 世纪 60 年代出现了有关欧洲一体化的，挑战现实主义的著作。著作不仅描写国际组织的活动，而且对这些活动进行比较分析。尤其是联合国及其维和行动。例如，讨论了有关联合国活动如何适应冷战现实及超级大国竞争的问题。

多伊奇（K. W. Deutsch）在其研究集体安全的著作中指明，国际关系的妥协与集约化是安全的基础。在随后的著作中，哈斯（E. Haas）等研究者试图揭示欧共体以及其他国际组织力图扩大自己的功能，但却不能做到的原因。他们指出，之所以会这样，是因为这些组织仅局限于自己的章程活动。其实，国际组织最初建立的目标应随着国际组织的发展而扩展。

最后，对世界政治学的形成作出实质贡献的是新自由主义传统理论框架下所进行的理论研究。该理论研究揭示了跨国关系；指出大量国际关系参与者存在的事实，认为在许多问题上其作用可与国家相提并论。该研究还分析了相互依存现象和国际机制等。

因此，世界政治学产生于以下领域的交叉部：

- 国际政治经济学；
- 新自由主义框架中形成的国际关系理论；

- 国际组织的分析；
- 政治学，尤其是比较政治学研究。

现代世界政治是一门迅猛发展的学科，它涵盖了一切国际问题，其中的一个核心问题是研究世界发展趋势，分析现代世界政治格局。世界政治在研究单个问题时，都要考虑到世界政治发展的大气候。这个大气候是世界政治研究的主要组成部分。换句话说，研究的不仅是国际问题本身，比如安全问题，还要研究其他相关问题，包括国际政治经济学、比较政治学、国际法等，研究所有这些问题如何相互影响；如何影响整个世界政治发展过程，以及整个世界发展对具体的国际问题产生了什么样的影响等（这些关系的示意图见图 3.1）。

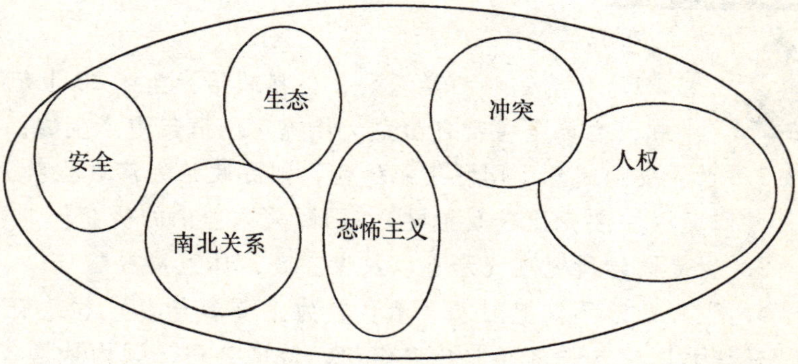

图 3.1 单个国际问题与整个世界发展大气候的相互影响

产生于国际政治经济、比较政治学、国际研究、政治理论交叉部的世界政治学，在关注新思想、新事件、新假设的同时，仍然继续与它们“互动”。同时，世界政治吸收了心理学、社会学、人口学、法学、生态学及其他学科的元素，研究范围不断扩大。

世界政治与政治学有着特殊的关系，由于国际合作，信息交换和其他类型交换的发展，内外政策间的界线变得越来越透明，所以，一方面，世界政治学在很大程度上包含了政治学的元素，其中包括政治学的分析方法；另一方面，政治学也超越了国界，把自己的学科领域拓展至全球范围。在研究民主化、冲突这些问题时，这一点特别清楚地表现在比较政治学方面（英语：comparative politics）。比较政治学研究全球的、世界的进程，世界发展的总趋势如何越来越影响个别国家、地域、地区的内政发展；政治发展中的一般规律如何以及在何种程度上在某个国家或者地区表现出来。将来，如果考虑到整个世界的发展趋势，比较政治学研究也许不会再集中于对不同国家政治体系的比较分析，而是对地区、城市、国际组织的比较研究（这是“后威斯特伐利亚”比较政治学的一种类型)。英国研究者布斯不无兴奋地指出，政治学只有作为全球政治学的一个分支才能得到深刻的发展。他认为世界政治才是政治学的归宿，而非相反。

重要的观点!

世界政治

1. 作为一种科学派别，世界政治产生于20世纪下半叶，主要是在新自由主义传统理论框架中产生的；

2. 世界政治起源于国际组织研究，国际政治经济进程研究，政治学研究（主要是比较政治学)，国际关系理论的研究；

3. 世界政治研究现代形势以及世界政治体系发展趋势；

4. 世界政治不仅把国家（承认其为主要参与者）和政府组织，还把非国家参与者（非政府组织、跨国公司、国内地区等）看做国际互动的实践者；

5. 世界政治是在相互联系和统一的世界大气候中研究国际问题；

6. 世界政治不把内外政策特别对立看待。

然而，今天最接近世界政治的学科可能是国际关系。许多作者甚至没有区分两者，认为广义上世界政治等同于国际关系。世界政治这个术语很少用于描述国际关系史。例如英国研究人员卡利瓦科列西的两卷体书《1945 年后的世界政治》，该书已翻译成俄语，在俄罗斯出版。

作为一门学科，国际关系（英语：international relations）要比世界政治的历史长，产生于20世纪初，作为跨学科的研究领域，它包括历史、经济、法学以及部分其他学科。这门学科里最初由历史分析（而在某些国家，则是法学分析）占统治地位。当时，国家间的战争与和平问题是国际关系专家关注的焦点，这主要是由于当时的“一战”造成的，并试图避免将来再出现类似的情况。正如英国研究者格鲁姆（J. Groom）认为的，国际关系学主要研究“战争的原因”和“和平的条件”这两个紧密联系的问题，“新学科的目的在于弄清楚导致欧洲文明走向‘一战’灾难性的事件的实质是什么”。

由于20世纪初内外政治的不同属性，国际关系学开始成为一门独立的学科，即独立于传统的政治学。在这两个学科中，国家都是分析的基本单位。20世纪下半叶，这种状况就发生了变化，因为在内外政治的发展进程中没有出现硬性的界线。近年来，世界政治和国际关系的研究出现了相互接近的趋势。同时，研究世界政治的学者们承认，虽然拥有民族利益的国家已不是世界政治进程的唯一参与者，但它仍然是主要的参与者。为了解释国家在国际舞台上的活动，关注国家间互动的研究者越来越诉诸分析其他政治实践者的行为。

有趣的是，在世界政治作为一门学科产生时，它实际上以国际关系为方向，注重对国家互动的研究。例如《世界政治》（*World Politics*）教科书上，该书写于1976年，其作者罗西瑙（J. Rosenau）是新学科思想的奠基人之一，此书是与其他两位研究者——汤姆森（K. Thomson）和博伊德（G. Boyd）合著的。本书由四部分组成，前三部分分析国家对外政策和国家间的互动，只有最后一部分，也就是第四部分讨论了世界发展的总趋势。

在现代研究中，狭义上的国际关系研究与广义上的世界政治研究间的分水岭，取决于有多少与非国家互动有关的进程列入了科学研究的范围。不过，这种划分也是有条件的。“世界政治”与“国际关系”常被用做近义词，尽管国际关系的重点常放在国家间的，特别是双边问题上（比如，俄美关系），而世界政治的重点是放在全球问题以及世界政治体系的整体发展问题上。

此外还有另一种观点。按照这种观点，“世界政治”作为广义上的研究领域，研究国家以及在国际舞台上活动的其他实践者，“世界政治”应该包括国际关系。从事世界政治研究的许多学者都赞成这个观点。

在运用术语时，不同的国家有自己的传统。比如，虽然近年来出现了“世界政治”的说法，但在法国，“国际关系”仍被用做学术和教学名称。值得注意的是，在现代条件下，国际关系超出了国家间关系的范围。应该指出，美国最先广泛采用了“世界政治”这一科学术语。

有时使用另外一个词——国际政治（英语：international politics）作为“世界政治”的同义词。经常还使用另一个概念——全球政治（英语：global politics），尤其是在试图强调现代社会的全球问题时是这样。在这个意义上讲，全球政治是世界政治的一部分（哪怕是很大一部分）。

在科学文献中，如果强调学术研究的话，经常使用一个相当中性的术语——国际研究（英语：international studies），这个术语通常包括世界政治和国际关系。

近年来，我国文献分类常类似西方的方法，将相近的科研和教学学科分为世界政治和国际关系。如茨冈科夫写道，如果国际关系在很大程度上与分析国际互动相联系，那么，世界政治的重点将转移到非传统实践者在建立国际环境中所发挥的越来越明显的作用上，但非传统实践者不能取代国家作为国际关系的主要参与者。鲍文和卢金也发表了类似的观点，他们的国际关系是指国际舞台上国家的互动，他们的世界政治是指作为这种互动结果的国家与非国家实践者之间的关系体系。从这个意义上讲，世界政治是一种环境，它不仅影响国际关系，而且改变国际关系。

如果说世界政治与国际关系最根本的区别之一是世界政治将非国家实践者作为自己的分析对象，那么另一个区别是其面向的学科不同。国际关系更多地关注历史学，而世界政治更多地关注政治学。比如，齐甘科夫讲到世界政治学时，更多的是指学科的政治学方向，而非历史或法学方向。

总的说来，无论世界政治学科领域，还是世界政治实践领域，所使用的术语都太多了。因此，在使用某种概念时，一定要结合语境以及基础的研究方法来理解。

俄罗斯国内的国际研究形成为独立学科的时间要比西方晚，而且具有一系列特色。首先，本国的国际关系研究比西方更倾向历史，而非政治学。后来，除历史学外，还开始研究经济、法学及其他方面。为该学科的建立作出成绩的是科学院和高校研究所（特别是国立莫斯科国际关系学院，国立莫斯科大学，国立列宁格勒大学）。1969 年在《世界经济与国际关系》杂志上展开的讨论，极大地推动了国内国际关系研究的发展，这次讨论关注的是理论和方法问题。

有趣的事例!

第一个国际关系教研室于 1919 年在英国成立，这个日子被认为是这门新学科形成的开端。

但是在我国科学界，国际关系在很长一段时间内被看做多学科领域，而不是学科间领域，或者被看做各种关系，尤其是国家间关系的“总和”。这体现在概念本身的定义上。比如，1984—1986 年出版的三卷体书《外交词典》中，国际关系概念是“活跃在国际舞台上的国家间与国家体系间，主要阶级间，经济和政治力量间，组织和运动间的经济、政治、意识形态、法学、外交、军事和其他关系的总和”。

学院式学科的建设基本上是按照同样的原则。苏联科学院各研究所实际上是根据学科原则（社会学研究所，通史研究所等）或国别原则（美国与加拿大研究所，非洲研究所）建立的。这推动了学科自身的发展，但是没有从一开始就倾向于研究某个问题的（比如，世界问题研究）的研究所。这种缺失限制了科学与实践的联系，限制了跨学科研究。除个别情况外，这样的研究所仅从 20 世纪 80 年代末才开始出现。

研究不同因素（政治的、经济的、心理的等）间的相互联系和相互影响的跨学科研究在我国科学界很薄弱。这点特别表现在：国内外政治两方面研究有严格的区分，以及苏联缺少自己像样的政治学，这些都大大限制了国际问题研究的可能性。

其次，我国国际研究的第二个特点是世界发展的趋势和规律要么实际上没有得到关注，要么就被意识形态结构所替换。

我国研究人员秋林关注的另一问题是，苏联社会学研究的传统是将其分为“大学研究”和“学院研究”，这种划分妨碍了国际关系统一学科的建立。同时，高校专家与科学院的学者之间的互动联系少之又少。

我国对国际关系的理论研究还很不够，西方学者对国际关系的研究对我国而言，处于我国科学研究的边缘地带。当然也有例外。例如，苏联科学院的世界经济与国际关系研究所在甘特曼的领导下编写的有关分析西方理论流派的著作；苏联科学院美国与加拿大研究所对危机状况的研究，国立莫斯科国际关系学院及其他教学和研究中心的对谈判过程的研究等。但是，我国国际关系专家仍然将主要注意力集中于军事领域和双边关系。

我国国际研究发展的最后一个特点是：研究活动集中在莫斯科，也就是集中在对外政治机关和部门所在地。20 世纪 90 年代，情况有了变化：由于俄罗斯各地区、各公司、非政府及其他组织的民主化进程，积极走向世界舞台，不仅在中心城市，而且在各州范围内，对国际关系专家的需求都增加了。

随着国际研究的迅猛发展，许多外国文献被翻译出来，本国的涵盖理论问题和全球问题的专著也相继出版。同时，许多作者（比如，穆拉江）据理强调，应该不仅从“事件总和”（也就是多学科的，消极的）的视点来研究国际关系，更要从事件中选择积极的、行动的出发点来解释国际关系。

但是，国际关系作为一门学科，目前在俄罗斯仅处于形成阶段，它关注的重点是国家之间的互动，国家中心流派直到今天仍在我国科学界占明显的优势地位。20 世纪末 21 世纪初，我们出版的有关地缘政治（由此可以清楚地看出，它是世界国家中心模式的派别之一）方面的科学与教学文献，要比研究国际制度、机制和国际舞台上非政府组织活动等的文献多。导致这种情况的原因有几个。其中之一是俄罗斯的历史传统在于创建与发展强大的中央集权国家，这点不可能不反映到研究工作上。此外，还应包括因近年来发生的事件而产生的某些心理原因——随着冷战的结束丧失了大国地位，以及 20 世纪 90 年代国家政权的削弱等。

有趣的事例!

俄罗斯国际研究协会仅成立于 1999 年 12 月。2001 年 4 月召开了第一次会议。关于这个协会的活动信息可以在其网页（http：//www. rami. ru）上查到。

第二节　世界政治的分析角度与研究方法

世界政治涵盖了极其广泛的各类问题，以及国际交往与国际互动的参与者。研究者总面临这样一个问题：如何解释由一系列方方面面的因素引发的不同现象？我们试以布赞为例。他写道，“二战”爆发的原因可以从德国复仇、法国软弱、斯大林和希特勒的个性特点、20 世纪 30 年代国际关系整体上不稳定这几个角度来寻找。换句话说，国际生活中的任何一件事都可以从单个政治活动家、国家和整个世界体系三个角度找到解释。因此，产生了如何揭示因果关系这一方法论问题。

在国际研究的唯科学主义的影响下，20 世纪 50 年代末产生了区分分析层面的理论。唯科学主义的研究方向要求研究人员更清楚地认识个别元素与体系本身之间的相互关系。由于美国研究人员辛格（J. D. Singer）1961 年发表的《国际关系中的分析层面问题》（*The Lever-of-Analysis Problem in International Relations*）的文章，“分析层面”这个术语（英语：levels of analysis）开始被广泛运用。辛格区分了两个层面——整个国际体系和单个国家层面。不过，对国际体系及个别元素问题的研究作出了主要贡献的是比前者更早的作品，即发表于 1954 年的沃尔茨（K. Waltz）的文章：《人、国家与战争》（Man, the State and War）。当然，他讨论的不是分析层面，而是研究者所依据的映象。

目前，世界政治通常划分为三个层面：

- 个体层面（individual level of analysis）；

- 单个国家层面（state level of analysis）；
- 全球层面（global level of analysis）。

第一个层面要求分析参与国际舞台政治进程的个人的个性特点。该领域的大部分研究是在政治心理学的框架内进行，并常常划分为两个次层面：政治精英层和大众层。

在政治精英次层面，着重研究政治活动家的个性，一般采用历史、心理分析方法及其他方法描绘其心理肖像。政治精英研究的另一派别则分析其决策过程。美国研究者霍尔斯蒂（O. Holsti）指出，压力这类因素对 1914 年导致“一战”的事态发展产生了最剧烈的影响。

这一流派还研究认知的等同性问题，如杰维斯（R. Jervis），斯莫克尔（R. Smoke），乌里（W. Ury）等人的著作；以及决策人物的个性特点。比如，R. 赫尔曼（R. Hermann）和 M. 赫尔曼（M. Hermann）的研究分析了政治活动家的个性特点对“一战”前夕的决策产生的影响。这些研究人员还进行了事件模拟的趣味试验，按照心理测试的方法，挑选了与当时政治活动家个性最为接近的参与者进行实验。实验表明，在现实历史进程中，个体因素发挥了实质的，甚至是主要的作用。

在大众政治层面上研究的问题包括：如何认知存在于社会之中并同国际范畴有关的其他民族的特点、方针、价值观和观念。这些研究着重于冲突条件下认知的形成，包括简化信息，把多种多样的现实归于两极概念的框架之中：“胜利或者死亡”，“自己的——异己的”，“我们——他们”，“好的——坏的”等。与此同时，人们形成了所谓的“镜子”映象，其实质是，冲突双方采用大相径庭的方法对同一事实进行评价，以至于双方的观点好像镜子一样，衬托出对方明显的情绪化的否定评价。还出现了一种现象——“添油加醋的曲解”，也就是说，对方的任何行为都被认定是恶意的预谋。这种现象被美国心理学家怀尔（R. While）非常形象地描述为“敌人的魔鬼形象”。根据该现象，“魔鬼”总是对方，只有自己的行为才被认为是公正的。

从单个国家层面研究问题，例如政治决策过程，就不是研究国家的心理特点，而是研究国家的决策机制。美国作者里博（R. N. Lebow）在研究中发现，国内因素的压力可以迫使政治活动家把远离现实设想和期待作为自己认识对外政策的基础。其他的一些研究表明，军人和公民在决策中发挥的作用以及国家机构的作用等也是很重要的。此外，该分析层面要求研究经济、军事、国内政治及其他问题，这些问题是对外政治方针形成的前提，影响着全世界的发展进程。比较政治学著作对单个国家层面的研究具有重大意义。

全球分析层面可能是最复杂的。它要求不仅研究国家之间的互动，而且研究世界政治体系的非国家参与者的相互关系。世界政治体系被认为具有某种完整性。应揭示体系形成和作用过程中单个结构成分的作用，要研究不同参与者的合作与竞争问题，确定体系自身发展的趋势。

分析角度：个人，单个国家和全球——示意图说明（见图 3.2）。

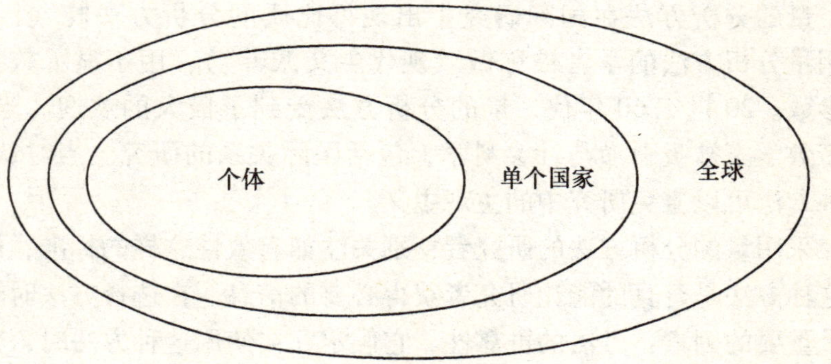

图 3.2　世界政治中的分析层次

现代世界政治对分析角度的划分十分传统。学术界争论的也正是层面的定义问题。早在 20 世纪 70 年代初，莫尔（W. Moul）就注意到分析层面定义上的分歧。一些作者把分析层面看做构成国际关系的元素，而另一些作者将分析层面看做某些说明性的原则。布赞认为，分析层面的两种定义并不互相排斥，而是相互包容，形成一种模板。布赞认为，一般来说，分析层面的划分本身是卓有成效的，因为它使学者们极大地关注国际研究中存在的方法论问题。但是，为了更准确地理解国际关系，更准确地认识研究的基本方法，必须继续进行研究。

其他的对国际研究至关重要的元素是资料和选择研究方法。世界政治使用的是一切可能获得信息的资料和最为广泛的研究方法。

通常将资料划分为第一手资料和第二手资料。第一手资料包括政治活动家的声明和演讲，官方文件及其他信息来源：统计资料，历史事实等。而以第一手资料为基础的材料和在科学书籍中所反映的材料都属于第二手资料。

世界政治以及国际关系的研究方法通常分为两大类：质的方法和量的方法。质的研究方法要求在研究某种事件或过程时使用分析程序。采用质的分析方法的研究人员是以不同的方法和理论为依据的。此前，该方法常被称为历史描述法。它依据历史知识以及直觉—逻辑方法，也就是进行论文类的科学劳动。这些方法在现今的世界政治和国际关系中仍得到广泛应用。

量的分析方法在国际研究中出现得比质的分析方法晚（因此，使用量分析方法的学者被称做“现代主义派者”），用于显示数字式的参数。20世纪60年代，量的分析方法受到了极大的欢迎。当时，许多数学家被吸引参与社会科学，包括国际关系的研究。当时认为，这种方法可以避免研究中的主观主义。

采用量的分析方法的研究者特别关注如有效性这样的标准，即确定这种方法是否真的能让研究者获得必要的信息。在选择方法时还有一个重要的因素：方法的可靠性。它假定，在使用这种方法时，其他研究人员也将获取类似的结果。

量的分析方法中最流行的是内容分析以及事件分析。内容分析是美国政治家拉斯韦尔（H. Lasswell）所采用的分析方法，根据文本中出现的某些关键词和词组的频率来研究文本。以这样的方法分析了某一报纸上刊载的文章后，拉斯韦尔揭露了报纸的亲法西斯的方向，这就为法院审理关闭报社的案件提供了依据。

在采用内容分析法时正确选择关键词很重要。上下文的问题限制了内容分析法的使用。如果论文，演讲，公文以及类似的文本是用所谓的伊索寓言式的语言写作的，其中词本身并不像上下文那么有意义，那么，通过内容分析法来研究文本就很困难了。

事件分析法是揭示某些事件发生的频率。和内容分析法一样，最开始要确定一些标准来考量事件，并对事件进行分类。换句话说，是要揭示某些类似“关键词”的，具有相当的频率，紧张度和持续性的事件（比如冲突性事件）。然后再判断事件的发展变化。采用事件分析法，可以研究谈判让步的变化，以什么样的速度作出让步，参与者中由谁首先作出妥协等。事件分析法在阿扎尔（E. Azar）、布卢姆菲尔德（L. Bloomfield）及其他作者的作品中得到了发展，并要求创建一个大型的事件数据库。

与先前的那些方法相比，认知绘图法不太流行。这种方法在霍尔斯蒂，阿克塞尔罗德（R. Axelrod）等作者的著作里使用过。其基础是认知心理学家的观点，认为要研究某种行为，最必要的是了解人是如何理解并组织所获得的信息的。国际研究中，本分析法着眼于研究所谓的“自然逻辑性”，特别是政治活动家的“自然逻辑性”。其本质是，在演讲稿的基础上揭示出不同政治家所使用的关键范畴，以及确定它们之间的因果关系。这样，美国研究人员博姆哈姆（M. Bomham）和夏皮罗（M. Shapiro）在分析了政治活动家的演讲稿后，对他们在近东冲突上的行动进行了预测。

量的分析法十分费力。这从一开始就限制了其应用。由于广泛应用计算机技术，量的分析法又一次吸引了人们的注意。计算机技术使人们在一定程度上解决了工作量过大的问题，并很快得出量的分析结果。比如，使用电脑处理文本可以让内容分析法得到更有效的应用。同时，研究者开始更多地关注如何诠释所获得的资料的问题。

另外，在使用量的分析法时，开始采用一些方法来研究形式化的步骤。这与其说是量的评价方法，不如说是研究步骤的组织方法。在运用这种方法时，常常需要考虑到对组织工作的要求、对表述的要求、对论证假说的要求，这些要求对于自然科学来说是很典型的。

形势分析法也得到了发展。形势分析是由专家进行的研讨会，会上作出对形势的分析，揭示关键时刻，以及预测未来发展的可能情形。形势分析法得到了广泛推广，尤其在科学实践单位和机关里获得应用。

此外，研究人员也开始采用其他的分析方法，如具体情况分析法（英语：case study）。根据这些分析方法，运用理论原理研究国际舞台上的具体事件，超越了“逻辑描述法”和“历史直觉法”这些概念。

目前，“量与质”两分法的分析法整体上已从国际舞台上消失。相应地将研究人员分为现代主义者与传统主义者也已成为过去。许多作者，其中包括俄罗斯作者都注意到了这一事实。比如，茨冈科夫指出，将量分析法与质分析法对立起来是不合理的，因为两者不仅不相互排斥，反而还是相互补充的。

同时，随着20世纪末结构主义流派的发展，与实证论传统无关的方法开始流行。其出发点是，当研究人员（也是实践者）在解决某一国际问题时并研究这一问题时，他对其步骤、机制、制度等都进行详细的研究，这是在“构建”社会现实。应该说这个流派并非是绝对新颖的。在威尔逊的活动中，当他试图在国际联盟的基础上联合全人类时，就清晰地表述过“国际工程”的思想。当然，这种方法还需要相当严肃的方法论证。此外，产生了一个道德问题，这个问题只可以用通常属于医学范畴的词“别伤害！”来表述。

关键术语

世界政治	全球政策
跨国公司	国际研究
高层政治	多学科性
低层政治	跨学科性
石油输出国组织	唯科学主义
国际政治经济	分析角度
比较政治学	政治心理学
国际关系	决策
第一手资料和第二手资料	研究方法的有效性
研究方法	研究方法的可靠性
量的和质的分析法	内容分析法
历史描述派	事件分析法
直觉逻辑派	认知绘图法
传统主义者	具体情况分析法
现代主义者	形势分析法

讨论题

哪些主要学科给世界政治的形成作出了贡献（贡献内容是什么）？

世界政治学、比较政治学和国际关系学这些学科领域的相互关系是怎样的？

哪些主要特征决定了世界政治学是一门学科？

俄罗斯国际研究的发展进程是怎样的？主要发展阶段有哪些？正讨论的问题是哪些？

世界政治学分析层面的划分依据是什么（存在哪些派别）？

什么是国际研究中的方法问题？

世界政治学和国际关系学中的量和质的分析法的含义是什么？（为什么说它们的划分是有条件的？）

实践题

运用内容分析法仔细分析两三份不同派别报纸上有关国际问题的文章，分析每份报纸有何特色。

参考文献

科恩：《国际关系的昨天与今天》，载古金、克林格曼娜主编：《政治学：新的流派》，莫斯科，1999，第438—452页。

列别杰娃：《世界政治：发展的问题与趋势》，载M. M. 列别杰娃主编：《千年之交的世界政治和国际关系》，莫斯科，2000。

列别杰娃、梅尔维尔：《比较政治学，世界政治，国际关系：学科领域的发展》，载《政治研究》1999年第4期，第130—140页。

曼格、里奇：《政治学：研究方法》（英译本），莫斯科，1999。

列别杰娃、茨冈科夫主编：《20世纪90年代的世界政治和国际关系：美国和法国研究人员的观点》，莫斯科，2001。

茨冈科夫、菲尔德曼：《世界政治：理论与实践问题》，莫斯科，

1995。
布斯、斯密特主编:《世纪之交的国际关系理论》，莫斯科，2002。
秋林:《俄罗斯的国际关系研究: 昨天，今天与明天》，载《全球政治研究丛刊》，1997，第18—28页。
茨冈科夫:《世界政治: 内容，变化，主要趋势》，载《社会科学与现实》1995年第5期，第131—141页。
茨冈科夫:《政治学和国际关系学: 学科领域的分界问题》，载《社会政治杂志》1995年第5期，第57—65页。
茨冈科夫:《国际关系》，莫斯科，1996。
茨冈科夫:《国际关系理论》，莫斯科，2002。
茨冈科夫:《国际关系的特性和规律》，载托尔古诺夫主编:《现代国际关系》，莫斯科，2000，第9—37页。

网络资源

学术期刊上关于世界政治的文章:

Foreign Affairs: http://www.foreignaffairs.org

Internationale Politik: http://www.germany.org.ru(俄语)

The Economist: http://economist.com

World Politics: http://muse.jhr.edu/journak/world politics

第二部分

当代政治结构的特点

20世纪下半叶，世界舞台发生了重大的政治变化，这些变化体现在所有方面。经济的迅猛发展将世界所有国家和地区吸引到国际经济关系进程中来。因特网和各种电讯联系方式的广泛应用，以及各种经济因素，把个人、团体和组织的紧密交往与互动变为可能。产生了一种新的现象——全球化。结果，国与国的界线事实上在很多方面变得越来越透明。同时，世界发展的趋势，如世界一体化，区域化及民主化变得越来越清晰。冷战的结束造成了两极世界体系的崩溃和国与国之间关系的重建。

所有这些大大改变了世界政治格局。一些研究人员开始谈论威斯特伐利亚世界模式的淡化，而另一些人认为它在消失。千年之交到底发生了什么？世界政治格局正如何改变？

第四章　当代世界舞台上的众多参与者

第一节　当代世界政治体系中的国家

按照国际法，所有国家都拥有主权，并相互平等。但是，政治学家也经常引用奥鲁埃尔的名言开个玩笑，所有国家都是无条件平等的，然而其中某些国家“更平等”。

的确，国家在很多方面是有区别的，包括政治影响、军事实力、经济潜力、领土等。很明显，有许多因素是相互联系的。冷战时期，很流行将国家划分为“超级大国”（苏联、美国），大国（法国、加拿大等）和小国（如摩洛哥、列支敦士登）。冷战结束后这样的分类开始失去意义，而经济因素变得越来越重要。

世界银行（国际复兴开发银行）依据年人均国民生产总值划分了三类国家：

- 低收入水平（765 美元以下）；
- 中收入水平（766—9 385 美元），通常划分为两个小类；
- 高收入水平（9 386 美元以上）。

约 40% 的国家，其人口超过地球总人口数 55% 的，属于第一类国家，同时，约 15% 的国家属于高收入水平国家。大部分高收入水平国家是经济合作与发展国际组织的成员，也就是所谓的“富国俱乐部”。

当前，国家中心世界模式及国家本身正在遭受极大的改变。新国家继续成立。20 世纪 60 年代曾出现过大量新国家，这是殖民帝国瓦解的结果。20 世纪末，这一进程又因为前社会主义国家（苏联、前南斯拉夫、捷克斯洛伐克）的解体而大大加速。1990 年代又出现了 20 多个新国家。

有趣的事例!

1945年联合国成立时只有51个成员国，1991年有166个成员国，到2000年成员国已经有189个。总之，从20世纪初开始国家的数量增加了两倍多。

某些国家，无论其成立时间长短（应该指出，大部分现代国家成立于20世纪），往往十分薄弱。它们的特点是政治制度和法律体系崩溃、部落间冲突、民族主义抬头，例如索马里、阿富汗、卢旺达等国家。研究著作中把这样的国家叫做“未实现的”或者“无生命力的”国家。由于薄弱，它们会给其他国家的稳定造成威胁。

此外，目前世界上还存在不少民族构成体，正试图获得国家地位。根据美国作者凯格利（Ch. W. Kegley）和维特科普夫（Eu. R. Wittkopf）的一些预测，到2005年，世界的国家数量可能增至800个。根据其他的预测，到2100年，世界大体上将由单独的城市国家组成。

许多作者关注的是，现代国家不能在环境保护、保障经济增长及其他领域足够有效地发挥作用。研究这些问题的除了国家外，还有政府间组织与非政府组织，以及各种运动。这些组织在国际舞台上正发挥着越来越重要的作用，影响着国际环境，限制着国家活动。因此，国家一系列权力正在丧失，“主权“概念受到限制，甚至连国家这种我们习惯的形式也在消失。例如豪厄尔（L. D. Howell）就持这种观点。

其实，也存在着反对国家削弱和遭受“消失”威胁论的不同意见。根据这些观点，国家将继续保留下来，因为存在国界，国家数量不是变少，而是增多；国家在经济和社会领域的功能将扩大，通过电子手段影响自己国民的可能性在增加；国家本身在积极创建国际制度和体制；最后，不存在能够把国家权力转移其上的另一种实践者。这种观点在1997年出版的国际货币基金组织资料中有体现。换句话说，将第二种观点归结为一点：在国家实现其功能的方面不会发生任何重大变化，而且我们都会“回到未来”。

20世纪末至21世纪初世界政治体系的发展极大地挑战了国家的基本属性——国家是主要的（而更早前是唯一的）国际互动参与者，即挑战了国家主权。多个世纪以来牢不可破的规律发生了变化。现代社会中的国家不得不越来越多地受到限制，一方面要顾及国际组织和制度（结果“从上”限制了国家主权），另一方面要顾及自己的国内地区，这些地区正积极地走向国际舞台、发展贸易、文化及其他关系（这“从下”限制了国家主权）。此外，国家还不得不关注世界政治进程的其他参与者——跨国公司、非政府组织等的需求和利益。

本国研究人员博尔科写道，在现代条件下国家的能力“在其活动的一切范围内”受到了限制：

- 保障国家安全受到限制（采用该术语的传统定义）；
- 在为经济安全和经济稳定发展创造条件方面受到限制；
- 在维持国内秩序，反对犯罪、恐怖主义、贪污、非法移民方面受到限制；
- 在保证公民自由和人权方面受到限制；
- 在维护生态安全，保护环境方面受到限制。

在这个清单上还可以继续添加其他领域，包括传统上由国家管辖的领域（如卫生、教育等）。

随着国家主权被侵蚀，国际法作为稳定世界发展的一个因素，其标准和原则变得模糊不清。而在实践中这些标准和原则越来越明显地相互矛盾。比如，一方面是国家自决权；另一方面是保持国家完整性；不干涉内部事务原则和提供人道主义援助相矛盾；维护人权和旨在维护和平的武力干预冲突（《联合国宪章》第七章）相矛盾，以及干预本身的性质矛盾：联合国制裁，使用空军、海军的可能性，采用诸如“排挤”武装集团的行动，“预防性的防御”，保障人道主义货物运输，“逼和”等。这种种矛盾表现得最明显的例子是20世纪末对国家内部冲突的武力干预，首先是对科索沃的干预。

主权的模糊为国家认同造成了困难。三十年战争后，欧洲实现了和平，这为民族国家体系开了先河。正如罗马尼亚研究人员马利茨（M. Malitza）指出的，和平给生活带来了新的东西，这就是国家归属感。在民族国家占统治地位的时期，国家认同主要是建立在国家归属感的意识之上。20世纪末，国家认同性被破坏。英国女研究人员斯特朗格（S. Strange）指出，国家已经不能要求公民为自己效忠，并且把对国家的忠诚看得比家庭或公司还要高。只有几个国家例外。法国研究人员迪克霍夫（A. Diechhoff）和雅弗雷科特（Ch. Jaffrecot）同意该观点，他们谈到了公民与其所在国家关系减弱的情形。

当国家认同感减弱时，认同感以其他的形式存在着——团体的、区域的、民族的，在某些情况下，还有全球的（宇宙的）认同感。国家认同感减弱的情形也十分矛盾。于是许多研究人员谈到了认同性的丧失，“裂变”的自我认同性的出现，这在心理上导致信心不足、多疑等。美国作者弗兰克（A. Frank）写道，我们的心理甚至肉体，似乎越来越多地建立在分裂的和拼嵌式似的自我认同上。我们的心灵里不同层面的忠诚在斗争着：对家庭、对同一族群、对民族、对教堂、对跨国公司，对不同的组织，可能甚至对基于全人类人道主义理想的制度。

结果，认同感常常归于一个最明显的理由，比如种族和宗教的理由，紧急关头尤其是这样。这种认同感会导致公开的冲突。因此1990年代发生的冲突被称为“认同冲突”。亨廷顿（S. Huntington）的假想最鲜明地描写了这种冲突。在冲突中，文明的归属是认同的基础。

同时，虽然认同感多种多样，但也有自己的优点。俄罗斯科学院民族学和人类学研究院院长季什科夫就关注到了这些方面。他指出，选择自我认同的理由是因时而异的。由于同一个人同时处于几个“相互交错”的共性中，由于自身的模糊不清，这些共性很难相互冲突，至少很难公开相互冲突。最终，多种多样的认同感可产生更高层次的同一化，所有的共性都归于这种同一化，或者产生某种全球同一化或者宇宙同一化。

但是时至今日，这种宇宙的同一化，即世界归属感尚未形成。根据鲁卡维什尼科夫、哈尔曼、埃斯特尔的社会调查数据，认为自己是“地球公民”的人在美国比例最大，仅有15.4%。

国家主权被侵蚀的同时，国家自身也试图保留国家主权，因为从任何国家角度来看，国界的消失和国家主权的丧失，哪怕是部分丧失，都是十分不情愿的。因此，虽然国家不尽相同，但事实上国家总是对主权被侵犯持否定态度，试图回应挑战，寻找保留国家权力的新方法、新途径。有时可能会产生想用独裁来抗衡主权削弱的想法。类似行为可能产生一些极其腐败的制度和伪国家，而这些制度和伪国家利用主权所赋予的法律保障，企图全力维护政权，进而成为恐怖主义和不稳定的温床。

因此，世界的确遇到了一种现象，这一现象可被称为国家主权的“侵蚀”。国家主权被美国研究人员克拉斯纳（St. D. Krasner）称之为“威斯特伐利亚主权”。换句话说，国家这样的政治组织建立的基础在于，国外实践者实际上根本不能影响对内政策，即使有影响，也是有限的。其实，威斯特伐利亚国家主权（或者传统定义的国家主权）的侵蚀并非刚刚开始。著名英国外交家和学者尼科尔森（H. Nicolson）在分析“一战”结局时写道，在那个时期“主权的含义（主权权力概念）就发生了改变”。

当今世界威斯特伐利亚主权的侵蚀并非意味着主权本身的消失，而是由于国家的部分职能事实上转移给了其他实践者，从而使主权的含义发生了变化。同时，国家获得了许多过去不曾拥有的能力。比如，利用现代技术（塑料智能卡、手机等）可以相当轻松地观察公民的行动。因此，在可以预见的将来，国家主权和国家并不会消失，幻想可能建设某个“超国家”中心这样的国际组织，或者“全球政府“仍然只是幻想。以上观点甚至得到了那些研究新自由主义概念，特别强调国际舞台互动参与者越来越多样化的研究人员的赞同。比如，福开森（Y. Ferguson）和曼斯巴克（R. Mansbach）写道，主权国家将继续存在，尽管它作为一个政治机构，其调动一切物质和人力资源的能力受到了挑战。从威斯特伐利亚世界模式诞生时刻起，国家促进了贸易的发展，国家征收税赋并保证了本国公民的安全。研究人员认为，由于富有效率，这种政治组织形式，包括其存在的政治组织准则，已从欧洲传播到其他大陆。

国家仍是现代社会政治组织的基本形式，是国际舞台的主要参与者。但同时国家在不断变化发展，以适应新的环境并使环境适应自己。“国家主权”概念没有消失，只是在发生着变化。国家的主要问题在于，沿着什么样的道路发展，如何与世界政治体系里的越来越清晰表现自我的其他参与者互相作用。

第二节　现代世界政治体系中的政府间组织

17—18世纪，国家实质上是国际社会唯一的参与者。但在19世纪，就已经出现了首批政府间组织，它们常被称为“超国家组织”。政府间组织是由几个国家在国际条约的基础上建立的（因此政府间组织在参考文献中常被归入国际法一类），目的是实现共同目标，并根据制定的规章行事。同时，由于制定了国际舞台相互关系的法规和互动程序，政府间组织成为国际法发展的源泉。政府间组织要求制度化（包括要有总部、分支机构等），要求建立实现目标的机制。政府间组织的成员是国家，国家按自愿原则加入组织。

政府间组织最早在欧洲成立，首先是为了实现经济领域的合作。战胜拿破仑后建立了莱茵河航行常务委员会，接着成立了其他一些组织，包括国际电报联盟，世界邮政联盟等。但是政府间组织的真正繁荣时期是20世纪，特别是下半叶，政府间组织的数量、成员数目、活动范围和积极性都急剧增加，涵盖了整个世界和国际问题的所有领域。

从历史发展的前景看，政府间组织和机构的政治“分量”在20世纪不断增长。虽然它们成立于19世纪，但是当时在世界政治进程中发挥的作用和现在不可同日而语。加入某一政府间组织的国家，试图以此影响国际进程，通过政府间组织来实现自己的目标，提升自己的国际威望等。

有趣的事例!

1900年共有30个政府间组织。“二战”后其数量急剧增加。从1945—1985年间政府间组织的数量增加了3倍，达到378个。至1997年这个数字减至258个，而1999年其数量为251个。冷战的结束伴随着许多政府间组织的解体（包括华约，经互会及其他许多组织）。

20 世纪下半叶政府间组织的快速发展有许多原因，其中主要有以下几点：

- 第二次世界大战使得人们意识到冲突的危险和建立预防冲突发生系统的必要性。途径之一便是建立解决这些问题的国际组织。维护和平，防止战争是创立联合国的主要目的；
- 世界的劳动分工，联系的加强与发展要求成立政府间组织，以保障合作并充当其领路人。因此，出现了大量相应的全球性的和地区性的政府间组织；
- 全球问题（生态问题，饥饿等）过去不可能，将来也不可能在一个或几个国家内得到解决。要解决全球问题，各国应协调努力；
- 对于许多国家，特别是在殖民主义体系崩溃后重新建立的国家而言，它们在政府间组织中的一致行动，能够使其提出并解决令自己担忧的问题，进而增强其对世界政治进程发展的影响。

重要的观点!

与广为传播的观点不同，并不是所有的主权国家都是联合国成员。比如，瑞士仅在 2002 年夏天递交加入该权威国际组织的官方申请。

政府间组织是现代世界政治最重要的因素。它们可以是综合性的。原则上世界上的任何国家都可以成为其成员。这些组织的宗旨是面向广泛的国际问题，包括政治、经济、军事、社会和其他问题，例如国际联盟和联合国。

另一类型的政府间组织也有许多目标，但成为该组织的成员有相当严格的条件限制，比如，常受地理位置的限制。非洲统一组织和美洲国家组织就属于这一类型组织。然而，地理因素并非是建立综合性的、成员有限的政府间组织的唯一因素。友好联盟（英语：common-wealth）联合了大部分早前是大不列颠帝国成员的国家，而“集团

7/8”或者“大七国/大八国”是世界经济和政治最有影响的国家。

重要的信息!

联合国有6个主要机构：联合国大会，安全理事会，经济和社会委员会，托管委员会，秘书处，国际法庭。联合国总部在纽约。

为解决某一领域的具体问题而建立的，即拥有专门目标的政府间组织，有时被称为“政府间的职能组织”。其中许多是由联合国创立的，是联合国的专门化机构。比如，成立于1919年的国际劳工组织还是在国联时成立的；世界卫生组织；国际民用航空组织；国际原子能机构等。部分职能组织在联合国框架外，在政府间协议的基础上开展活动，如国际刑警组织等。

有的政府间组织不限制成员资格，有的则限制成员资格（其中包括联合部分拉丁美洲国家的区域经济组织，MEPKOCYP）。

总的来说，大部分政府间组织有专门目标，并且其参加者数目有限。根据凯格利和维特科普夫的统计，这类组织占到政府间组织总数的72%（表4.1所列的是依据目标及成员资格进行的分类，并列举了不同类别的组织）。

表4.1　政府间组织的分类

目标	无限制的成员资格	受限制的成员资格
多样	国际联盟，联合国	美洲国家组织，非洲统一组织，友好联盟，集团7/8
专门	国际货币基金组织，世界卫生组织，国际劳工组织	拉丁美洲国家的区域经济组织

应当指出，类似的分类仍然是相对的（许多研究者注意到了这一事实）。因为当政府间组织发挥功能时，其目标可能变化。比如，欧盟最初是为了许多欧洲国家的经济合作而产生的，它甚至拥有其他

名称。但是后来该组织的目标开始扩大，并包括了对外政治行为的协调工作，结果欧盟事实上重组成一个具有多个目标的组织。

最初，在政府间组织产生时，甚至20世纪中叶，其数目急剧增加时，大部分政治家和研究者认为，政府间组织会成为帮助创立它们的国家制定政策的独特的“引导员”。但是渐渐变得明显的是，这些组织开始完全独立地发挥作用，它们不但极大地影响了整个国际关系，还影响了其创立者。同时，政府间组织的利益常常与创立国的利益不一致。关于政府间组织对当代世界政治进程的影响，本国研究人员巴拉诺夫斯基指出这样一个事实：政府间组织从事国际法准则的制定和实施，国家随后在自己的活动中遵守这些国际法准则。

证明政府间组织足够“独立”，并与国家参与者“不同”的又一个方面是，在现代条件下，政府间组织的活动越来越明显。加入政府间组织本身是对国家在国际舞台上的威望的承认。

也有可能发生另外一种情况，导致政府间组织的利益发生分歧。随着政府间组织成员的增加，创建国的利益被新成员的利益“冲毁”。或者出现另一种情况，由于组织中某一个成员国影响的增强，政府间组织在很大程度上开始实现该国利益而损害其他成员国利益。

最后，有必要注意数量指标。如果现代社会有近200个国家，那么政府间组织就有250个。根据美国研究人员科恩和赫夫曼（St. Hoffmann）的观点，整体上说，现代政府间组织完成或者能够完成的主要职能可划分为6个：

- 通过政府间组织，国家实现对国际进程的政治影响；
- 政府间组织是不同国家通过谈判协商利益的地方；
- 某些政府间组织是用来削弱其他组织的力量或与其他组织互动（比如法国企图增强欧盟在安全方面的作用，削弱北约在该方面的作用）；
- 由一些国家利用政府间组织向他国通报自己的意图和目标；
- 政府间组织通过的文件是加入其中的国家用以制定本国政策的某种方向标。

在一定的条件下，政府间组织形成国家未来遵循的基本原则

（比如，冷战结束后重新建立的国家有的通过政府间组织接受了民主的思想和原则）。

有必要指出，政府间组织与其他国际互动参与者一样，在不断发展变化。20 世纪下半叶起，由于世界遭受转型，这一进程表现得尤为强烈。冷战期间，政府间组织的活动表现了冷战现实，主要是要解决与保障安全，维护国家间和平，与经济与社会合作，人道主义援助，人权等有关的问题。同时，国际组织特别是联合国的一个主要贡献，是它们与其他国际关系参与者一起阻止了第三次世界大战的发生。

两极体系崩溃以后，许多政府间组织的议事日程里已不再包括东西方之间意识形态的对立这个问题。同时，政府间组织遇到了新的现实情况。这些政府间组织不仅受到新的国际现实的制约，而且受到政府间组织本身发展问题的制约。这些问题包括：恐怖威胁（2001 年 9 月 11 日和 2002 年 10 月 23—26 日的事件发生后这点特别急迫）；新的安全标准和调整冲突的途径；经济发展的均衡性，发达国家与发展中国家差距的缩小（顺便提一下，许多 20 世纪 90 年代建立的政府间组织都有经济目标）；生态；民主化等。非常重要的问题是将国家的部分权力交给政府间组织。同时，有必要将某个政府间组织里所有参加国的利益及不同的政府间组织之间的利益协调一致。关于后一个问题，积极讨论了有关避免职能重复的必要性，职能重复在许多政府间组织的活动中已出现了。

目前，政府间组织遇到这样的情况：世界已发生和正在发生的变化要求组织本身进行改变。某些研究人员也许极其尖锐地提出了一个问题：冷战期间成立的，并且按照属于那个时代的章程进行活动的政府间组织，到底能在多大程度上对世界的新情况作出反应。

在讨论有关政府间组织的转型方向时，下面几点是最重要的：

- 冷战的结束以及世界舞台上的变化使许多国家不得不考虑重建一些国际组织。由于德国，日本这些国家经济实力增强，它们提出改组联合国，以期改变自己在联合国的地位。再比如，如果德国和日本成为安理会的常任理事国，会引发加强欧洲大陆在世界政治中的地位的问题。同时，有大量国家存在的非洲和拉丁美洲还没有处于这种状况。

- 政府间组织的发展与任何一个组织的发展一样，常伴随着工作人员的过度增长和机构的官僚主义化，它不能很好地解决组织所面临的问题。结果，政府间组织变得不太有效率了。
- 随着政府间组织总数量的增加及组织的发展，协调从事类似问题研究的大量委员会活动的问题变得越来越突出。
- 必须让一切有关国家都参与解决政府间组织所从事的问题，其必要性可用国际联盟为例来加以说明。一旦某些国家不加入组织或者被排除在组织之外，那么问题将得不到解决（或者不能很好地解决)。
- 当一些国家比别的国家拥有更多的政治或金融实力时，政府间组织成员的潜力是不尽相同的。有时为了增强自己的影响，必须建立国家联盟以协调行动。
- 政府间组织决议的履行问题，其解决方法也不尽相同。这引发了关于政府间组织效能的讨论。

第三节 现代世界政治体系中的非政府参与者

世界舞台上的非政府参与者比政府间组织更多种多样，有着不同的利益，不同的目标，有时互相矛盾，甚至不可共存，方向和数量各不相同等。因此对其分类十分困难。

对世界政治影响最大的非政府参与者通常分为以下几类：

- 国际性非政府组织；
- 跨国公司；
- 国内地区。

国际性非政府组织(英语：international nongovernmental organizations，INGO'S)或通常简称为非政府组织(英语：nongovernmental organizations，NGO'S)在现代社会中的作用十分积极并具有影响力。它包括并非以政府间协议为基础成立的，并不仅限在一国活动的组织(因此有时它们被称为“跨国组织”)。例如职业组织（比如，世界政治学联盟、国际记者组织)；体育组织（国际奥委会、国际网球联盟)；宗教组织（世界宗教理事会)；生态组织（绿色和平组织)；人道主义组织（国际红十字会）等。国际性非政府组织成员既可以是国家非政府组织或协会，也可以是个人。国际性非政府组织按自己的成立章程办事，不以盈利为目标。

通常将非政府组织分为有结构性目的和有非结构性目的组织（恐怖主义组织和极端主义组织）。不过“非结构目的”术语并不仅仅表示恐怖主义和极端主义。

第一批国际性非政府组织产生于19世纪，但是与国际性政府间组织一样，直到20世纪下半叶，它对世界政治进程的现实影响才表现出来，其数量才得以增加。现代国际性非政府组织对社会舆论产生了非常重要的影响。但是其活动并不局限于此。非政府组织是重要的政治力量，经常反对核试验，反对掩埋有毒废料（比如，绿色和平组织），主张维护和平，停止军备竞赛（帕格沃什运动），主张保护妇女权利（女权运动）等，其活动促进了国际新秩序的建立，促进了解决全球化及世界民主化问题的进程。

有趣的事例!

1900年共有69个国际性非政府组织，而在20世纪与21世纪之交其数目超过了27 000个。

许多非政府组织，其中包括国际组织获得了人民的大力支持，这使得它们的工作富有成效。卡京援引数据表明，法国非政府组织的民众支持率比政府高5倍，比大众传媒高9倍。美国、英国、德国和澳大利亚接受调查的公民中，有一半表明更倾向于相信非政府组织，而不是自己本国的政权机构。

非政府组织在国际舞台上的一个最重要的贡献是，1945年准备联合国宪章时，扶轮社和国际红十字会成功地在宪章中加上了第71条，这一条的表述是：联合国经济与社会委员会被授权征求非政府组织的意见。

重要的观点!

20 世纪末 21 世纪初国际性非政府组织的特点是：

- 参加非政府组织活动的单位数量和人数激增；
- 活动的地理范围扩大；
- 政治影响增强；
- 研究问题的范围扩大。

与此同时，由于非政府组织极其多样，其活动有时候会具有极为矛盾的特点。它们不仅常常相互之间竞争，而且与国家机构竞争。

国际互动的另一个重要参与者是跨国公司（在很多时候使用另一个术语——多国公司或国际公司）。大部分作者把这些术语当做同义词使用，但是在某些著作中指出了它们的差别：一些作者认为“跨国公司”这一概念具有民族特色，而“国际公司”这一术语缺乏民族特色；另一些作者则看法相反，我国研究人员阿林注意到了这一点，认为把这些公司看做国际互动参与者时，该特点不是原则性的，它不被注意，也就是说，在这种情况下“跨国公司”和“国际公司”这两个术语可以互换使用。

跨国公司是商业机构，在很大程度上，其活动在几个国家开展。与国际组织（政府的和非政府的）不同，跨国公司是为了盈利。为此，某些具有民族特色的跨国公司的活动，还可能与国家利益相冲突。德国研究人员贝克（U. Beck）指出：“道奇银行觉得好的东西，对德国来说就太不好了。”跨国公司超越民族国家范畴，事实上废除了与民族国家机构商定的忠于国家的协约。

与以上所提到的参与者一样，跨国公司的数目也在 20 世纪下半叶增加并且继续增加。据联合国估计，20 世纪末世界上有 53 000 多个跨国公司。近 90% 的跨国公司在北半球发达国家。20 世纪 90 年代中期，仅在 100 个主要的跨国公司中就有 1 200 多万人在工作。据美国研究人员鲁尔克（J. T. Rourke）和博耶尔（M. A. Boyer）的调查，最大的跨国公司之一——“通用汽车公司”，1998 年生产的产品总值为 1 613 亿美元，这比许多国家的国民生产总值还要多。例如希腊的国民生产总值是 1 374 亿美元；以色列——967 亿美元；爱尔兰——599 亿美元；斯洛文尼亚——195 亿美元；尼加拉瓜——93 亿美元。

跨国银行的发展刺激了跨国公司的增长，其金融业务遍及全球。1999 年初，正如凯格利和维特科普夫指出的，20 个最大的跨国银行的资产数目超过了 425 万亿美元。跨国银行的资产具有极强的流动性，这给跨国公司快速发展提供机会。再加上最大的金融交易所，那么从整体上讲，可以把现代社会的金融机构看做世界政治的参与者。

显然，既然拥有如此强大的金融、人才及其他潜力，再加上活动遍及全球，跨国公司和跨国银行不能不对政治进程产生重要影响。跨国公司除积极投身其所在国的国内政治活动外，还参加国际活动。当拉美某个国家内的福特分公司发生工人罢工时，该国国家机构的代表向领导提出请求解雇领头闹事的人，以防止将来的动乱。企业没有这样做，而是决定为了企业的利益与工人进行谈判。为达此目的，该企业倡导成立该国第一个汽车制造工会，该工会成了建立政党的基础。

跨国公司所拥有的金融杠杆有时候使自己在国际舞台上非常有效地发挥作用：在经济项目上进行投资，很多情况下可以防止冲突的发展。跨国公司的间接作用是著名的，也是独特的。比如，20 世纪 70 年代，当世界爆发燃料能源危机时，石油输出国组织国家政府获得了许多跨国公司的金融支持，这使得它们在与西方国家谈判时立场更为灵活。

然而跨国公司的活动也有坏的一面。20 世纪 70 年代初的智利事件中，国际电话电报公司的作用就广为人知。为了保住在智利电讯市场的利益，国际电话电报公司企图通过金融支持反对派，以防止阿连德当选总统。接着，当阿连德仍然被选举为总统时，该公司开始给美国政府施加压力以使智利经济遭到破坏。结果阿连德政权被军事政变颠覆。

为了最大限度地追求利润，跨国公司利用“南半球”国家不熟练的廉价劳动力，从而加剧了世界的“富裕的北半球——贫穷的南半球”的两极分化。

同时，“国内地区”（国家的行政地域组织——县、联邦市，州等）与其他参与者一起，在世界舞台上独立自主地采取行动。从法学观点来看，虽然“国内地区”在文化、贸易、科学领域保留对外联系，但是它们不能独立地进行对外政治活动。但是这些地区仍然从事着国际活动。

思考材料

以下列举了跨国公司作为世界舞台上的参与者其活动的一些正面和负面的后果。

（+）

- 世界贸易的发展；
- 对发展中国家经济的投资；
- 在发展中国家创造工作岗位；
- 依靠市场关系的完善发展民主化；
- 培养国家干部；
- 落实和平解决争端和冲突的程序。

（－）

- 国家主权的破坏；
- 发达国家与发展中国家的差距扩大；
- 为了自身稳定，不仅维持压迫制度，而且与之合作；
- 对保留发展中国家的廉价劳动力感兴趣；
- 应用自己的技术和产品来淡化民族特点；
- 与其他跨国公司就瓜分市场，减少竞争达成协议。

思考题：

你可以继续列举跨国公司在世界舞台上的活动所产生的正负面后果吗（请举例）？

地区在经济领域常常表现出极大的积极性，因此它们有时被认为是相互竞争的公司的同类。地区竞争的成就取决于许多因素，包括基础设施、科技和劳动潜力、地方政权的政策等。现代条件下基础设施常常使得邻国毗邻地区之间的联系要比国内区域之间的联系要紧密。比如，意大利北部地区与相邻的瑞士的州的合作就要比与本国南部地区的合作要紧密。

现代社会中的经济、金融及其他问题常与政治问题交织在一起。因此，国内地区成为独立的参与者，越来越积极地在国际舞台的政治领域进行活动。比如，苏格兰表达了自己希望加入欧盟的愿望。

国内地区成为欧洲建设的重要因素，甚至出现了这样的概念——“地区的欧洲”。但是，也存在潜在的危险。失控的地区化削弱了中央政府，造成国家发展不均衡的危险，导致一些冲突的发展。如车臣，科索沃就是最明显的例子。

近来有些情况引起了注意：国内地区在世界舞台上的活动可以导致反常的现象——削弱国家民主。这是因为某些国家的地区有可能被腐败专制的政权统治。地区从中央政权监管之下“脱离”，导致地方上的负面进程的加强。不过总的来说，地区独立在很多情况下是积极的，地区通过吸引外资，增加劳动岗位促进了快速发展。

俄罗斯联邦对外政策纲领规定，俄罗斯联邦各主体按照俄罗斯联邦宪法，按照从 1998 年 12 月 2 日颁布的“有关协调俄联邦主体的国际和对外经济关系”的联邦法律及其他法令来发展自己的国际和对外经济关系。在严格遵守俄联邦主权和领土完整的前提下，俄罗斯外交部及其他联邦政权执行机构对俄罗斯联邦各主体实现国际合作给予协助。但是，按俄罗斯外交部代表奥尔洛夫的说法，地区上的“某些对外政策的初衷并非总能与联邦中央协调一致”。造成这种情况有许多原因，其中之一是由于从事地方对外活动的人的能力有所欠缺。从整体上说来，问题还是在于：在保留国内地区在世界舞台的活动的积极因素的同时，如何减少其代价。

第四节　参与者的多样性——世界政治格局变化的一个因素

威斯特伐利亚世界体系的出发点是，只有国家才是国际互动的参与者，只有国家能够独立行动或者组建联盟来解决问题。20 世纪末最明显的一点是，其他一些很有影响力的参与者登上了国际舞台。不仅是国家，还有政府间组织、国际非政府组织、跨国公司及国内地区。它们拥有极为不同的目标，一些是正面的目标，如维护世界的稳定发展；其他（如恐怖组织）则把破坏现有状况作为目标。某些参与者，如跨国公司和跨国银行，它们以利益为目标，而且常常认为自己在世界舞台上的存在极为短暂。对世界舞台互动的参与者及可能的后果进行分析更加困难了。

包括国家在内的每一类现代参与者，其数目都急剧增加了（这在图 4.1 中很明显地体现出来）。此外，新参与者的形成及多样化过程今天仍在继续。例如，大众传媒具有影响人们意识，快速传播全球信息等特点，其活动也是影响世界政治进程的因素。因此，大众传媒常常被认为是世界政治进程的独立参与者。

还有其他参与者出现在世界舞台上。德国研究人员塞格贝斯（K. Segbers）将之描述为“混合机构”。它们融合了国家和非国家机构。这些混合机构在不同领域活动，首先是商业，例如跨国公司拥有混合资产（国有的、私人的）。混杂机构也存在于大众传媒中。

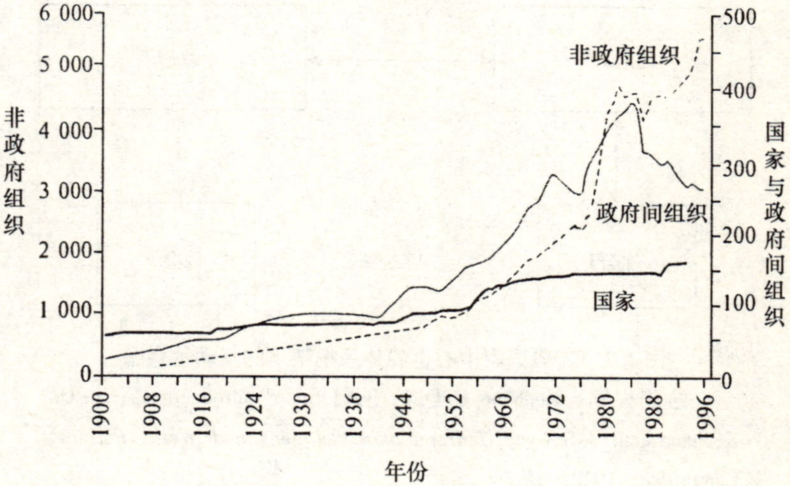

图 4.1　20 世纪国际关系参与者的增长状况

资料来源：Russett B.，Starr H.，Kinsella D. *World Politics*：*The Menu for Choice*，Sixth edition. Boston，N. Y.，2000，p. 59.

所有国际互动参与者的活动范围令人惊奇地交织在一起。这种状况在过去是不可思议的。从前国内地区只试图影响本国的国内政治进程，而国际组织的影响则局限于对外政治领域的问题（这看来符合逻辑)。而现在完全不是这样。政府间组织和机构越来越积极地干预对内政治问题，如协调国内冲突（包括北约、欧安会、联合国）；遵守人权；确定国家的金融政策（国际货币基金组织）等。而国内地区试图与国家平起平坐，参与对外活动，常常引起中央政权的不安和慌张。

国际互动参与者数量及其相互关系的特点的变化导致了一系列后果。第一个也可能是最重要的后果是由美国研究人员科哈尼和涅阐述的：从前国际范围仅限于国家间的相互关系，现在世界变得复杂多了。作者们用图相当明了地进行了表述（见图 4.2 和图 4.3）。如果说古典威斯特伐利亚世界体系存在期间，国际互动和联系参与者的数量相当有限，那么现今就不能这样讲，因为现代社会的相互关系极为复杂，而参与者数目变得十分多。

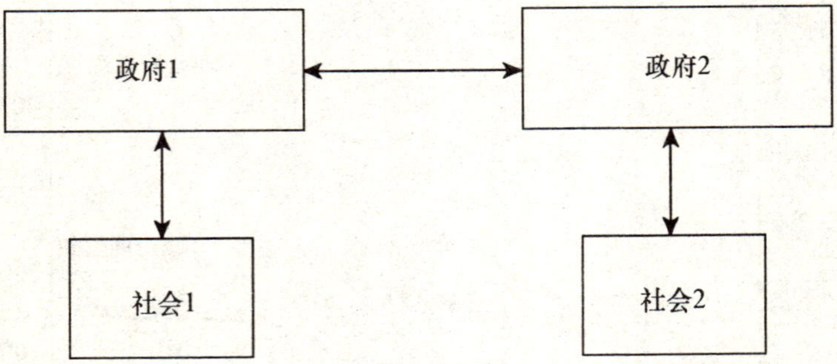

图 4.2　古典国家中心世界体系框架下的互动示意图

绘制根据：Keohane R. O. , Nye J. S. . “Introduction”, R. O. Keohane and J. S. Nye. *Transnational Relations and World Politics*, Cambridge, 1972.

国际互动参与者的联系在量和质特性上的变化也有其他一些后果。

第一，出现了一个尖锐的关于责任的问题——国际参与者应对自己在世界舞台上的行为负责（包括政治的、法律的、经济的、道德的责任）。有的参与者为了自己的利益，忽略了可能产生的附带后果（包括生态的或者社会的），特别是当参与者一开始仅有短期目标，达到目标后就离开国际舞台的时候。某些商业机构就可能这样做。另外，有的国际参与者甚至有非结构性的目标（比如，国际恐怖组织）。一些研究人员，其中包括我国作者库兹涅佐夫强调说，非国家参与者并非总是充分意识到这种责任，在国际舞台上表现为负有限责任的参与者，在这个意义上说，它们是伪主体。

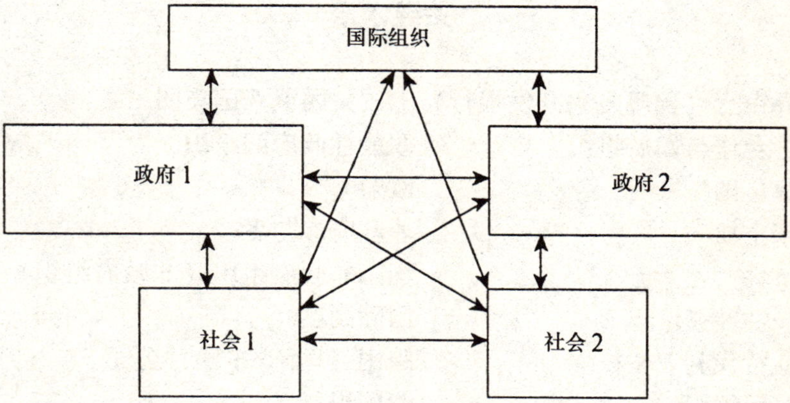

图 4.3 当代世界互动示意图

绘制根据：*Keohane R. O.*，*Nye J. S.*. “lntroduction”，R. O. Keohane and J. S. Nye. *Transnational Relations and World Politics*，Cambridge，1972.

第二，难以跟踪统计的世界政治进程参与者之间的复杂关系产生不确定性。结果，正如捷克总统瓦茨拉夫·塔韦尔指出的，我们生活在一个一切都有可能，但几乎什么都不能确定的世界。这种不确定性影响着对未来的科学和政治预测，影响着个人对世界的规划和理解。

第三，参与者的多样性影响了由尼克松提出的“参与悖论”。其实质归结为：世界舞台的参与者越少，越相同，其行为及其行为的后果越可预测。这一事实直接影响了国际生活的许多方面，尤其是安全问题。

第四，即使在某个参与者，某个国家（包括最重要的国家）内部也存在复杂，混乱的行为，缺乏协调和服从，是当代社会的另一现象。例如当局不能控制自己的军队。比如，塞尔维亚领导发表声明说，包围了萨拉热窝的塞尔维亚部队他们管不了。类似现象在别的地方也有表现。

而且，根据格鲁姆的观点，世界互动参与者的数量还在不断增加，其形形色色、各式各样及种类繁多是为大多数分析学家承认的事实。

当代世界政治进程的参与者构成发生了数量尤其是质的变化，导致了威斯特伐利亚体系的世界政治格局发生了根本变化。

关键术语

世界银行（国际复兴开发银行）
经济合作与发展组织
非成员国
国家主权
同一性
同一性冲突
威斯特伐利亚主权
政府间组织
超国家机构
综合性的国际组织
非洲统一组织
美洲国家组织
七国集团或八国集团
职能性政府间组织
欧盟
非政府参与者
国际非政府组织（非政府组织）
国际制度
跨国（国际/多国）公司
跨国银行
“富裕的北半球—贫穷的南半球”
国内地区
混合机构
参与悖论

讨论题

当代国家作为世界国际互动参与者有什么特点？

国家主权问题是什么？

政府间组织作为国际参与者有何作用？

跨国公司在国际舞台上活动的矛盾性表现在哪里？

国际非政府组织和国内地区在世界舞台上有何作用？

国内地区的国际活动是什么？

国际互动的成员的数量和特点的改变是如何影响世界政治格局的？

实践题

1. 分析你所在的地区是如何充当国际舞台成员的。其积极活动涉及哪些领域（贸易、科学、文化等）？有何趋势？哪种对外活动在本地区是主要的？活动特点的变化方面有何趋势？填写下表：

地区

年份	活动特点（经济、体育、文化等）	表现在哪些方面（主要措施）

2. 如果可能，将所得资料与俄罗斯其他地区进行比较。

参考资料

巴拉诺夫斯基：《国际组织是调整国际关系的机制》，载托尔库诺夫：《现代国际关系》，莫斯科，2000，第220—259页。

别克：《什么是全球化?》（德译本），莫斯科，2001。

格拉戈列夫、马佐列夫：《欧盟原则与标准下的现代人权观念》，莫斯科，2001。

格鲁姆：《国际参与者不断增长的多样性》，载齐甘科夫主编：《国际关系：社会学研究》，莫斯科，1998，第222—239页。

库拉金：《威斯特伐利亚的没落》，载《世界主义》（丛刊），1999，第27—31页。

谢尔盖耶夫：《国家主权和国际关系体系的演变》，载《世界主义》（丛刊），1999，第27—31页。

费尔德赫姆：《外交官的案头书》（英译本第二版），明斯克，2001，第93—181页。

费尔久松：《20世纪末的全球社会》，载齐甘科夫主编：《国际关系：社会学流派》，莫斯科，1998，第195—221页。

齐甘科夫：《国际关系》，莫斯科，1996。

齐甘科夫：《国际关系理论》，莫斯科，2002。

网络资源

俄罗斯联邦外交部：

俄罗斯外交部：http://www.mid.ru

国家间组织：

联合国：http://www.un.org

欧洲联盟：http://euroha/index.htm

北大西洋公约组织：http://www.nato.int

国际法庭：http://www.icj~cij.org/

欧盟：http://www.coe.int

欧盟驻俄罗斯信息中心：http://www.coe.ru

非政府组织和政府间组织：

国际特赦：http://www.orgnic.com/Non.profits/Amnesty/index.html

其他组织：

http://www.sustainable.doe.gov

http://www.envirolinr.org

第五章　20 世纪末至 21 世纪初的世界全球化

第一节　全球化问题的研究方法

全球化是近年来当代世界发展中讨论最多的现象之一，同时，也许是最没有被严格定义的现象。术语本身被广为科学地使用是在 20 世纪 90 年代。它在很多方面几乎取代了“后现代主义”概念。“后现代主义”概念曾广泛应用于描写当代政治世界的复杂性和多样性。同时，还在 20 世纪 80 年代末，“全球化”一词在科学词汇中还不曾见到。美国社会学家罗伯逊（P. Robertson）是首批研究全球化问题的专家之一，在将自己的著作《讨论全球性》（*Interpreting Globality*）取名时用了“全球性”一词。其实，生态及技术学科领域开始谈论全球化的时间更早——还是在 20 世纪 60 年代，不过使用的是其他术语。

今天为了描绘与全球化有关的进程，常常运用其他一些概念——后工业时代、信息革命时代、技术全球化等。所有这些概念都反映了全球化所具有的最重要的变化。

关于全球化的实质存在不同的观点。一些研究着重于经济方面，另一些研究着重统一信息空间的形成，还有一些研究着重于共同标准的发展。如组织生产、销售、社会生活等。因此，使用“世界的麦当劳化”（从“麦当劳”快餐网络而得名）这一表述作为比喻。所谓“世界的麦当劳化”，是指组织经济和社会生活过程的标准化和“流水线化”。由通用的成套部件，像堆乐高小积木一样，组成各种各样的产品，这些产品的最终形态千变万化。这种“麦当劳化”的明显的例子是有瑞典“宜家”公司提供的家具，根据住宅面积不同、人的喜好和需求的不同，用标准化部件组成无数的家居样式。

对名为“全球化”这一进程持怀疑看法的虽然相对不多，但还是存在。比如韦塞斯（M. Veseth）认为，全球化根本不是什么新现象。其实被称为“全球化”的这些进程仅与世界的复杂化有关，而世界的复杂化永远是存在的。但是，在他看来，全球化备受关注是因为人们要么试图借助全球化证明存在新的威胁，要么相反，想预测人类的繁荣。我国研究人员乌特金也持类似观点。他写道，全球化是政治上需要的概念。

对全球化的理解各种各样，这取决于作者的理论观点。现实主义者承认当代社会存在重大变化，他们宁愿将全球化看做世界演变发展的过程，而非世界重组的质的飞跃。新马克思主义把当代进程看成是资本主义发展的最后阶段，世界经济更加两极分化，其后果是造成政治的不稳定。对大部分持新自由主义观点的研究人员来说，全球化是政治格局，世界及人类文明发展的质的崭新阶段。

对全球化的理解还存在一个方面，它与政治活动有关，涉及在“好—坏”二分法框架内对世界变化的评价特征。不同的评价在很大程度上造成政治活动。一方面发生大量的运动，在“反全球化分子”的旗帜下暂时联合起来（他们常从非常激进的立场出发反对全球化进程的发展，反对与之最紧密相关的机构，包括国际货币基金组织，世界贸易组织）；另一方面发生全球化进程拥护者的运动，如因特网使用者运动等，尽管这方面的运动不是很明显。全球化看法和观点的多样性取决于该进程的复杂性和综合性，取决于人类活动和相互关系涵盖范围的广泛性。

我们重新回头科学地思考全球化这种现象，就要探讨全球化衡量的三个标准，这是法国研究人员巴迪耶（B. Badie）提出的。

- 经常进行着的历史进程；
- 世界的均质化和普遍化；
- 国界“模糊化”。

如果从第一个标准来看，可以发现，人类发展史上确实存在空间扩大的趋势，该空间内发生着紧张的互动：从单个的村庄、城市、公国到国家，到地区，最后经过伟大的地理发现发展到整个世界。

然而全球化进程是复杂和非单一的。在历史发展中，这一进程并非是直线进行的，它完全不要求新的周边地区加入到某个不变的中心地区。摩德尔斯基（G. Modelski）以古代世界城市的发展为例，说明了这一进程的“跳跃性”特点。他划出两个阶段，每一个阶段为1000年：中心化——形成了世界体系中心地带和非中心化——如果周边地区成为主宰。肯尼迪（P. Kennedy）的作品中包含了与“跳跃”思想相近的概念，他讨论了大国的繁荣及没落。

如果引申摩德尔斯基的结论，预测未来的历史发展，那么可以设想，类似的“跳跃”不仅会以地域为基础发生，而且，会以构成中心与边缘的要素为基础发生，历史上这种实质的基础要素包括宗教、意识形态、经济发展等。

巴迪耶划分的全球化进程的第二个标准更具有争议性，世界的普遍化和均质化的提法极为独特。根据这种观点，形成了关于建立全球村（global village）——所有生活在地球上的人类共同体或者调整各国家和各民族之间相互关系的世界政府的设想。换句话说，打算建立某种世界联盟。

这些形式、思想和假说广泛应用于报刊业和通俗文学中，体现了一种观念：地球上所有人被同一种命运联系起来了，而且由于普遍的文化典范的传播，技术的发展——特别是交通、信息、通信、世界贸易、金融的发展，它们有可能把社会中的所有人联结成相互关联，相互依赖的共同体。

世界的普遍化和均质化有时被看做世界的西方化。这种情况指的是，西方文明所特有的价值观和行为准则越来越得到推广。的确，西方出现的许多行为，生产和消费方式后来成为其他国家和文化习以为常的东西。更有甚者，这些国家的舶来品常常被看做本民族固有的。因此，《纽约时代周刊》主任评论员弗里德曼（Th. Fridman）在《雷克萨斯与橄榄树》一书中举了个可笑的例子。日本女孩第一次来到美国，大喊道：“妈妈，你看，他们也有麦当劳！”

类似的事实可以举出很多。但是必须认识到，表面的普遍化之后隐藏着更为复杂的过程。

第一，每一种文化都按自己的方式理解和消化其他文化固有的准则。许多分析文化影响的研究人员注意到了这一事实。一旦加入其他文化背景，西方文明的行为方式在世界不同地区（包括消费领域）有时会具有完全不同的意义，甚至与原始意义截然相反。比如，即使表面上追求与西方行为模式的等同，实际上却可能隐藏完全不同的东西：比如在美国假装普通人，或者在许多阿拉伯国家假装不同政见者。总的说来，外在的形式总需要内容来填充，而文化上的填充是在对外来文化的传统和准则进行整理后做到的。法国研究人员蒙布里亚尔（Th. de. Montbrial）强调每一种文化的特色，他认为，谈到全球化时，我们完全不是指同一化和标准化。汽车设计者不追求创造通用的，能够满足所有人的品味的“世界”汽车，因为这是不现实的。举个例子，法国达能公司的产品要适应巴黎人的口味，圣彼得堡公司的产品就要适应圣彼得堡人的口味，而上海公司的产品要适应中国人的口味……喜好的不同，就像意识形态的不同，永远都不会消失。另一个事实是，汽车型号或酸奶类型的变化，其目的是满足各种消费者的需求。它们是由一整套统一的结构单位“组成”的。

第二，西方文明本身是不同的。在这个意义上讲，谈得最多的以美国文化为“熔炉”的世界普遍化不会发生。顺便说一下，美国目前越来越多地使用“色拉”这个比喻，以此强调保留每一个民族的特性。

第三，必须注意的是，世界流行的并非仅仅是西方文化形式。还存在相反的情况，例如西方对东方宗教，非洲文化等很感兴趣。因此，说全球化就是世界的西方化，这未必合适。

然而，上述所提到的并不否认人类联合成共同体的可能。也就是说，不否认我国研究人员库瓦尔金称之为“大社会”的可能。“也就是说，创建全球共同体，共同体内部的民族国家构成体仍然是独立的结构单位。但是，这种新构成体的组成部分间的差异不会消失。不仅不会消失，某些方面的差别还会增强。”

第四，巴迪耶提出的全球化的最后一个方面（或者标准）——国界的“模糊”可能最大程度地体现了全球化。这表现在国界外的各种交流和互动数量的强化和增加上，而且是在所有领域里。一个最重要的结果是形成了世界商品和服务市场，形成了金融体系和世界通信网络。因此有时使用“跨边界互动”或“跨边界进程”的概念。

关于跨边界进程的发展范围，当因第二次世界大战而遭破坏的各国经济恢复需要紧密合作时，欧洲大陆经济领域的民族国界是最透明的。紧接着这一进程转向社会的、政治的、文化的和其他方面以及其他区域。

目前有争议的问题是：国界透明到什么程度；哪些国家先参与了这一进程；这一进程有哪些后果等。但是许多研究人员，包括卡岑斯泰因，科恩和克拉斯纳等人，认为全球化本身的实质在于边界越来越透明的进程。这一观点得到了许多作者的赞同。

国界的透明使得世界相互依赖。正因为如此，据奈（J. Nye）的定义，当体系中不同部分的参与者和事件相互影响时，一些学者，特别是研究新自由主义的学者，将全球化同相互依赖性联系起来。吉登斯（A. Giddens）的作品中也存在类似的理解。吉登斯谈到了社会关系的集约化，社会关系的集约化将相互背离的观点联系起来，使得一个地方发生的事情完全是另一个地方发生事件的原因，反之也如此。本国研究人员塔吉耶夫认为，社会关系和制度在时间和空间上的扩展和加深，一方面使地球其他地方发生的事件，对人们的日常活动产生越来越多的影响，另一方面使地方社团的活动可以产生重要的全球后果。季利根斯基也持类似观点。他指出，正是不同社会的相互依赖并使依赖不断增长，而非世界社会现实各“阶层”的平均化构成了全球化的实质。

全球化引起的国界的透明化推翻了原有关于安全、冲突及其调解方法，关于外交及其他古典研究对于国际关系的主要问题的看法。但主要是全球化去除了以前存在于对外政策和对内政策间的严酷的障碍。在安全领域中，一个国家或国家集团对另一个国家或国家集团的直接威胁退居二位，让位于恐怖主义、分裂主义、民族主义等问题。可以说，冲突已从国家间冲突变成了国内冲突。新冲突要求使用新方法分析和解决问题。

开放国界后，全球化使世界舞台的新的非国家参与者的活动变得容易了：如跨国公司、国内地区、非政府组织等，也激发了它们的积极性，使数量不断增长；也产生了反影响，即非国家参与者本身刺激了全球化发展及边界的透明化。

全球化涉及生活的各个领域。弗里德曼指出，全球化的国际体系在整体上既形成了对内政策，也形成了国际关系，以前所未有的规模涵盖了市场，民族国家和技术。同时，全球化不反对民族国家的存在。吉登斯强调，民族国家体系是其划分出的全球化的标准之一。

第二节　全球化的表现

在社会科学中经济学家最先开始广泛描写全球化，他们所关注的是事实世界市场形成的现实。根据国际货币基金组织的观点，全球化正是商品，服务及资金市场不断增长的一体化。美国伯克利大学的教授卡思特思（M. Castells）认为：全球经济是这样一种经济，在这种经济中民族经济依赖于全球化的核心的活动。全球化核心包括金融市场、国际贸易、跨国生产、某些科学技术及相应的劳动类型。整体上说，可以将全球经济定义为这样一种经济，其主要成分具有建立制度、协调组织和利用工艺的能力，能够作为一个整体在全球范围内于现实的时间内或在选定的时间内发挥作用。

美国研究人员麦秋恩（T. Mckeown）指出，“二战”后15—20年，国际贸易的主要指标和20世纪30—40年代大致相同，但还没达到1914年的水平。20世纪70年代初情况发生了很大变化。发达资本主义国家从1880—1972年间其进口占国民生产总值的10%—16%，那么从1973—1987年间，这个指标达到了22%。按照俄罗斯科学院世界经济和国际关系研究所的俄罗斯研究人员的看法，到2015年，世界进口平均增速将达到7%。同时，直接投资的出口发展更快，到2015年将是现在的三倍。

有趣的事例!

1996年世界进口数量整体约为5.2万亿美元，这比1986年多2万亿美元。

跨国公司和跨国银行在很多方面是全球化的领路人。本国研究人员库拉金指出，还在1878年，美国胜家缝纫机公司在苏格兰开办了分厂。今天“可口可乐”公司在世界所有地区的几十个国家拥有生产设备。这就是所谓的简单的生产“国际化”。从不同国家的储户手中吸收资金的全球性跨国公司越来越多；按照世界行情将工厂分散到许多国家，而且常常变更工厂位置；销售网络覆盖了不同大陆，而管理实质上是世界主义的。“全球工厂”生产越来越多的“全球商品”——从电脑到牙膏，这些商品的民族属性已经无法确定了。

金融领域的全球化意味着，通过现金流一体化，金融市场更加集中，作用急剧增加。借助电脑网络，资金很容易在世界范围内转移。股票日交易量达近百万亿美元。因此，正如奥布赖恩（R. O’Brien）形象地指出的，对金融家而言，全球化意味着“地理学的终结”。伦敦、纽约、东京这些金融中心开始起关键作用。它们有利于增强金融领域的集中化。同时，金融市场不仅将自己的行为规则强加给国家，还强加给政治家个人。

如何解释金融领域的这些情况？按照凯格利和维特科普夫的观点，研究人员列出了促进金融全球化的三个主要因素。第一个因素是1973—1974年的石油危机，造成金融流量迅猛增长，从而推动了投资的极大增长，促使在金融管理上采用新的管理程序。第二个因素是20世纪70—80年代，接受所谓的“市场非调整”理论并应用于实践，根据这一思想，如果政府不干预市场，市场将更有效。最后，第三个影响金融全球化的因素是，普遍将电脑技术运用到这一领域，使得国外的金融交易（互动）及合同急剧增多。

同时，随着贸易和金融的全球化，劳动力市场也走向全球化。跨国公司再次又发挥了巨大的作用。按世界银行的看法，1985—1995年间跨国公司创造了800多万个工作岗位，其中500万个是在发展中国家。同时，从20世纪70年代起，在世界范围内分配劳动力的趋势越来越明显。著名美国经济学家图罗乌在《世界经济与国际关系》杂志上举了一个典型的描述现存全球生产关系的例子：商品可以在世界任何一个地方生产和销售，这取决于哪里可以生产得更廉价，哪里的销售价格最高。生产链可以遍布全球。比如加速器（微型半导体芯片，作汽车安全底座的传感器使用）可以在波士顿设计，在菲律宾装配和检验，在中国台湾包装，在德国装进宝马公司的汽车内，而生产这种汽车是为了在巴西成功销售。

劳动力分配伴随着残酷的竞争，这迫使生产者不断寻找新的劳动力，以使其产品占据市场。劳动移民大增。比如，20 世纪 90 年代初欧洲的移民数量占了近 5%，德国占了近 7%。的确，到 20 世纪 90 年代中期“北半球”国家对技能水平不高的工人的需求量下降了 20%。这一情况是由欧洲国家的政策造成的。它们担心外来人口带来的问题，例如，在技能水平不高的外国人聚居地发生的犯罪案件，以及欧洲国家民族情绪高涨的问题。

经济的全球发展不可能不影响其他领域——如社会和心理领域。美国作者鲁尔克和博耶尔对此引用的资料很有趣。比如，1997 年日本 84% 的出口都是面向西方国家，并且从西方国家获得了 71% 的进口。同时，在日本展开了一项社会调查，在这次调查中被调查人要求回答下列问题：他们是否认为自己的国家是“西方世界”的一部分或者是“亚洲国家集团”的一部分？这项调查表明：40. 1% 的被调查者认为本国是“西方世界”的一部分，而认为本国属于“亚洲国家集团”的仅占 33. 7%。26. 2% 的被调查者未给出明确的答案。换句话说，经济联系导致了相应的认同。

全球化促进了世界民主化进程的发展。开放边界后，全球化给予人们广泛的机会表达自己的看法和相互交往，从而直接或间接地影响到政治。全球互联网的信息交换在许多情况下是极有价值的。比如，开始形成了独特的“因特网全球俱乐部”，它常常很有影响力，包括在政治领域也是这样。同时，全球化时代市场的迅猛发展促进了民主价值观和制度的传播。

大众传媒的发展也是全球化的表现。对人们所关注的重要事件的报道实际上在全世界形成了社会舆论。这使得民族国家和国际组织被迫对大众传媒报道的事件作出回应。这种现象叫做“CNN 效应”（英语：CNN effect）这是由在世界许多国家全天 24 小时播报新闻的 CNN 电视公司得名的。各国的国家电视公司常常引用这些新闻。例如 1991 年轰炸伊拉克事件就是由 CNN 向世界报道的。

MTV 这个面向年轻人的频道越来越流行。整体说来，毫无疑问，拥有近8 000亿美元资产的世界电视产业是思想和信息的导体，它影响了全球的意识。

全球化也表现在其他领域。可以举2001年初发生的口蹄疫为例。它突然爆发在英国，又传染到其他国家。据大众传媒消息，虽然在阿根廷仅有个别口蹄疫情被登记，但是阿根廷仍然损失了2/3的肉类进口权。

全球问题（与恐怖主义和饥饿、疾病作斗争，生态，裁军及许多其他问题）的解决需要全世界的共同努力。在协调活动、寻求人类面临的新问题和挑战的解决办法和落实措施上，也体现了当代世界全球化的特征。这为当时的联合国秘书长科菲·安南2000年4月在纽约峰会上的发言提供了依据，他声称：1945年联合国创立者们建立了以合作为基础的开放的国际世界体系。这一体系的工作使全球化的出现成为可能。因此，我们今天生活在全球化世界中，如何对待这一进步就是今天世界领导人面临的中心任务。

第三节　新技术的发展是全球化进程的主要因素

世界的政治发展总是与科学技术进步有关，科学技术进步在历史上不仅保障了经济和社会增长，实际上也建立了世界政治体系。弗库雅玛在1999年发表的《院外活动者的再思考》（*Second Thoughts*：*The Last Man in a Bottle*）一文中写道，工业时代是蒸汽机，铁路和工厂时代，它使韦伯式的集中化国家成为可能。

20世纪末，科学技术的发展大大改变了人们所熟悉的世界国家中心模式。取代工业时代及其工厂、蒸汽机车，取代面向自然资源（燃气、石油、粮食、森林等）的是另一个时代，这个时代占主导地位的一方面是高技术及与之相关的信息、通信领域；另一方面则是生物技术，知识成为核心资源。图罗乌将这一切称为“人工智能领域”（英语：man-made brain-power industries），而罗西瑙不无激情地指出，正是高科技使得全球化进程“摆脱了束缚”。

这些变化的结果是，经济合作与发展组织成员国超过50%的国民生产总值正是在知识密集领域创造的。因此，美国出现了“新经济”术语，它是指面向知识密集型和高科技生产领域的经济。

新技术分为下列组成部分：

- 信息通信技术；
- 生物技术。

通过交际的强化，信息通信技术为个人之间、职业集团之间、联盟和联合体之间的互动创造了广阔的机会。据《经济学家》杂志统计，每天有1亿新客户加入移动电话网。我国研究人员霍罗斯引用了关于普通电话网发展的数据。“如果说1/4世纪前卫星通信系统可同时接收240组穿越大西洋的通话，那么今天则是12万组，而且通话费减少了9/10。”信息传递速度也大大增加了。在1999年联合国发展计划的年度报告中（英语：United Nations Development Programmer——UNDP）引用了这样的数据：从马达加斯加到科特迪瓦的文件通过邮局传送要5天时间（价格为75美元），通过传真——30分钟（价格为45美元），通过电子邮件——两分钟内（价格为0.2美元）。

在国界越来越透明的情况下，交际的强化限制了专制制度的形成和发挥作用，这在整体上促进了民主化，以及世界的去中心化，因为网络不要求某种统一的管理中心。但同时，世界的相互依赖性加强了。结果，世界国家中心模式的核心概念，如领土和距离就丧失了原来的意义。一方面，领土延伸到了疆界之外，给不同国家的人们开创了快速联络及互动的机会；另一方面，领土变得狭小了，因为可以通过互联网管理单个的联合公司或其他团体。产生了新的共同体和同一性的新形式。它远不能总是与国界或某些其他地理疆界相吻合。这些集团越来越积极地成为当代国际关系的参与者，使亨廷顿关于文明冲突的假说受到质疑，他认为，文明的冲突是由于各国文明具有多种多样的特征，而这些特征主要以地域为区分。这个观点体现在1996年刊登在《国际大事》（*International Affairs*）杂志上的一篇名为《西方是独一无二的，而不是包罗万象的》（*The West Unique , Not Universal*）的文章里，随后在其著名作品《文明的冲突》（*The Clash of Civilization*）一书中有详尽的阐述。

当代社会甚至产生了虚拟国家。福开森和曼斯巴克举了“自由缅甸联盟”为例，它只存在于控制空间，发挥地理上难以实现的作用。

高技术使孤立主义的实行困难重重。尽管一些国家通过对来源的控制限制互联网通道，试图将国家与“外来”信息隔绝开来，但是这变得越来越困难。而且，这种政策无论在直义或是转义上都变得越来越昂贵。

有趣的事例!

互联网20世纪60年代末在美国国防部的倡导下获得了发展。希望让学者和从事军事合同工作的工程师能够彼此交换思想、资料等。20世纪80年代中期，互联网在科学界流行起来。后来出现了两个根本性的创新，网络得到普及。第一个创新是发明了能够将不同文档链接起来的“超级文本”，第二个是出现了著名的“马赛克”应用程序（由大学生马尔克·安德里森设计），这使得自由进入网络成为可能。

信息通信技术极其快速地占据了世界。根据美国官方数据统计，1998年因特网的使用者数量每100天翻一番，结果使1亿人加入了网络，而在1994年仅有300万使用者。可以比较：广播获得5 000万听众需要38年，而电视获得同样的观众仅需13年。结果，新技术为过去不曾有的领域获得财富开创了机会。比如，按照图罗乌的看法，即使考虑到通货膨胀因素，美国历史上从未像近10年这样，在如此短的时间里创造出如此之多的亿万富翁。

由于信息通信技术，人类活动的各领域重新进行组合，这些领域越来越多地依赖电脑、互联网和电讯：贸易、金融活动、教育、医疗甚至销售都是这样。信息通信技术为现代全球经济体系的建立作出了决定性的贡献，使劳动力分工在全球范围内成为可能。通过这些技术真正在全球范围内把各种商品的生产、配套和销售协调起来。近几年内这些技术开始加紧应用到每个人的日常生活中。此外，电子和信息技术在一体化，形成所谓的“信息高速线”（英语：information superways）。

思考材料

美国的优秀记者之一，《纽约时报》评论员托马斯·弗里德曼注意到，两极世界的象征是隔开两个世界的柏林墙和莫斯科与华盛顿之间的“热线”联系，这条热线使得两个超级大国在万不得已的情况下将这个“分裂”世界的发展控制在一定程度内。正如他所认为的，20世纪末的象征是因特网，多亏因特网使国际社会的参与者们共同“管理”世界，使任何人都不能绝对控制世界。因此，如果说冷战时期有关实力的传统问题可归结为，你和你的对手拥有多少及什么样的弹头，那么，现今的问题就在于：你的调制解调器速度有多快？

Friedman Th. I. *The Lexus and The Olive Tree*：*Understanding Globalization*，N. Y.，1999.

思考题：

你认为什么可能成为未来的象征？

电子贸易快速地发展着。安永公司估计，1999年网上购买者在欧洲达到900万人。到21世纪初，美国电子网络购物者的最大数量将达到人口的10%。我国研究人员祖布琴科写道：“因特网电子商务的发展，给生产商品和服务公司的贸易组织带来了根本的变化。建立在分析消耗基础上的传统的成本管理，越来越让位于调整与顾客之间关系的管理。在这种情况下，企业家——商品和服务供应者集中精力去巩固顾客的信任，对他们提供额外服务，同时努力更好地适应贸易边界消失的情况。”

高技术普及后，开始获得法律保障。比如，美国的许多州承认电子签名的法律效力。类似问题以及所有裁决电子商务的法律问题在许多国际组织中进行商讨，如世界贸易组织，经济合作与发展组织，联合国贸易与发展大会（英语：United Nations Conference on Trade and Development），国际商会（英语：International Chamber of Commerce，ICC）等。

有趣的事例!

2000 年美国超过 50% 的人口使用互联网，全世界互联网使用者数量达到近 3.32 亿人（其中俄罗斯仅 200 多万人）。据估计，到 2002 年初，互联网使用者数量应该增加 1 倍多。

目前，生物技术对政治进程的影响可能不是太明显。该领域的实践暂时更倾向于被认为是科学家的新奇实验，例如多利羊，或者反对生产转基因产品。但是生物技术有望解决许多保健问题，有望发现从根本上克服饥饿的资源，创造新的食品种类，延长寿命等。同时，生物技术又激发出新的挑战，包括利用生物技术获得的产品对健康有多大安全性；人类是否会遭遇使用生物技术的远期后果；干预生物发展应该有什么样的道德和伦理界限；转基因产品的生产在经济上如何影响那些生产和消费天然产品的人；生物技术领域将来是否会有重大发现，利用该技术控制人的行为，极权国家和犯罪集团？从政治考虑，最后一个问题最尖锐。生物技术发展的后果及其他们对世界政治格局的影响比高技术的后果更有意义。弗库雅玛在《院外活动者的再思考》（*Second Thoughts*：*The Last Man in a Bottle*）的文章中特别写到了这点。

由于新技术对世界政治发展极其重要，因此它经常引起许多大政治活动家的注意。2000 年在冲绳召开的“大八国”峰会和在 2000 年联合国成立 55 周年庆祝纪念会（世纪会议）上，它都是关注的焦点。联合国会议上，时任联合国秘书长的科菲·安南指出，信息技术、互联网、电子商务的相互发展的后果与工业革命的结果的意义一样重大。

第四节 全球化进程的非同一性和非均匀性

全球化是一个非常矛盾的进程，它有许多不同的后果。在现代全球化现象中，与正面影响并存的还有一系列负面影响。前联合国秘书长科菲·安南关注到了这个问题："全球化的好处是显而易见的：经济增长较快，生活水平较高，有新的机遇。但是现在已开始有负面反应了，因为这些利益分配得极不均匀。"

全球化的非均匀性和不可控性这两个因素引起了极大的不安。第一个因素在很大程度上与世界上正在发生的客观进程及世界社会经济发展的特定阶段有关。第二个因素在很多方面取决于主观因素。全球化进程的未来发展，取决于人类能够在多大程度上将全球化进程纳入自己的控制之下。

全球化远非相同地表现在所有国家和地区，也远非立刻在一切领域里表现出来。在某些国家和地方，全球化主要体现在经济领域，而在某些地方，表现在新技术的推广上。如在南非，从一开始普及了银行自动柜员机系统和移动电话网络。与此同时，非洲人民的生活水平极为低下。大部分当地居民不仅没有使用现代通信工具，就连普通电话也未使用。

鉴于全球化进程地理上的非均匀性，瑞典研究人员安德松（A. E. Anderson）提出了"全球化大门"的思想。其实质在于：不同地区和城市不同程度地准备和力图迈入全球化。加拿大温哥华是北美地区的多功能中心，它连接起三大陆，而中国香港是跨国工业公司的地区性战略枢纽。

由于某些原因（比如，政治隔绝或自我隔绝，技术和经济机遇不同等），许多国家在整体上处于全球化进程的边缘地带。更有甚者，由于受技术机遇制约的现代全球化进程以极快的速度进行，现代全球化的先锋国家和地区同其他国家和地区间的差距逐年变得越来越明显。地球居民划分为两类：利用全球化成果和不能利用全球化成果的居民。其结果是现代社会形成了新的两极分化。一方面，形成了新的中心，这里人才济济，新的"智能领域"在发展，金融资本被"吸引"到这些部门。另一方面，形成了具有低教育水平和低生活水平的犯罪领域，它们整体处在现代通信和全球化之外。

从地域上分析，这些不同的"世界"奇怪地交织在一起。世界范围内形成了发达的"北方"和正在发展的"南方"（从事世界体系研究的研究人员特别积极地指出了世界社会的这一分裂）但是，在相对发达的"北方"内部形成了以巨型城市（比如，硅谷），城市甚至城市街区为代表的“精英点”。但同时也出现了主要由找工作的移民组成的破产者“岛”。发达国家想方设法保护自己，设置障碍，企图阻止“第三世界”国家居民的大量涌入。因此，法国人多浮由斯写道：全球化不仅是开放国界，而且是封闭国界，为的是“世界所有穷人”别涌进那些自认为较富裕或有特权的国家。

不论在单个国家内部，还是沿“南—北”线走向，两极化都在不断地加剧。根据我国研究人员霍拉斯的统计，美国1/5的家庭集中了80%的国家财富。然而两极化在发展中国家尤为明显。比如，尼日利亚10%的最富裕家庭的收入是10%的最贫穷家庭收入的80倍。结果这些国家遇到一系列问题：政局不稳，内部冲突加剧，可控性差，与发达的“北方”国家的差距进一步拉大。

发达“北方”国家与贫穷的“南方”国家之间生活水平的差距看起来同样令人心情沉重。这个差距不断增大，特别是近年来由于新技术的发展和应用，导致了所谓的“技术鸿沟”（英语：digital divide）。因此，美国前总统克林顿在达沃斯召开的世界经济论坛（2000年2月）上提及了这一现象：使用互联网成果的国家将成功地进入21世纪。而那些忽视这项成果的国家，很遗憾，将不能成功地发展。近年来技术鸿沟的问题不仅引起了单个国家的关注，还吸引了各组织的注意力。联合国开始在全球范围内加紧研究这一问题。

全球化发展在地理上的非均匀性使得全球化反对者（反全球化分子）的立场得到加强。他们希望发挥本地区特点，争取世界的认同，保护自己免受全球化的影响。结果地区的或者地方的作用增大，这叫做现代世界的“地区化”或者“地方化”。一些人将此视为与全球化并行的趋势；也有人倾向认为，世界的地方化或者地区化也是全球化的表现，但是其意义，正如我国研究人员切什科夫指出的，非同一性增长的趋势不会导致整体的自动解体。

经济领域也发生了分化。其中一些领域很容易适应新条件，接受技术创新。实际上完全电脑化的银行业就属于这一类。但同时由于各种原因，许多工业领域不准备或不能完全使用新技术，因此仍然是传统导向的行业部门。在这些部门从业的人，由于不与电脑、互联网及其他职业活动的创新相联系，因此他们整体上较少习惯在日常生活中使用这些成果。

不论在发达国家还是发展中国家，仍处于全球化进程“边缘”的人企图消除分化，常常抗拒全球化。其表现形式有所不同：在大众层面，是反全球化的游行和集会，而且常发生在如美国、加拿大、瑞典等大国；在单个国家政府层面，则采取孤立主义政策。整体来说，不同地区、国家和居民团体发展水平上的过大的差距，可能成为严重冲突产生的潜在根源。全球化各方面的非均匀性被美国人卡斯泰思称做现代世界的“全球非对称性”。

参与全球化进程的人也有自己的困难。活动的快速度，信息的巨大容量，“错误的代价”（比如，操纵员、航空调度员的错误可能危及上百人甚至更多的生命）导致心理负担过重、抑郁、心理疾病的增加。工业发达的“北方”国家感觉特别严重。

另一些问题与全球化进程的管理有关。由于全球化条件下国界透明化，国家机构越来越难以监控政治、经济、社会及其他进程。1997—1998 年在东南亚和俄罗斯发生的金融危机就是例子，当时的国家无法控制本国货币的急剧崩溃。

思考材料

“……民族国家根本没有过时，没有国家是不可能的；它不仅对保障国内政治和地缘政治，以及法律的政治基础等十分必要，而且对于在政治上形成全球化进程，并对其进行跨国调整都是必须的。

别克:《什么是全球化?》(德译本),莫斯科,2001,第 189 页。

思考题：

有可能对全球化进行调整吗？需要这么做吗？——或者这是自发进程，应该对其进行调整？

全球化不仅使许多人走上了政治前台，而且还使一些组织，比如恐怖主义组织也走上了前台，他们有可能利用全球化成果为自己的集团利益所用。鉴于这种情况，控制全球化进程会有其困难。这点在信息领域的表现特别明显，该领域有产生信息恐怖主义的危险。应该指出这样一个事实：信息的快速传播和复制导致“复制“错误的可能，其后果有时候难以预测。

最后，管理和监督问题也有其反面因素。现代信息和通信手段不仅使犯罪某团，而且使当局很容易通过跟踪人员的行动，以及跟踪由手机、银行卡、电子邮件及其他联系方式进行的支付行为侵犯公民的私生活。

整体来说，控制全球化进程，在广义上就是调整现代国际关系和世界政治进程。一方面，要解决协调不同参与者活动的问题；另一方面，有必要创建有效的超国家的管理制度和机构。

关键术语

全球化
后工业时代
信息革命
技术全球化
世界的麦当劳化
全球村
世界政府
世界的西方化
大社会
跨国互动，跨国进程
CNN 效应
新经济
信息通信技术
生物技术
技术鸿沟
“熔炉”

讨论题

存在哪些对全球化进程的理解？

全球化表现在哪里？它覆盖了哪些领域？

新技术在世界全球化进程中有何作用？

新技术对世界政治发展有哪些和可能有哪些后果？

全球化的非均匀性体现在哪里，体现在哪些具体方面？

全球化条件下的可控性问题涉及哪些方面？

实践题

利用网络资源，列出不同国家和地区在电信和信息网发展方面的差别。

参考文献

《全球化的现实性问题——“圆桌会议记录”》，载《世界政治与国际关系》1999 年第 4 期，第 37—52 页。

巴吉罗夫：《国际关系中的新信息技术》，载《国际生活》2001 年第 8 期，第 90—96 页。

巴卢耶夫：《信息革命和现代国际关系》，诺夫哥罗德，2001。

别克：《什么是全球化?》（德译本），莫斯科，2001。

谢尔盖耶夫：《通往全球经济的大门》（英译本），莫斯科，2001。

《全球化：人类的考量》，莫斯科，2002。

克鲁茨基赫：《21 世纪之交安全的信息挑战》，载《国际生活》1999 年第 2 期，第 82—89 页。

库瓦尔金：《全球化：大社会的产生》，载《后工业世界和俄罗斯》，莫斯科，2001。

库兹涅佐夫：《什么是全球化?》，载《世界政治和国际关系》1998 年第 2 期，第 12—21 页。

库拉金：《多方位的全球化：新的起点，挑战和威胁》，载《联合国发展计划：俄罗斯联邦人类潜力的发展报告》，莫斯科，2001。

列别杰娃：《现代技术和世界的政治发展》，载《国际生活》1999 年第 2 期，第 45—53 页。

列别杰娃、梅尔维尔：《现代社会的“过渡期”》，载《国际生活》1999 年第 10 期，第 76—84 页。

《对未来的再思考：研究现代发展前景与矛盾的美国大经济学家和大社会学家》，载《世界政治和国际关系》1998 年第 11 期，第 5—26 页。

《全球化问题》（国际研究项目材料），莫斯科：社会政治与社会经济研究的国际基金（戈尔巴乔夫基金），2001。
切什科夫：《后苏联时期的俄罗斯全球化背景》，莫斯科，1999。

网络资源

http://china. si. umich. edu/telecom. telecom-info. html

http://migration. ucdavis. edu

第六章　一体化和民主化是世界发展现阶段的趋势

第一节　现代社会的一体化进程

一、理解一体化进程的方法

全球化是世界发展现阶段的中心趋势，伴随着一体化进程或一体化（英语：integration）。全球化的这种观点绝非偶然：将全球化看做不断前进的历史长河中人们激烈互动的空间的扩张。然而，一体化仅是全球化进程的一部分，尽管是其最重大的一个部分。谈到一体化时首先必须指出，它意味着国家参与者互相接近。在研究一体化进程时，非国家参与者通常不被考虑，或者多处于研究的边缘。说某个国家进入一体化进程，而不是进入全球化进程，这种看法将更准确，因为国家完全是在国家协议的基础上走向一体化的。第一，全球化并非指这些协议。第二，全球化在同一国家的不同地区可能有不同的方式。一些国内地区成功地进入全球化进程，而其他一些则不然。当国内不同地区进入全球化的速度大不相同时，便产生了国家分裂的威胁。

分析一体化时的另外因素是，这种进程意味着国家间的不同领域和形式的合作。因此要划分不同的合作类型。茨冈科夫根据以下理由划分了一体化类型：

- 政治的、经济的、科技的等（按学科）；
- 全球的、地区的、亚地区的（按地理原则）。

同时，正如我国的另一位作者沃罗诺夫指出的，由于一体化进程的参与者增加了，合作与一体化可能“横向”发展，参与者之间不同领域互动的集约化，合作与一体化可能向“纵深”发展。

国家间合作的实践早就存在。然而只在20世纪下半叶，国家间才广泛开始经常的合作。这首先与合作的集约化，合作领域的扩大，以及一体化进程的发展有关，这些都要求建立国家间组织和制度。因此，一体化性质的一个重要方面不仅是一般合作，而是建立国家间互动的机制，换句话说，是合作的制度化。从这个观点来看，一体化首先与政府组织的发展有紧密联系，而政府间组织要求成立国家间的决策机构，通过共同的机构来实现一体化进程。其次，一体化要从两方面分析：它既是过程也是国家互动的结果。

是什么促使国家走向一体化？首先，是由于存在共同难题，这些难题有时容易解决，而在很多情况下，这些难题只有共同努力才可能解决。20世纪末至21世纪初世界的发展，导致了国际联系和世界的相互依赖性增加，尤其是在经济领域，它促进了一体化进程，促进创建不同类型的政府间组织。全球问题的增长与这种相互依赖性紧密相关，为解决全球问题需要不同国家的一致行动。

促使一体化进程还有一个原因，是“中等”国家和“小”国家对增加自身的国际影响感兴趣。对这些国家而言，共同努力比单独努力更容易影响国际进程。以“欧盟”为例，我国研究人员博尔科表明，最初欧洲共同体成员是3个小国和3个大国，从1973年起是5个小国和4个大国，20世纪80年代，则是8个小国和4个大国，而从1995年起变成11个小国和4个大国，那么还有11个小国被认为是欧盟的后备国，波兰不算在内，它可以被看做中等国家。参加国际组织的国家在形式上丧失了许多功能，但获得了对小国而言特别重要的其他功能。

到底什么是一体化呢？现实主义流派倾向于将一体化进程和国际组织的活动看做国家互动的某一总产品，国家的活动原则上不超过其外交活动的范围。换句话说，按照这种观点，政府间组织的产生和发展原则上不改变国际关系的特点。

与现实主义不同，在自由主义的传统框架里形成了另一种关于一体化和国际组织的理论流派。其研究获得了最大的发展。他们认为，政府间组织实质是一种新的组织。对一体化进程的理论思考开始于20世纪中期，它主要与自由主义传统有关。自由主义传统形成了两个理论流派：功能主义/新功能主义（英语 functionalism/neofuntionalism）和联邦主义（英语 federalism）。

米特拉尼被认为是功能主义之父，他 1943 年出版了著作，名为《和平与国际组织的功能发展》（A Working Peace System）。书中详细分析了国际联盟垮台的原因。他得出结论：一体化进程不可能从政治方面开始。如果这样的话，国家会开始担心自己的主权会丧失。米特拉尼（D. Mitrany）将重点放在经济、社会、科技一体化的发展上，这些应该是最早开始的。政治一体化是第二位的、次要的。米特拉尼及其追随者坚持认为，重要的是培养人们合作的习惯，展示从共同活动中取得的优势。

最初，功能主义没有分析跨国公司的发展，而是将注意力集中在国家互动上。但是随后许多研究人员得出结论，经常导致各国经济一体化的跨国公司的活动实际上是按照功能主义逻辑展开的。跨国公司的代表常从整体上看世界，把自己视为世界主义者。按照功能主义者的观点，所有这些促进了国界的模糊化，同一的经济文化的建立，结果，国家政策越来越变得既是对内政策又是对外政策（intermestic）。

不久前，经济一体化进程还被许多研究人员看做严格“上升”的一系列过程。其过程分为以下几点：

1. 创建自由贸易区，国家参与者取消海关堡垒和相互贸易的数量限制，通常预先商定将逐步互相取消税赋和其他限制。

2. 建立海关联盟，按统一的关税进行商品和服务流转，实行统一的针对第三国的外贸政策。

3. 形成共同（统一）市场，不仅在相互贸易，而且在转移劳动和资金方面消除国家间障碍。该阶段应研究对所有一体化国家的各经济部门和行业都通用的发展政策，开始建立有利于一体化联盟的促进最落后地区的社会和地区发展的共同基金。

4. 建立经济和外汇联盟。过去存在的一体化形式通过参加国执行统一的经济和货币金融政策和建立国家间社会经济进程的国家间调节系统而得以充实。

5. 最后阶段，即第 5 阶段是走向政治一体化和创建统一政治制度的阶段。

近来，人们开始较小心地对待一体化的全景，因为首先，这一过程远不一定是笔直向前——它可能在某个时期“停滞不前”；其次，经济一体化并不像许多人曾认为的那样，总是导致政治一体化，而是分为5个阶段。政治领域往往是一体化进程最困难和最薄弱的，这在欧盟的例子中就可看出。欧盟有关“共同对外政策和安全政策”（英语：Common Foreign and Security Policy，CFSP）的问题，早在1992年签订的《马斯赫里特赫条约》的文件里就已写入。虽然近年来该领域取得了明显进展，但直到现在，该领域与其他领域相比，仍然较少建树。

所有这些问题是由功能主义者的反对者指出的。功能主义者有关随着合作的发展，政治差异将消失的论点受到了批评。实践中的结果常常相反——不是技术和经济合作影响了政治，而是政治决策导致不同领域合作的发展或收缩。比如，正是出于政治考量，美国当时退出了联合国教科文组织。

与功能流派对立的联邦主义代表则相反，将政治一体化摆在第一位。他们认为，国家间的关系从一开始就应建立在将部分权力转交给超国家组织上。这一派的特点就是着重强调创建政治制度。如果功能主义者的一体化进程是“从下而上”进行的，那么，联盟主义则是相反的进程——“由上而下”。

联盟主义的代表包括这样一些研究人员，如埃特齐奥翁，斯皮涅利等。整体来说，联盟主义不是很流行。但是，正如齐甘科夫所写的：“自1979年欧洲议会第一次普选后，联盟主义思想开始变得引人注目了。”

在联盟主义框架内，“世界政府”的思想一段时间发展得很积极。按照该流派信徒的看法，“世界政府”应将人们联合在一个共同的国家内，应该把国家间冲突从议事日程上消除。“世界政府”的观点遇到了不同研究人员和政治家的激烈反对。他们强调保留民族和国家属性的必要性。后来出现了大量著作，其中体现了至少在不久的将来实现该思想的无根据性。同时，“世界政府”这一理念在一些非政府组织中很受欢迎，它们把真正实现这一理念作为自己的任务。

在联盟主义的影响下，功能主义获得了进一步发展。在现代社会，它以新功能主义的形式存在。这个流派以功能主义的主要前提为依据，包括了联盟主义的一些特点。新功能主义主要考虑卫生保健、技术变革、法律，以及其他对整个人类有意义的实际问题。同时强调政治决策的重要性。根据该观点，正是这些就全球范围内的重要问题所作的决定，促进了一体化进程，促使参与者在经济领域进一步合作。新功能主义者常用欧盟的发展为模式来阐述自己的理论观点。

一体化进程本身远非一帆风顺。一些国家的民族利益与另一些国家、联合体和地区的利益相冲突。应该补充一点：一体化的参与者通常处于经济和社会发展的不同阶段。因此，虽然一体化是互惠的，但也许参与者在某一领域的贡献比另一些参与者要大。一体化国家内不同集团利益的非同一性也是有意义的。有人从一体化中获利较多，因此对一体化感兴趣，但其他阶层或集团未获利。后者反对一体化进程并给政府机构施加压力。

还存在其他的一体化代价。正如全球化一样，不仅国家所拥有的正面的东西被一体化，负面的东西也都一体化。20世纪90年代初委内瑞拉发现，同哥伦比亚相邻的国境开放后，其领土被用来运输毒品。

一体化的传统理论：功能主义，新功能主义，联盟主义……所有这一切促进人们讨论问题并提出与限制一体化进程有关的理论纲要。亨廷顿1996年刊登在《外事》杂志上的一篇文章《西方是独一无二的，而不是包罗万象的》中表达了对某种共同“一体化”的可能性和合理性的怀疑。按照他的看法，一体化进程应该限制在一种文明的框架之中。正如研究人员指出的，世界变得越来越现代化（利用现代技术，面向经济发展等），但同时变得越来越不“西方化”了，也就是说，还没有接受西欧文明，其文化和宗教所固有的价值观。从这一假设出发，正如研究者所认为的那样，美国应该紧密合作并加入带有西欧特色的一体化组织，这有利于它所属于的那种文明的保留和发展，有利于与其他文明保持距离。按照亨廷顿的说法，从狭义上讲，如果说要扩大北约，这个组织应该支持并将下列文明与自己相近的国家接纳进来，如波罗的海地区国家、斯洛文尼亚，而不是那些坚持伊斯兰教和东正教的国家。根据亨廷顿的看法，将来北约与文明相隔“很远”的国家，如土耳其和希腊之间的联系会减弱。

重要的观点!

为了发展地区一体化进程，下列条件是必要的：地理上邻近，经济发展稳定，政治制度相似，对一体化的观点相同，文化领域比较统一，国内政治稳定，历史和社会发展相似，管理和经济制度形式相近，军事发展和经济资源的水平相近，对共同外来威胁的理解相似，国家机关的结构相近，有合作经验。

文明原则真是一体化进程发展的限制因素吗？有人提出，这样的断言会简化现代国际进程。此外，有许多事实，比如，尽管日本属于另一种文明，但它在7/8大国的活动中发挥着积极作用，用亨廷顿的看法很难解释清楚。

同时，在沿着越来越一体化的道路大步前进的同时，某一个领域的这些进程刺激了其他领域的一体化，（英语：spillover），这时可能发生相反的进程（英语：spillback），使地区一体化的蓝图会遭到失败。例如东非实现一体化的尝试就失败了。地区一体化结构可能也会停滞（英语：spillaround）。这时，一些领域的一体化开始与另一些领域发生的进程相矛盾。

导致与一体化相反结果的不同进程——国家或者国家间组织的瓦解——在文献中被描写成“去一体化”（英语：disintergration）。必须强调，像术语“一体化”一样，“去一体化”首先属于国家间关系范畴。1991年当苏联解体，成立了15个新国家时，苏联曾发挥重要作用的一些国际组织也瓦解了（包括经互会，华约）。20世纪90年代如南斯拉夫，捷克斯洛代克这些国家也解体了。第一种情况下的解体发生得很不正常，伴随一系列武装冲突，第二种情况下温和地进行“去一体化”，名曰“金丝绒离婚”。许多新建立的国家出现了强烈的分离主义倾向，比如，摩尔达维亚（德聂斯特河流域问题）、格鲁吉亚（阿布哈兹问题）、俄罗斯（车臣问题）等。

一体化与去一体化进程的关系应该看做类似全球化与地区化关系的问题。冷战结束后，世界的特点是许多国内和国家间的关系的重组。这种关系的重组首先是按照一体化进程进行的，这在欧盟发展的例子中看得特别清楚，但同时，也不排除原有关系和组织的瓦解情况。

二、欧洲一体化是现代社会最深刻的一体化进程的范例

近年来，一体化进程在世界的不同地区紧锣密鼓地进行着：在北美，包括北美自由贸易协定；在亚洲，包括东南亚国家联盟。然而，一体化进程在欧洲大陆的欧盟达到了最高发展阶段。的确，欧盟国家主要讨论的问题是：一体化到底能否以及应该“走”多远；什么应该由民族国家管辖，而什么应该列入超国家组织的管辖范围内。

还在第二次世界大战期间，联合欧洲以防止发生新战争的想法就已经产生了。“二战”结束后，法国外交部长舒曼是一体化进程的积极拥护者，他与另一个法国作家、政治家蒙尼一起，在很多方面奠定了欧洲未来发展的思想基础。欧洲煤炭与钢铁联合体的建立迈出了实质性的一步，它的目的是让比利时、德国、卢森堡、荷兰和法国等六个欧洲国家互相协调，刺激经济发展。这些国家的努力旨在缓和“六国”国内煤炭和钢铁贸易的竞争。

欧洲一体化发展的下一个阶段与1957年的《罗马条约》有关，当时这六个国家决定将以前制定的合作原则移用到另一个领域——原子能领域，建立了欧洲原子能共同体。同时也创建了欧洲经济共同体，取名为“统一市场”（英语：Common Market）。建立了自由贸易区，取消欧洲经济共同体内商品转移的关税和限制。欧洲煤炭与钢铁联合体，欧洲原子能共同体，欧洲经济共同体组成了欧洲共同体。

冷战结束后（20世纪80—90年代初），一体化进程在欧洲紧锣密鼓地进行着。1992年签订的《马斯赫里特赫条约》是这一时期意义重大的事件，它实际上确定了欧洲一体化发展的新阶段。建立申根集团（区）以简化欧洲内部签证及海关方面的出入手续，以及将欧洲经济共同体改组成更加一体化的结构——欧盟，这些事件具有重大的意义。

现代欧洲一体化的全部进程的特点是多方位性。同时覆盖了不同的领域：经济的、政治的、人道的等。此外，还具有这样的特点：参与一体化进程的国家数有扩大的趋势。

科索沃危机推动了欧盟在共同对外政策和安全政策方面的发展。决定创建人数为 6 万的远征军。2001 年在尼斯签订的条约规定，至 2003 年建立欧洲快速反应部队。

半个世纪欧洲一体化发展史，为其理论思考提供了许多材料。俄罗斯研究人员博尔科和布托林划分了欧盟一体化建设观念和实践方面的三个基本原则：

- 一体化不是目的，而是手段；
- 一体化需要循序渐进；
- 一体化需要相应的机制。

第一个原则包括了两个方面。首先，一体化意味着所有参与者都是赢家，因为通过共同努力更容易实现自身的利益。同时它们也对共同建设作出了自己的贡献，参与者共享成果，在决策时不采用强迫的方法。其次，一体化不可能解决所有现存的问题。一体化作为一种手段，仅仅可以为解决问题提供帮助。

一体化的循序渐进原则是指，这一进程是长期的，由许多阶段组成。经济领域的一体化如下所述，只是仍然带有一定条件：建立自由贸易区，关税联盟；建立共同市场；建立经济和货币联盟。仓促转入下一个阶段只能以失败告终。欧盟的经验也证明了这点。比如 1970 年曾提出建立外汇联盟的计划，规定在 1980 年实现统一货币。但是，由于欧盟对此准备不足，这一计划到底还是未能实现。

有趣的事例!

欧洲联盟成立于 1993 年，是在 1992 年由 12 个欧洲国家签订的《马斯特里赫条约》的基础上成立的。这 12 个国家是：比利时、英国、德国、希腊、丹麦、爱尔兰、西班牙、意大利、卢森堡、荷兰、葡萄牙、法国。1994 年签订了奥地利、挪威、芬兰和瑞典加入欧盟的协议。1998 年欧盟通过了自己的新的扩张计划，又有 12 国在接下来的 10 年内将成为欧盟的新成员。

先是《马斯特里赫条约》，接着是《阿姆斯特丹条约》发展了统一欧洲的思想，规定建立统一的政治、经济、货币联盟（无国界欧洲），彻底建立统一的内部市场，这意味着商品、资金、服务、人员的自由流动。加入欧盟的国家给自己确立了许多目标，包括实行共同的对外政策和安全政策，接着是防务领域的共同政策；建立内务和司法领域的国家间合作体系；在欧盟领土上采用共同的保障个人自由与权利的一揽子法律法规；实行欧盟的制度改革等。

1994 年，欧盟和俄罗斯签订了伙伴关系与合作协议。

最后，一体化相应机制的原则是指，参加国利益和立场的协商过程是长期和复杂的。正是由于这个原因，欧盟特别关注决策过程的完善问题。博尔科和布托林也表述了欧盟制度发挥功能的 5 个主要原则：

- 存在国家间和超国家机构，它得以维持国家利益和共同利益间的平衡。
- 区分欧盟和国家机构的职能。某些领域由超国家机构来决策（农业、经济、贸易、贷款政策）；另一些领域由国家和超国家机构共同决策（包括地区的、科技的、社会政策）；第三种领域欧盟只协调自己成员间的行为（经济的、文化的政策）。
- 决策类型多样化：有强制性和建议性的。国家可以自由选择实施方法。
- 在欧盟基本条约规定的范围内，欧盟的法律高于国家的法律。
- 加入欧盟的国家的公众参与以及其支持一体化的进程。

对欧洲一体化经验大力进行研究，是为了使这一经验能够应用到其他地区。但是，研究与实践表明，虽然存在共同的规律性，但是一体化进程在每一个具体的情况下都有自己的特点。世界一体化进程将来是否会按照欧盟所发生的这些原则进行呢？未来会告诉我们。

第二节　世界民主化

一、民主化概念及民主化“浪潮”

许多作者指出，民主化（英语：democrasition）是现代社会的发展趋势。同时，这个概念在政治学上主要用于两个意义。所谓世界民主化，首先是指民主化国家数量的增长；其次是指民主化制度和程序在不同国家的发展和加强。后者对处在向建设民主化国家转变过程之中的国家，即“民主化过渡”的国家具有特别的意义。奥尼尔（G. O’Donnel）和斯克米特（Ph. Schmitter）把民主化过渡划分为下列阶段；自由化，民主化和团结化。

世界政治与政治学不同，“民主化”概念常常用于第一种意义，即民主化国家数目的增加。的确，还有一种对当代世界民主化的理解这也是可能的，即理解为国际互动参与者范围的扩大。但是，这一观点暂时还未在世界政治中站住脚。

哪些国家可以认为是民主化的国家，对此有不同的观念和不同的判断方法。处于“边缘状态”的国家常常引发争论，这些国家里有许多民主化发展的特征，同时也有许多缺乏民主化发展的特征。但是，最概括地看，根据美国研究人员卡尔德威尔（D. Caldwell）的统计，1941 年被认为是民主化的国家有近 25%，而 1996 年其数目达到了 40%。如果考虑那些处于民主化过渡过程中的国家，那么根据从事分析世界民主化发展的美国研究所自由之家的看法，这个数字今天可能达到 75% 左右。美国研究人员，《外交事物》杂志主编扎卡里阿（F. Zararia）写到，当前有 118 个国家是民主国家。不管怎样，无论以什么样的具体数字作为基础，实际上所有作者都赞同下列事实，即世界民主化国家数目增加了。同时，许多研究人员的确也作了一系列附带说明，对此笔者还将进行叙述。

世界上民主化国家的产生并非总是直线型的。1991 年亨廷顿在《Journal of Democracy》杂志上发表了一篇文章，名为《民主化的第三次浪潮》（*Democracy's Third Wave*），随后又出版了一本书，标题很近似，叫做《20 世纪末民主化的第三次浪潮》（*The Third Wave: De-*

mocratization in the Late of Twentieth Century），他划分了与民主化进程发展（民主化浪潮）有关的几个世界历史时期，以及独特的民主化“倒退”。某些作者，比如，迪克斯（R. Dix），撇开具体事件，指出了几个与亨廷顿不同的民主化浪潮的标志日期。也有人，比如斯密特（Ph. Schmitter）把东欧1989—1999年初所发生的大事划分为独立的第四次民主化浪潮。但是从整体上来说，如果不考虑个别研究者的不同立场，可以划分为以下几个历史上的民主化浪潮或者阶段。

民主化的第一次浪潮是最长的。它实际上持续了一个世纪，亨廷顿确定的时间为1820—1920年。在这次浪潮时期建立了20多个民主国家（亨廷顿认为是29个，而迪克斯认为是21个）。这些国家的特点是存在着议会和党派制度及广泛的选举权。第一次浪潮之后，随之而来的是偏离民主化的主干道的进程，这从20世纪20年代下半期持续到20世纪40年代上半期。它与世界许多国家法西斯当权有关。

第二次浪潮（1940年中期—20世纪60年代初）的先决条件是“二战”中法西斯的战败及殖民主义制度的崩溃。第二次浪潮之后，按照亨廷顿的说法，出现了新的倒退浪潮，这期间建立了许多军事和专制政权（包括1967年的希腊和1973年的智利）。整体说来，第二次“倒退”是从20世纪60年代持续到20世纪70年代初。

最后，新的第三次“浪潮”从20世纪70年代上半期开始。民主化进程席卷了西欧（希腊——1974年，葡萄牙——1975年，西班牙——1977年），拉丁美洲（多米尼加共和国——1975年，洪都拉斯——1982年，巴西——1985年，秘鲁——1988年，智利——1990年等）；亚洲（土耳其——1988年，菲律宾——1986年，朝鲜——1988年）；东欧（匈牙利——1989年，捷克斯洛伐克——1989年，波兰——1989年，保加利亚——1989年，俄罗斯——1991年等）和非洲（南非共和国国内1994年进行了首次普选）。民主国家数量增加变化图详见图6.1。

民主化进程的原因是什么？不同作者对促使民主化的原因作出不同的回答。同时，政治学通常研究两组因素或者两组变量：

- 结构上的（独立变量）——经济和社会发展水平，社会阶级发展进程，社会占主导地位的价值观等。

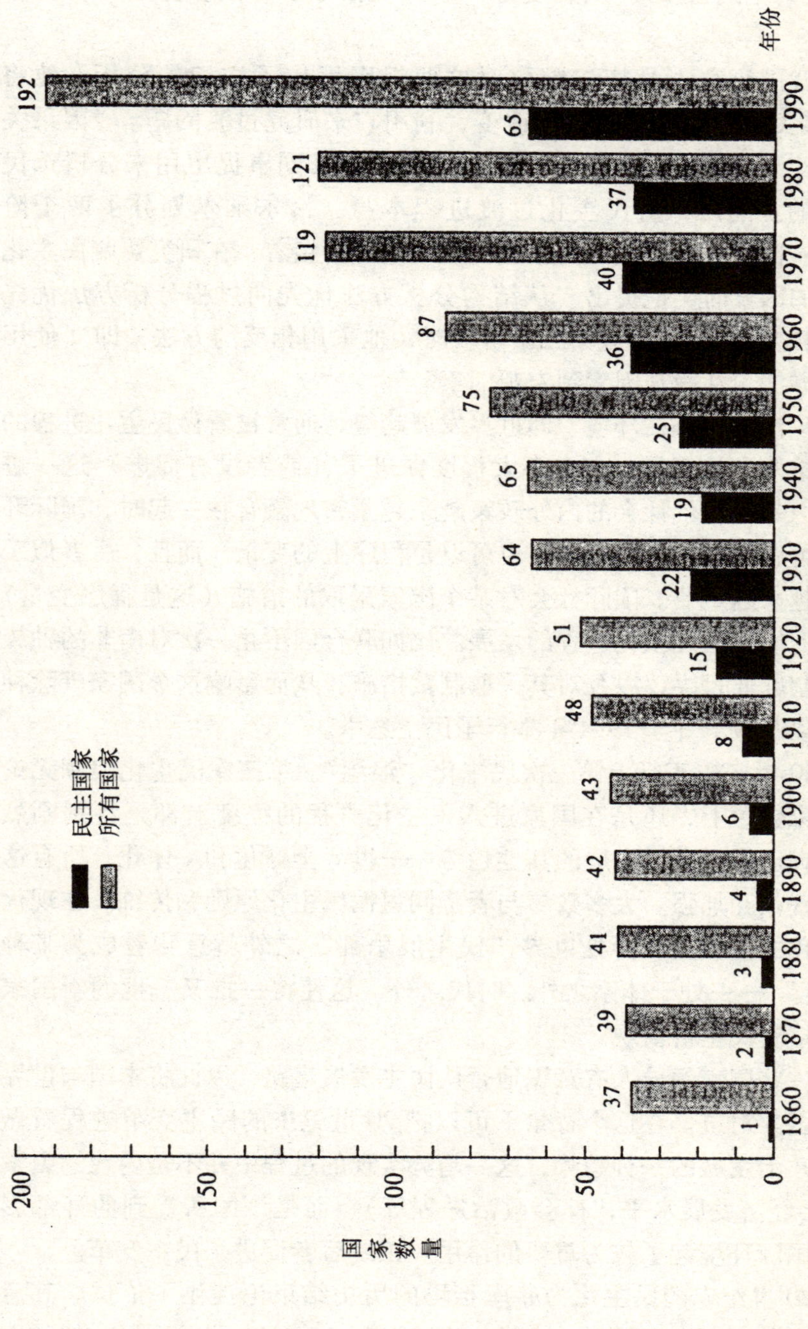

图6.1 民主国家数量增加变化图

资料来源：达里·P:《论民主》，莫斯科，2000。

- 程序上的（从属变量）——政治活动家的决策，个性特点等。

我国研究人员梅尔维尔对这两组因素作了详细的分析。他将“因果关系漏斗”模式作了改变，利用它来研究过渡问题。“因果关系漏斗”模式，是由美国人科姆伯别尔及其同事提出用来分析选民行为的。同时，对民主化过渡进程本身，梅尔维尔划分了两个阶段——民主化的建立和民主化的联盟阶段。接着，在研究影响民主化建立的因素时，他提出“从结构分析方法优先向过程分析方法优先逐步转变”，而在研究第二个阶段时，他采用相反的方法，即“使用解析方法，从微观因素到宏观因素”。

政治学的外在环境，即世界发展趋势，通常被看做民主化进程的一个结构上的变量：它在多大程度促进了（或者没有促进）这一进程。但是当现代社会的内外政策越来越紧密地融合在一起时，国际环境既可以是结构上的变量，也可以是程序上的变量。而且，后者似乎变得越来越重要。国际社会对某个国家采取的措施（这是程序变量）可以促使该国民主化进程的发展。比如联合国不止一次对南非的种族隔离制度通过决议以及对其采取制裁措施，从而影响这个国家废除种族隔离政策，并于1994年举行了民主选举。

20世纪末正赶上第三次民主化“浪潮”。第三次民主化浪潮无论在国家数量上，还是在国家进入民主化进程的程度上都是特别剧烈的。它还带来世界发展的其他趋势——世界全球化和一体化。所有这些进程相互加强。大多数参与者赞同遵循民主化原则和传统。在现代全球化的世界里，身处世界“民主俱乐部”之外就意味着成为某种“弃儿”——处于体系之外、时代之外。这使得一批又一批的新国家转向接受民主价值观。

一些国家领导人有意识地否认民主发展道路，以此将本国与世界其他国家对抗。在这个背景下可以把20世纪末的民主变革进程看做世界政治发展的一种趋势，这一趋势实现的过程中并不是内在的因素（社会经济发展水平，社会政治进程等），而是该国所受到的外部影响即国际环境起了较为重要的作用。正是后者促进了民主变革。

20世纪末的民主化为弗库雅玛的历史结束论提供了依据。其意义是说，在历史发展中，人类作出了有利于民主发展的选择。他的文章不止一次受到批评。这样一些观点引起了争论，如预测由于东西思想对立的结束，世界冲突也会结束，历史会呈直线发展和具有单相性等。然而，有关民主化进程是共同趋势这一命题争论最少。的确，如果说20世纪初相对不多的国家可以被看做民主化的国家，而且即便这些国家也远非总是完全拥有选举权和其他权利（许多国家限制妇女、少数民族的权利，实行很高的财产资格限制等），那么到21世纪初，这些问题正在解决，甚至已经解决。

但是，应该强调，民主化不是某种单一的向前的进程。这点特别清楚地从最近一次的民主化"浪潮"中显示出来，当时开始形成非自由的民主、混合制度、模拟民主。其本质在于许多国家的民主制度和程序只用来装门面，有时候甚至用来掩盖由国家政权实施的本质上的非民主制度。"非自由民主"是扎卡里阿1997年发表在《外交事物》杂志上的一篇文章提到的，这个术语可能得到了最广泛的普及。扎卡里阿不赞同美国外交官霍尔布鲁克（R. Holbrook）的论述，霍尔布鲁克在1996年9月提出这样的观点：在自由民主选举时期，公开鼓吹种族主义、法西斯主义或分裂主义的观点，反对和平解决问题，包括南斯拉夫问题的候选人会取胜。实质上，这个领袖用民主途径上台，但公然鼓吹非民主观点，并实施相应的政策。扎卡里阿根据这一观点，指出可能出现所谓的"非自由民主"，即只带有民主改革表象的民主。此外，正如他所指出的，这种国家的数量在增加。1990年这种国家数量占到民主国家数量的22%，而1997年已达到35%。

二、民主和平的理论

世界政治作为一门学科，特别注重对民主国家互动的分析。这反映在"民主和平的理论"里，在研究国际关系理论时曾提到过这一理论。该理论起源于康德关于"永恒和平"的论点。哲学家提出一种假说，即在国际舞台上，民主国家与非民主国家的表现有所不同。民主国家立足于更完善的道德原则，将相互缔结和平。康德的思想在20世纪获得了发展，形成了民主和平的理论。

从一开始，许多研究和平问题的作者都注意到这一事实：发达的民主国家相互之间并不争斗，统计分析的基本资料确认了这一点。但马上有反对意见提出来。整体来说，这些意见归结为以下几个观点：

- 民主互动的历史太短，以至于不能在统计数据的基础上作出概括性的结论。
- 不能明确确定哪些国家可以称为发达国家，并且“不争斗”的含义并非总是明确的。

民主和平理论的反对者在这两个主要论据的框架内引用历史上的实例进行思辨。在他们看来，这些实例与“民主是不相互争斗的”的观点自相矛盾。比如，“二战”期间英国向芬兰宣战，尽管没有采取军事行动。可以将这一宣战看做真实的战争行动吗？对此不存在明确的答案。

“一战”初期的德国常被称为民主国家间军事行动的又一个历史实例。问题在于那时的德国应在多大程度上可以看做民主国家，如果考虑到德国的国家体制的这些特点，比如在采取外交决策时，德国皇帝事实上的独立作用等。还有很多其他的例子。

在所有情况下，民主和平理论的拥护者和反对者都提出自己的论据和反论据。但不管怎样，整体来说，民主和平理论作为一种可能有例外（谈论和争论的正是例外情况）的总体规律，它已证明自己是正确的。因此，不必要讨论是否这样，是否有什么例外情况，而是讨论为什么发达的民主国家相互之间不会争斗。

我国科学界的库拉金相当详细地分析了民主和平理论。他对多意尔（M. Doyle）和拉瑟特（B. Rassett）的两个基本概念作出比较分析。多意尔以康德的思想为依据，推断出在对外政策上发达民主遵循的原则和对内政策所遵循的原则是一样的。民主国家政府，包括在参与战争时，应该在自己的公民面前证明自己是正确的。民主国家间存在的共同原则和价值观，形成了它们的“和平联盟”，同时也形成了对独裁统治的对抗行为。

拉瑟特对民主和平现象提出了另一种解释。他以民主国家的文化和机构特点为出发点作出断言：民主国家的公民把自己看做自由人，自由人习惯尊重他人的权利。民主国家边界的开放及信息的自由交换加强了类似的理解。这些由个人从小形成的文化特点限制了对自己的同类进行侵略。此外，民主国家的人们习惯和平解决冲突——通过谈判、协商、司法程序解决冲突。

根据拉瑟特的看法，解释民主和平现象的第二个因素，是民主国家的决策原则本身，包括发动战争的决策。企图采取军事行动的领导人应该通过相应的合法程序作出军事行动的决策。一旦冲突发生，民主国家被迫用大量时间去决策是否应采取军事行动。因此，产生了“冷却”期，以熄灭最初的情绪反应，寻找走出冲突的合理的方法。

多意尔和拉瑟特的两个概念在原则上并不相互矛盾。可以说，后者只不过更为深入。然而许多问题暂时还保留着。比如，为什么说民主国家侵略非民主国家是可能的？难道只是为了应战或自卫吗？如果是，那么什么是导致迎战的威胁？为什么民主国家进行帝国主义战争？这是否不够成熟的民主？那么成熟的标准又是什么？

关键术语

一体化，一体化进程
欧洲联盟
功能主义
新功能主义
非一体化，非一体化进程
北美自由贸易区
东南亚国家联盟
煤炭与钢铁联合体
欧洲原子能共同体
欧洲经济共同体
模拟民主
民主和平理论
联邦主义
共同的对外政策和安全政策
“世界政府”
共同市场
欧洲共同体
申根集团（地区）
民主化
民主化过渡
民主化“浪潮”
非自由民主
混合制度

讨论题

怎样理解一体化进程？
功能主义和新功能主义的主要观点是什么？
联邦主义的主要观点是什么？
一体化的问题和代价是什么？
欧洲一体化有哪些重要阶段？

欧洲一体化概念和实践原则是什么？
欧盟制度的功能化原则是什么？
怎样理解民主化是世界发展趋势？
民主和平理论的实质是什么？
对发达的民主不相互争斗这一观点存在哪些解释？

实践题

一、填写下列表格：（三种方案）

1．民主国家

名称	相互争斗（例子）	与哪些具有其他管理形式的国家争斗（指出哪些管理形式）
日期，哪些国家	描述情况	描述情况

2．非民主国家

名称	相互争斗（例子）	与哪些具有其他管理形式的国家争斗（指出哪些管理形式）
日期，哪些国家	描述情况	描述情况

3．比较1和2两种形式（作出结论）。

二、分析世界民主国家增加的变化示意图。这一进程的原因是什么？

参考文献

巴拉诺夫斯基：《西欧：军事政治一体化》，莫斯科，1988。
巴拉诺夫斯基：《西欧的政治一体化：理论与实践的一些问题》，莫斯科，1988。
博尔科、布托林主编：《21世纪初的欧洲联盟：发展战略的选择》，莫斯科，2001。
伊利英、梅尔维尔、费奥多尔：《民主化和民主主义化》，载《政治研究》1996年第5期。

库拉金：《21 世纪的世界：多极力量平衡或者全球“Pax Democratica”（和平发展选择背景下的民主和平假说）》2000 年第 1 期，第 23—37 页。

库拉金：《国际关系新体系的形成》，载托尔库诺夫：《现代国际关系》，莫斯科，2000，第 38—69 页。

梅尔维尔：《民主过渡的结构和程序流派的理论方法综述》，载《城邦》1998 年第 2 期，第 6—38 页。

尼基琴科：《民主的跨国化：国际关系理论中的第三次民主化浪潮》，载《世界主义》（丛刊），1997，第 120—137 页。

斯摩尔古诺夫：《在比较政治学中研究民主化的“第三次浪潮”》，载《世界主义》（丛刊），1999，第 108—117 页。

哈里托诺夫：《民主的起源（重建过渡模式逻辑的尝试）》，载《世界主义》（丛刊），1997，第 36—46 页。

齐甘科夫：《国际关系》，莫斯科，1996。

网络资源

欧洲联盟：http://europa/index. htm

自由之家：Freedom House：http://freedomhouse. org

第七章　20 世纪末 21 世纪初国际关系体系和世界政治格局的变化

第一节　现代国际关系体系的格局

随着冷战的结束，“两极”世界时代结束了。事实上从一开始这一观点就没有引起过怀疑。问题在于确定是什么取代了两极世界。讨论围绕着国际关系体系的两个主要观点展开：

- 世界成为单极世界（单极化或者同极化）；
- 世界成为多极世界，划分为几个力量中心。

世界体系的“极性”问题，在 20 世纪 90 年代，不论是政治活动家还是研究人员，都激烈地讨论过。但是，正如布赞（B. Buzan）和利特尔（R. Little）所指出的，这个问题最使新现实主义者不安，因为新现实主义者最为关注的是全球化和经济发展问题。

此外，研究者最感兴趣的是，两极世界崩溃后，到底形成了什么样的体系，以及国际关系的稳定性问题。与冷战时期的体系相比，该体系的稳定性有多大？什么结构是最稳定的？今后应该建立或者形成什么样的体系或者结构？

20 世纪 90 年代初海湾战争时期，当时的美国总统乔治·布什宣称，由于苏联的解体，两极中的一极消失了。这一思想被大家接受。布热津斯基在《伟大的棋盘：美国的统治地位及其地理战略上的绝对命令》一书中指出，由于对手的垮台，美国处于独一无二的地位上。美国成为第一个也是唯一一个世界大国。此外，他继续指出，甚至当美国的优势开始减弱时，某个国家想要达到美国目前所拥有的优势，这是不太可能的。

一方面，这一观点得到了许多，主要是美国的研究者和实践家的支持，各种观点都带有某种细微差别。学者们提出，已经形成了“美国主导的世界秩序”（Pax Americana）——即以美国为首的单极世界。按照亨廷顿的看法，美国是最自由的国家，证明其无愧于身居领先地位。单极化也与美国缺乏来自另一国的严重威胁有关。沃尔茨在2000年（即新的，来自非政府成员——恐怖组织的威胁出现之前）发表的文章《多极化迹象》（*Intimations of multipolarities*）中注意到这一事实。许多作者强调说，正是由于美国的领先地位，它要对世界上所发生的事情负责。

同时，世界单极化，特别是以美国为首的世界单极化思想，在冷战结束后，不论在美国国内还是在美国国外，都受到了批评。美国本国怀疑，将领导者的所有重任加诸自身是否合理。此外，美国还被谴责充当“国际警察”。在论证美国是否有必要更为克制自己在国际舞台上的行为时，不能不想起乔治·华盛顿的忠告，美国应避免插手实现他人目标的事务。还有，布热津斯基在揭示冷战结束后美国客观上的领导地位时也指出了实现其领导地位的种种限制。他引用1996年进行的社会舆论调查结果，从美国社会本身看出了这一点。绝大多数美国人（74%）宁愿希望“美国与其他国家一起在平等的程度上去解决国际问题”。

出现了一些著作，试图说明世界的单极根本不意味着美国必须为一级。这个极可能更为复杂。比如，许多作者认为，这一极在冷战时期就已开始形成，它是七国集团（G—7）管理世界的某种协调行为。我国作者赫鲁斯塔廖娃的作品就代表了这种观点。

也有针对单极思想本身的反对意见。提出了建立在多极基础上的国际关系体系的完全相反的模式。这个模式要求由最大的强国构成世界的中心，类似于“欧洲音乐会”时期的欧洲。基辛格提醒了我们这一事实。他写道：“经历过最长的无重大战事时期的国际体系，正是维也纳会议所产生的体系。”顺便说一下，还在冷战时期，西方学界就已经讨论过国际关系的多极体系的模式，预测美国实力会下降，世界上会出现新的力量中心。但是这一思想在当时的苏联没有得到支持。

20世纪90年代许多俄罗斯分析家接受了多极世界的思想。但是观点不同。博加杜罗威 1993 年发表在《国际生活》杂志上的文章相当清晰地表述了这一观点。他写道："在建立多极世界（进程）情绪的大力吸引下——多极世界（进程）虚伪地符合电视宣传的关于国际关系的观念——从 1815 年维也纳奠基开始的近两个世纪的世界体系的历史明确证明：多极化的平衡会绝对不可避免地导致世界大战。1914—1918 年的历史应该使国际社会理解这一点。"

使用历史实例证明多极化时代以战争的方式结束，这种方法是薄弱的（在这方面，国际关系史上任何一次体系变更，都是战争和武装冲突的结果，其中包括冷战时期两极化崩溃，其标志是武装冲突的增加），但我们不得不注意博加杜罗威的下列观点：在现代条件下，多极化世界可能比两极对抗时期要求更大程度上的强力监管。

20 世纪 90 年代末，多极世界的理念在俄罗斯越来越受欢迎，这在很多方面与普里马科夫有关，他是俄罗斯科学院院士，时任外交部部长。他认为，冷战结束后，不论是在俄罗斯周围还是在美国周围（虽然在较小程度上）向心力都减弱了。同时形成了新的中心或者极，包括中国，西欧。在普里马科夫的作品中，多极化与其说是两极化世界崩溃后形成的客观事实，不如说是应该追求的世界秩序。各国应利用所有条件，为建立国际关系的新体系付出所有的外政和外交努力。

思考材料

亨廷顿写道，冷战结束后并不意味着不再为权利和影响而战……有可能这意味着长期和平的结束。

Huntington S. P. "No Exit：The Errors of Endism"，*The National interest*，1989，Vol. 17，No 3（Fall），p. 6.

思考题：

冷战时期的世界是否真的更稳定，是否真的更安全？必须采取什么样的步骤以建立更稳定的国际关系格局？

作为官方对外政策方针的方向标，20世纪90年代末，世界多极思想不仅在俄罗斯，而且在其他许多国家获得了发展。比如，在中国，这一思想反映在官方的声明里。

在学术界，无论在俄罗斯，还是在国外，都激烈地讨论有关多极的可行方案。世界多极的思想可以用图表最清楚地表示出来。我们采用美国作者鲁尔克的示意图作为这种说明的依据。

1．单极体系

一国霸权

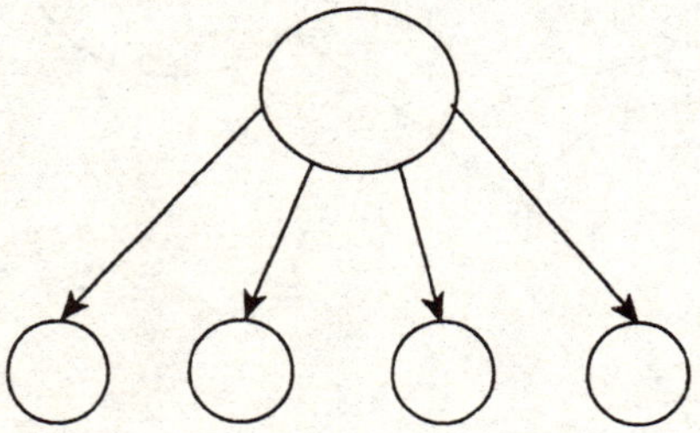

世界联邦体系

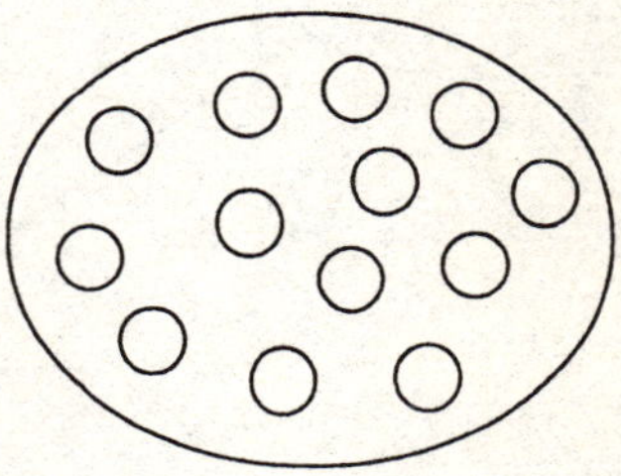

单极世界的特点

- 中央（主要）政权利用军事和政治杠杆规定“游戏规则”，占统治地位；
- 中央政权裁决“从属国”间的争端；
- 中央政权阻挠“从属国”追求获得独立地位。

在文献中的单极常被理解为：世界舞台上，某强国在军事、政治、经济及其他指标上明显与其他国家脱节。在讨论单极时，对世界联邦体系的假设方案研究得较少。

2．两极体系

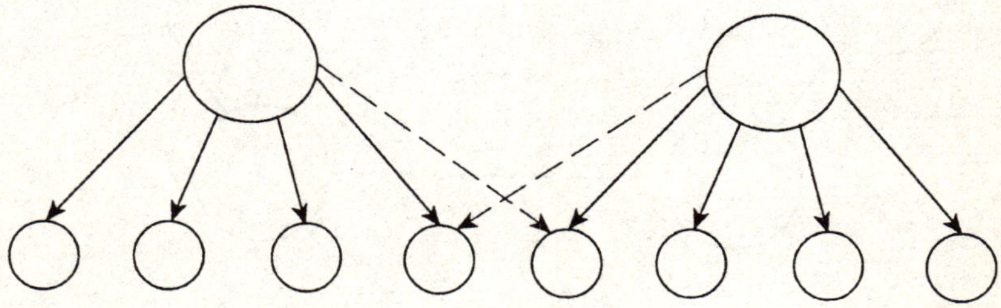

两极世界的特点：

- 两极之间相当敌对的关系；
- 企图削弱对方集团的影响；
- 依靠吸收新成员来增加对抗另一集团的实力。

3. 三极体系

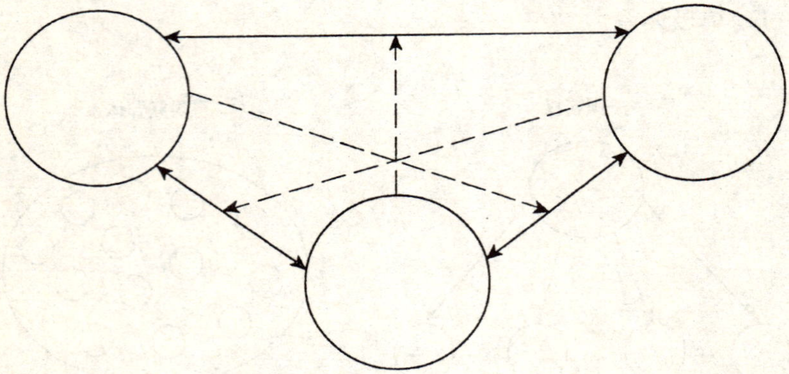

三极世界的特点：

- 试图保持与其他两个参与者的良好关系，或者至少试图避免与它们的敌对关系；
- 试图不让其他两个参与者之间的关系得到改善。

4. 多极体系

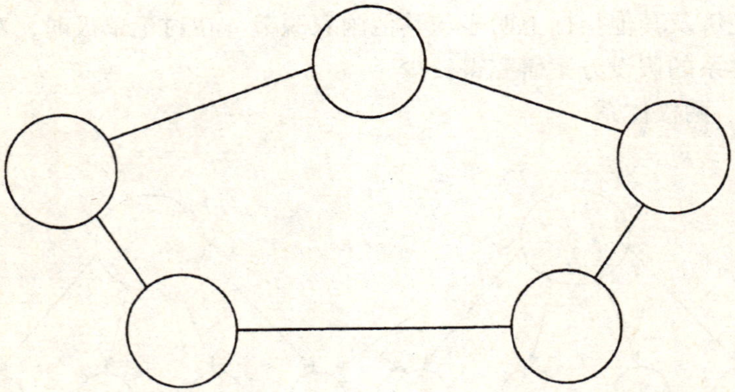

多极世界的特点：

- 对抗任何一个试图成为领袖的国家；
- 试图增强自己的地位，或至少不使其地位削弱（通过谈判程序，如有必要，通过武力方法来实现）；
- 即使在对抗的情况下也尽量使体系保持稳定。

总之，在多极世界，国家之间的潜力具有可比性，而在单极世界，领先的一国与其他国家大为脱节。因此，有关单极世界的断论，尽管所提供的具体方案林林总总，但传统上都是建立在下列主要前提上：

- 国家才是极（在研究世界的对立性问题时非国家参与者常常不被考虑）；
- 一极的实力首先取决于其军事—政治特性，仅近年来才开始考虑经济因素；
- 在研究这些极时通常划分三类国家：超级大国，中等国家，小国；
- 经典的世界单极思想主要立足于现实主义和新现实主义的理念。

新现实主义传统理论的研究人员，或者那些赞成新现实主义理论主要观点的研究人员继续讨论这一问题：世界舞台的哪种布局是最稳定的。这些作者不赞成这一观点：现代社会正经历着质的变化。比如，吉尔平（R. Gilpin）的出发点是：虽然发生了与经济、技术及其他发展方向有关的重大变化，但是在全球范围内世界没有发生变化，持续的战争就证明了这一点。

对立的观点归结为一点：在国家中心世界模式（威斯特伐利亚模式）的框架内，极的基本观点直到20世纪末或多或少还是相同的（当时的情况是：一方面，军事政治因素起主导作用并决定国家在世界舞台上的实力；另一方面，新的非国家参与者还没有积极地发挥作用）。以下这些国际关系体系，如“欧洲音乐会”，凡尔塞—华盛顿体系，还有雅尔塔—波茨坦体系，的确反映了当时的国际现实。

如果在国家中心世界模式鼎盛时代，国家的经济和军事政治潜力还势均力敌，那么在20世纪末，经济因素已成为独立的因素。比如，

20 世纪 70 年代的能源危机时期，拥有极大军事、政治实力的西方国家，当时被迫与 OPEK 成员国进行谈判。今天绝非偶然的是，倾向于在国家中心世界模式，并赞成可能产生极化现象的研究人员也指出了经济因素的作用。例如他们把日本称为中心之一，尽管日本不拥有强大的军事政治潜力。

经济因素将来是否会决定 21 世纪的“极”的实力，这很难说。可能会产生其他指标，包括新技术的发展及其应用水平，教育水平；以及世界舞台上的政治积极性。对于后者，英国女研究人员施坦格（S. Stang）20 世纪 80 年代末的著作有所阐述。她相信，决定未来的不是军队或者资源，而是国际互动的参与者在确定新的游戏规则，即互动得以成立的准则和原则时，到底有多大影响力。

毫无疑问，在不远的将来，国家仍将是对于世界发展意义重大的“极”。因此，持新自由主义传统观点的研究人员在研究国际关系时谈到了极化现象的几个层面。奈（J. Nye）划分出了三个层面。第一个层面属于强力范畴，此领域美国占统治地位。第二个层面属于经济范畴。这个层面存在三个主要中心：美国、西欧和日本。第三个层面是跨国关系层面。一些作者特别注意这个跨国层面在不同领域的蓬勃发展（金融、科技等），并形成了“中心”——跨国公司，金融研究所，个别的城市（比如伦敦）或者地区（比如南加利福尼亚）。

考虑到现代社会的复杂性和多层面性，也许，更准确地说，世界不是多极的，国家表现为极；而是多中心的，在不同层面上存在着性质各异的极。

美国研究人员罗西瑙写道，21 世纪世界政治格局将与因特网相似，带有许多交叉点和会合点——国家的、国家间的、非国家间的和混合的点。这暂时还是一个很不确定的格局，但按照罗西瑙的看法，现在“国际关系”这一概念本身已经丧失了原来的意义。为了描写这一新现象，罗西瑙建议使用“后国际关系”这一术语（英语：postinternational relations），前缀“后”用于下列这些词及词组中，如“后工业时代”、“后意识形态社会”、“后现代主义”等。但是，如罗西瑙强调的那样，在与非国家和超国家参与者在其中积极发挥作用的体系并存的同时——该体系成员组成“多中心世界”，不同的国家和非国家参与者是中心的成员——还存在一个“国家中心世界”。

思考材料

似乎，新技术不仅形成新世界，而且改变对其本身的看法。如果以前世界用一个比喻来描述——这个比喻从古典力学，物理学，化学中得来——世界的核心和周边是主要的结构元素，那么，对于构成世界的结构而言，较为合适的表述方式应该是——世界是一个因特网式的复杂的蜘蛛网。

思考题：

比较关于世界格局的比喻，如，新技术积极采用之前得到发展的世界体系理论和罗西瑙的有关世界未来结构的观点。

一些研究者也注意到在描述世界政治格局时，有必要不仅考虑到国家，而且要考虑到非国家参与者。比如，哈吉耶夫认为，“多极的世界秩序及其国家和非国家参与者的产生，如果不是排除，也是大大缩小了使一国保持或晋升为能够独控世界事务的超级大国的可能性。对此也许还应补充一点，不仅世界的政治进程，而且各国家集团正越来越少地受到一国的单一控制。需要建立能够协调不同参与者利益的复杂机制。换句话说，古典的国际关系体系作为唯一的国际关系体系将成为过去，将用其他体系取而代之”。

“网状”（即在大量中心联结成网状）的多中心世界的思想，被一些研究全球化进程的作者进一步发展，其中包括瑞士学者安德松。

安德松及其同事在《走向全球化经济的门户》一书中所研究的网状模式，尽管其基础原则含义广泛，但是，在很大程度上仍属于经济范畴。他要求将生产、教育、科学、金融以其他结构分散到全球，并在一些较小的区域内构成网络枢纽，作为通向全球的“门户”，将这些机构“交叉”起来。结果，不同的地理结构（城市和区域）按不同的方式被“列入”“后威斯特伐利亚”时代的世界中。其中一些地方，如纽约、伦敦、东京、大华盛顿、南加州、法兰克福、米兰、迈阿密、温哥华、新加坡等处于全球化和新世界体系的“前沿”。在上述区域保持各自多样性和特点的前提下，由网络枢纽的“缠绕”，交叉使它们联系在一起。这些网络枢纽是金融、科技、文化及其他与通信、信息、知识、教育相关的领域，即体现后工业时代本质属性的领域。

网络枢纽可以是在一国范围内，也可以是在地区范围内，比如，在拉克什马南、安德松，在萨萨基看来，巴黎至少在今天还未跨进全球范围的“城市门户”，暂时还处于国家层面上。他们写道，毫无疑问，巴黎是一个繁荣的城市，拥有优于法国其他所有地区的全球化经济，但它仍然只是法国走向欧洲的门户，而不是走向世界的欧洲门户。

“地区门户”提出了标准，其他的地理结构必须根据自己的能力去遵守这些标准，同时，它们对人提出极高的要求，要求人高度重视一切的后果。与此同时，其他一些地区（工业时期）就像工业体系本身一样并未完全消失。就像库济奇和彼得罗夫在《走向全球化经济的门户》俄文译本的导言中指出的那样，“工业体系像以前一样发挥功能，但在金融方面已经不再那么有吸引力，而且最重要的是在地理分配上已不再那么固定了”。

可以把“地区门户”模式作为独特的互动“单位”与古代社会的城市部落或者中世纪的意大利城市所发挥的作用进行类比。同时，“地区门户”的模式与地缘政治学相矛盾，尽管在这两种情况下地理因素都具有重要的意义。在地缘政治学理论框架内，被主要考虑的是民族国家的完整的领土。因此，与“全球化世界的门户”模式不同，地缘政治模式仍然处于威斯特伐利亚世界体系框架内。

存在着大量关于全球化政治转变或者过渡的设想。对这种“全球化过渡”的描写各不相同：有的描写确定时期，有的描写转折时期。罗西瑙采用物理学的一个比喻，将这一时期称为紊流期，并特别强调“分支点”（“分支点”上的发展可能走向完全不同的方向）。

这一时期，规律不再像以前那样明显起作用。所以局势难以预测，可能有多种不同的结局。紧张在加剧，习以为常的关系发生转化，这常导致决策过程的瘫痪。而且政治形势本身发展得极快。

这的确是一个发生质的转变的时代，无论对内政策的体系实质，还是对外政策的体系实质都发生了改变。就变化的深度而言，可以把类似的过程与威斯特伐利亚世界体系的形成过程作比较。顺便说一下，在这方面，一些研究人员把17世纪中叶，即威斯特伐利亚世界体系的形成时期和20世纪末至21世纪初作了一个有趣的比较。比如，霍尔斯蒂指出，在第一种情况下，欧洲就其文化和文明构成是统一的（在解决了基督教徒和天主教徒间的冲突之后），但在政治上是分裂的。在第二种情况下，经济一体化得到极大的加强，在政治方面，世界由180多个国家组成。比较这两个历史进程时，如果考虑到今天我们所谈的构建世界格局，不是像过去那样只建立在一个大陆上，而确实是在全世界范围内，那么显而易见的是，这一进程本身要更宏大、复杂得多。

凯格利和西蒙德（G. Raymond）在2002年出版的《威斯特伐利亚幽灵的流放》（*Exorcising the Ghost of Westphalia*）一书中发现了两者更大的相似之处。他们把17世纪中叶和20世纪末定为历史的转折点。正是当时，一些国际互动的模式取代了另一些国际互动的模式。对这两个时期而言，其特点都是政治生活发生了变化，产生了许多新问题。对这两个不同时期而言，“文明冲突”、道德价值观冲突、观念冲突都是典型的问题。当时和现在也都发生过大的民族结构分裂为更小的单位等。

思考材料

一些研究者看到了17世纪中叶的欧洲局势和20世纪末至21世纪初的世界局势之间的许多共同点，即非一体化，观念冲突，价值观冲突等。

思考题：

您还可以在这两个时期之间找出哪些相同点？这两个时期有什么根本区别？

“全球化转变”以不同方式，以不同程度涵盖了各个国家和各个地区。有的地方在较大程度上认识到现代社会正在发生的客观进程，有的地方则在较小程度上意识到这一点。这个时期极其矛盾，体现在可以称之为“过渡时期的矛盾”这一现象中。一方面，旧的规律和准则继续起作用，另一方面，又同时产生新的规律和准则。在现代条件下，“过渡时期的矛盾”有两个组成部分——威斯特伐利亚和雅尔塔—波茨坦体系（是与世界舞台上的互动有关的威斯特伐利亚体系的一部分）。

“过渡时期的矛盾”中，属于威斯特伐利亚体系的有以下几点：国家主权改变进程的矛盾（丧失一些职能，同时产生一些新的职能）；非政府参与者的作用以及不断增长的相互依赖性。边界的透明及透明造成的相互依赖，致使国家越来越积极地回应其他国家所发生的事件，尤其在发生冲突时更是如此。与此同时，干涉内政，来自外部的对主权的限制（科索沃危机及北大西洋公约组织用武力解决危机，这两条是引人注目的）迫使其他国家（包括未被施加武力的国家）不择手段地“维护”主权。有可能采取形形色色相当危险的形式。比如，促使非核国家发展本国核武器的研究和生产，也可能以更为“廉价”的方法使用化学武器。

“过渡时期的矛盾”中，属于雅尔塔—波茨坦体系的成分与冷战结束后国家间互动发生的变化有关。首先是两极化。两极化形成于“二战”后，并成为国际关系战后体系的一种“轴心”。同时，随着两极化的消失，原有体系的许多成分被保留下来，包括国际条约所缔结的一切，这是现代国际关系的某种稳定因素。从这个意义上讲，雅尔塔—波茨坦体系比纯两极化的世界秩序更为广泛。

更复杂的问题在其他方面。首先，通过谈判建立起新的世界国际体制，所有的大型战争都结束了（“欧洲音乐会”，凡尔赛—华盛顿及雅尔塔—波茨坦国际关系体系就是这样建立的）。20世纪末，并未发生战争，也未就冷战的结果进行谈判。原因在于难以解决下列问题：这些谈判应该是什么样的，要有什么样的议程；什么人参加；以什么形式参加及如何顾及占有重大的经济和政治分量的非国家实践者的利益。遗憾的是，至今无人能够回答这些问题。

第二节　关于新的世界政治格局形成过程的不同方案

上节讲到，什么可以取代威斯特伐利亚世界模式及战后相应的国际关系体系。问题在于，这一切将如何发生，新的世界格局如何形成？

新的世界政治格局及新的国际关系体系的未来形成进程可分为三种主要方案。

第一种方案提出了相对轻松平稳的过渡进程。有趣的是，不仅新现实主义流派的代表，而且激进的新自由主义者都持这种观点。对于新现实主义者而言，现代政治世界不会发生质变，不会有任何“跳跃”式的演变发展。对于新自由主义者而言，世界自由主义价值观的胜利是远离大规模冲突的保障，其最鲜明的代表是弗库雅玛。

这一观点不止一次受到批评。一方面，反对者认为激进的新自由主义者的设想与政治事件的现实发展不一致，因为冷战结束后，战争根本没有消除；另一方面，反对者认为，如果新参与者积极投身世界舞台，世界就将发生质的转变。后一种看法，根据新自由主义的观点，在很大程度上反映的是过渡的最终结果，而不是该进程的最近阶段，弗库雅玛在自己最近的作品中已注意到了这一点。

设想分裂方案时，研究人员对过渡期和将来可能产生的世界政治格局作了完全相反的预测。而且，不同的研究者对此的依据大不相同。比如，亨廷顿的依据是西方文明，拉丁美洲文明，非洲文明，伊斯兰文明，孔夫子文明，印地文明，东正教文明，佛教文明，日本文明；托弗廖尔的依据是另外一种文明的分类（农业文明，工业文明和后工业文明）；伊诺泽姆采夫的依据是职业水平；瓦列尔斯塔因的依据是世界各地区的社会经济发展水平（高，中，低，与此相应分为中心，半周边，周边地区）；我国作者涅克列斯的依据是六大空间经济带（北大西洋，太平洋，欧亚，主要分布在印度洋弧状地区的“南方”，以及超出通常地理制图学范围的两个跨国地带）。这些以及其他类似的认为世界分裂的观点都特别强调了现实或潜在的冲突。

这种分裂的观点也受到了批评。一个重要的反对意见是：划分了不同的分裂根源，但它们明显地“相互交叉”。换句话说，同一个人被列入几个集团（高等职业的，佛教的等）。这将导致冲突量的急剧减少。反对分裂理论的另一个依据是，人类具有某种自我保护感，不会允许以任何原因引发有毁灭任何文明危险的全球冲突。

思考材料

英国研究者 K. 布斯写道:“一个新的世纪……也许，这是一个更类似于复杂的,动荡的中世纪的时代,而不像静止的 20 世纪,但是它吸取了这两个世纪的教训。”

布斯·凯恩:《对无知的挑战：面向未来的国际关系理论》，载茨冈诺娃主编：《国际关系：社会学方法》，莫斯科，1998，第 324 页。

思考题：

您认为，“中世纪时代”是否会再次到来？

最后，在“全球转变”的第三种方案的理论框架下，提出了世界发展的两种趋势：一方面是世界一体化和世界同一化，另一方面是世界的分裂、矛盾、片断化和个别地区与州的独立。巴伯是第一批注意到两种趋势的同时作用的人之一。时间在 20 世纪 90 年代初。他指出，全世界流行着统一的 MTV 模式、苹果机模式、麦当劳模式，它们代表了某种全球化世界，被叫做“全球化世界”。同时，另一种相反的趋势也起在作用，它表现在世界的片断化、分离主义运动、种族和宗教冲突上。巴伯将这种趋势称为“吉哈德运动”。与强调文明冲突的亨廷顿不同，巴伯关注的是吉哈德运动与全球化世界的冲突。其著作叫做《反抗全球化世界的吉哈德运动》（*Jihad vs. Mcworld*）。作者们的观点还有一点不同。如果对于第一种观点而言，这种进程带有全球化特征，那么对于第二种观点而言，类似现象只是局部的，只覆盖地球的部分地区。

继巴伯之后，其他学者也开始指出这两种趋势的同时作用。斯德哥尔摩国际和平问题研究所（英语：Stockholm International Peace Research Institute，SIPRI）所长罗特费尔德（A. D. Rotfeld）写道，现代社会的关系不仅取决于离心进程，而且取决于向心进程。因此，罗西瑙提出了一个专门术语：“片断式一体化”（英语：fragmegrative），是片断化——fragmetation 和一体化——intergration 的同时作用行为。与此类同，还构成了另一个术语“全球局部化”（英语：glocalization）。它描述了上述现象并获得了广泛的应用。罗伯逊将这个术语运用到科学语言中，他在1995年发表了标题相似的文章。在全球的局部化中反映了全球化进程以及同时发生的局部化，即现代世界地区，文化和类似物的独立。

整体说来，第三种过渡方案指出了不同参与者互动的复杂过程。它伴随着冲突和部分地区的独立，是在全球化和一体化的总方向下发生的。

关键术语

两极世界
单极世界
多极世界
超级大国
中等国家
小国
全球的局部化
多中心性
后国际关系
世界的“网状”建构
通向全球化世界的“门户”
过渡性的矛盾
片断式一体化

讨论题

20世纪90年代关于世界极性讨论的实质是什么？

关于国际关系体系哪些人表述了哪些观点？

世界两极化、单极化和多极化是指什么？

在谈到世界的极性时，作者以哪些重要前提为出发点？

关于21世纪初世界的极性讨论的局限性体现在哪里？

未来世界可能的政治格局是什么样的？

有哪些新世界格局形成的方案？

实践题

分析国际关系的三种体系:“欧洲音乐会”,凡尔赛—华盛顿体系,雅尔塔—波茨坦体系,并回答下列问题:

- 其中每一种体系分别存在了多少年?
- 国际关系体系变更的原因是什么?
- 哪些因素分别保障了每一种体系的稳定/不稳定?
- 在你看来,在现代条件下这些因素的作用有多大?

参考文献

博加杜罗夫:《世界体系调整的危机》,载《国际生活》1993 年第 7 期,第 30—40 页。

谢尔盖耶夫主编:《全球经济的门户》(英译本),莫斯科,2001。

哈吉耶夫:《地缘政治学》,莫斯科,1998。

肯内尔:《走进 21 世纪》,莫斯科,1997。

基辛格:《外交学》,莫斯科,1997。

库拉金:《新国际关系体系的形成》,载托尔库诺夫:《现代国际关系体系》,莫斯科,2000,第 38—69 页。

列别杰娃:《世界政治:问题与发展趋势》,载列别杰娃:《第三个千年门槛上的世界政治与国际关系》,莫斯科,2000。

普里马科夫:《21 世纪前夕的国际关系:问题与前景》,载《国际生活》1996 年第 10 期,第 3—13 页。

罗戈夫:《多极世界中的俄罗斯与美国》,载《美国:经济,政治,意识形态》1992 年第 10 期,第 3—14 页。

赫鲁斯塔廖夫:《国际关系体系的演变和现阶段国际关系的特点》,载《世界政治研究》,阿利马纳赫,1999,第 48—51 页。

网络资源

The Governance World Watch(100 多个国家和国际媒体关于全球化,经

济政治,革新等方面的新闻和分析综述):http://www.unpan.org

World Citizen Web(对世界未来可能的政治结构问题的讨论):http://www.worldcitizen.org

World Future Society(研究社会和技术发展如何影响世界未来的非政府教育与科学组织):http://www.wfs.org

第三部分

世界政治的主要问题和观点

历时三个半世纪的，决定社会政治生活、经济生活的世界政治体系的基础发生了改变，其重建产生了大量后果。出现了过去不曾存在或没有如此尖锐存在过的新问题和挑战（比如，生态问题）。老问题（包括安全，贫困和冲突问题）必须以新方式，在新的条件下讨论解决。但与此同时，原有的问题（首先是裁军问题，武器监管问题）仍保留在政治日程上。

一个取代逝去的威斯特伐利亚工业时代的新时代正在到来，其过程并非没有矛盾，新时代的轮廓仅处于大体上的“描图”阶段。国际关系新的观点和新标准——经济、法律、生态以及与人类资源的发展有关的方向正体现得越来越清晰。最终，必须对复杂的，正在重新形成的世界进行管理，而且必须找到协调不同利益和方向的途径及机制。现代社会的挑战；现代社会新的标准；调整世界舞台的关系及各参与者的互动这三组问题是世界政治学关注的中心，有关教科书的相应章节对此有所反映。

第一编　现代世界的挑战

第八章　现代世界的安全和军备控制问题

第一节　几种主要的对安全的解释

安全问题是威斯特伐利亚世界政治体系中的经典问题。自国家诞生时刻起，就开始关心主权维护问题，即关注自己的国家安全问题（英语：national security），它从一开始就被首先理解为不允许外来侵略。在现代条件下，这个概念还包括与国内的不稳定状况相关的问题。由于世界相互依赖性的增长，该问题在地区安全（英语：regional security）和国际安全（英语：international security）的框架内得到了进一步发展。

这三条术语说明的是国家和国家间关系。它们常应用在现实主义和新现实主义的理念中。

同时，这种观点的出发点是：对于实现国家利益和影响国际形势而言不可获缺的国家实力首先取决于其军事实力，或者用类似电脑的术语来讲，取决于“硬件”基础（英语：hard power），而不是取决于文化、世界舞台上的权威力量及其他类型的“软件”（英语：soft power）。因此，无论在实践中，还是在研究中，军力问题都是国际关系的中心问题。

思考题

在你看来，一体化时代安全概念应包含什么？在对待安全问题时什么会改变，而什么不会改变？

20世纪末形势发生了变化。经济、金融以及环境保护领域的专家，是最先注意到安全的非军事威胁的人。一些人开始谈论安全的经济成分，另一些人开始谈论，污染造成的生态平衡的破坏，无论从国家角度，还是从全球角度都给人类带来了巨大威胁。的确，争端引发了下列问题：生态问题受人类的活动的影响到底有多大，客观原因使然的程度有多大，以及这个问题应如何解决。

新技术革命是影响重新思考安全问题的另一个因素。结果，非国家参与者能够在安全领域发挥过去前所未有的重要作用。这使得人们理解，要确立安全理念，仅认为威胁只来自别国或国家集团是不够的。2001年9月11日发生的事件——被恐怖主义分子劫持的飞机撞向纽约的世贸中心大楼和华盛顿的五角大楼，以及2002年10月23—26日在莫斯科戏剧中心胁持人质事件特别清楚地说明了这一点。这些大国的战略学家预计，攻击目标仍然是大城市、中央各部、机关等，但是威胁的源头是极其不定型和不确定的。

20世纪末许多研究人员，包括持现实主义观点的研究人员（他们的特点是重点进行军事研究和国际关系研究），开始讨论那些保障国家安全的因素的增长情况，如教育、新技术的发展、经济实力的增长、毒品和艾滋病的泛滥等。布赞在1983年发表的专著《人民，国家与恐惧》（*People*，*States*，*Fear*）是新现实主义流派的一个最重要作品，阐述了对安全的传统定义的局限性问题。还有许多欧洲研究人员，包括贝克，赞同布赞提出的“广义”的安全问题不仅包括军事问题的观点。布赞作品出版的同年，美国研究人员乌尔曼（R. Ullman）的文章发表在《国际安全》杂志上。他写道，把重点仅放在安全的军事方面，会疏忽其他威胁，包括来自国内的威胁。

目前，关于军事政治因素和社会经济、生态、信息技术因素间相互关系的讨论仍在继续。安全问题研究的“广泛”拥护者指出，经济及其他因素的作用正在不断增大。其反对者反驳说：在这种情况下，安全问题正在被国际关系和世界政治中存在的许多其他问题“冲淡”。

理论方面还有一个重要问题——国家，地区和国际安全的相互关系。对此也没有统一的答案。正如俄罗斯研究人员尤里耶夫指出的，协调国家利益是解决地区、国际、全球安全问题的根本，虽然仅仅依靠协商并不能完全解决问题。国家利益协调一致，就会产生各种地区和国际联盟，这些联盟在行动时，都遵循协商和捍卫成员国利益及其与第三国利益的理念。

因此，国际和地区安全问题显然紧密地与国际组织问题相联系。在现代条件下，提及保障国际安全的机构，应首推联合国。区域性机构在安全问题上也发挥了极大的作用，特别是在欧洲，其机构具有足够明确的组织形式，如欧洲安全与合作组织，北大西洋公约组织。目前正在激烈讨论的主要问题是联合国改革问题，目的在于使其在维护和保持和平方面更卓有成效；以及北大西洋公约组织在保障安全的欧洲机构中的地位和作用问题，因为该组织是在冷战年代成立的，其目的和任务是有局限性的。

第二节 军备竞赛与军备控制

军备竞赛和裁军问题在冷战年代曾极为尖锐。这时期，各国在武器装备上的开支达到了创纪录水平（1985 年是其巅峰）。冷战结束后，虽然主要国家的国内生产总值中用于武器装备的相对份额下降了，但今天它仍继续保持在高水平上。

显然，国家的军事实力不仅取决于国家在军事需求上花费多少，而且取决于国家拥有什么样的武器。装备的特点和数量是冷战时期世界舞台的决定性因素。双方不断扩充军事实力，从而导致了军备竞赛（英语：arms race）。

随着核武器的出现及 1945 年 8 月美国轰炸日本，核时代正在到来。核武器成为国际关系的因素之一，甚至是主导因素之一。核武器分为两类：建立在原子核裂变基础上的原子武器（英语：A-bomb）

和以热核合成物为基础的热核武器，或者氢武器（英语：H-bomb）。原子武器更简单、更便宜，但它拥有较小的威力。

核武器是大规模杀伤性武器，它用于大规模杀伤敌人，其作用范围不可选择——不是只针对武装力量，也针对平民。与其他类型武器相比，核武器具有最大的破坏力和持久的后果。由于这些特征，核武器被特别关注。

有趣的事例!

众多数据表明，在冷战年代用于军事需求的预算额在美国占到5%—10%，而在苏联达到了20%。

根据克克里和维特科普弗的资料，1999 年世界所有国家的军事开支总额约 7 450 亿美元。

联合国安理会的五个常任理事国——英国、中国、俄罗斯、美国、法国是“核俱乐部”的正式成员，或者核大国。正是这些国家于 1967 年 1 月 1 日前生产并试爆了核武器或其他核装置。根据 1986 年签订的核不扩散条约的第 9 条第 3 款规定，它们具有核大国的地位。拥有最大的核潜力的国家是俄罗斯和美国。

除了上述国家，还有许多其他国家也拥有核武器。比如 1974 年印度进行了核实验，而 1998 年印度和巴基斯坦也进行了核试验。通常认为，印度很可能拥有几十个核弹头，巴基斯坦拥有 10 个以上的核弹头。20 世纪 80 年代南非共和国生产了核装置，但接着它取消了自己的核计划，不仅销毁了装置，而且销毁了核装置的制造能力。据许多专家的看法，以色列拥有核武器。1994 年朝鲜同意冻结核计划，以换求人道主义帮助，但是对此尚无绝对可靠的资料。伊拉克核领域的研究使人担心，近年来联合国特别关注该国。

一些国家拥有生产核武器所必需的资源，但自愿放弃核武器生产（这包括日本，德国）。1991 年苏联解体后，许多原苏联的共和国拥有核武器。但是不久这些国家都自愿放弃了核武器。只有俄罗斯作为苏联的法定继承人保留了核武器。

与核武器一样，化学武器和细菌武器也是大规模杀伤性武器，同样引起现代世界的不安。化学武器指望在军事行动中运用各种有毒化合物以战胜对手。二元化学武器则采用低毒试剂，在战时通过相互作用形成高毒物质。细菌武器采用细菌、病毒及其生化产物。

与核技术相比，化学武器和细菌武器的生产相对容易和廉价，因此，这些武器被称为“穷人的武器”。同时这类武器具有很大的杀伤效果。政治不稳定、专制统治的国家及恐怖组织特别使人担心有可能使用这种武器。

在战事史上化学武器使用得很少。第一次使用是在 1925 年 4 月的第一次世界大战期间，当时使用了芥子气。由于担心将来可能使用化学武器，经多方谈判，37 个国家于 1925 年签订了《关于禁止在战争中使用窒息、有毒的或其他类似气体和细菌武器的日内瓦备忘录》。1927 年苏联加入了该备忘录，到目前为止，有 100 多个国家签署了该文件。“二战”期间，德国和苏联拥有化学武器，但是都没有使用。20 世纪 80 年代化学武器被伊拉克用来对付伊朗。

1925 年的备忘录规定不能使用化学武器，但没有涉及化学武器的生产和保存问题。问题在于，生产化学武器很难被发现，因为类似过程也可能是以和平为目的，然而，不止一次出现这种情况：某个国家被指责生产化学武器。比如，20 世纪 90 年代美国就对利比亚、苏丹和伊拉克产生了类似怀疑。

1993 年 1 月，在巴黎经过几年的谈判后，签订了《关于禁止研究，生产，储存和使用化学武器以及销毁化学武器的公约》。（英语：Chemical Weapons Convention，CWC）。到 2002 年初，145 个国家加入了该公约，但其中不包括伊拉克、利比亚、朝鲜。公约规定禁止生产化学武器，以及严格制裁破坏该条约的国家，包括没有加入公约的国家。统计资料表明，为了履行条约和销毁存留的化学武器，俄罗斯不得不花费 50 多亿美元。

细菌武器与化学武器在其生产，使用和控制上有许多相似的特点。但是，与化学武器不同的是，这类武器没有大规模地使用过，除“二战”期间日本在中国几个农村使用过以外。1972 年签订了《关于禁止研究，生产，储存细菌和有毒武器以及销毁该武器的公约》（英语：Biological and Toxic Weapons Convention，BWC），到 2002 年初，

140 多个国家加入了该公约。

大规模杀伤性武器需要运输工具（英语：delivery system）。拥有大规模杀伤性武器同拥有核武器及其生产技术一样，都会影响一个国家的军事政治地位。运输工具分为两类：战略的和战术的。

战略运载的目的是在对方领土上战胜敌人，它要求克服很长的距离（比如，俄罗斯与美国之间）。其主要工具是弹道火箭（英语：ballistic missiles）。弹道火箭因为飞行距离，命中准确率和装弹量的差别有所不同。弹道火箭可能是固定的，或者是移动的。移动的弹道火箭较少受到敌人的攻击。

洲际弹道火箭具有最大的活动半径（英语：intercontinental ballistic missiles）。俄罗斯和美国拥有这种武器。与这两个国家相比，其他核国家拥有的洲际弹道火箭要少得多。法国、英国等国装备的是中程火箭（英语：mediumrange missiles），俄罗斯和美国也有。中程导弹的活动半径从 1 000 千米到 5 500 千米。俄罗斯和美国在 1987 年签订条约，彼此限制在欧洲大陆部署中程火箭的行动。短程火箭的活动半径从 500 千米到 1 000 千米。一般说来，它具有更高的命中准确性。这种火箭也可以用来运输一般弹头，波斯湾战争时期就发生过这种情况。

巡航导弹也可用做运载工具（英语：cruise missiles）。这是一种体积不大的无人制导导弹，装有自己的动力装置。巡航导弹有高精度的用以击中目标的制导体系，即可携带核弹头（俄罗斯和美国拥有这样的巡航导弹），也可携带普通弹头。

除火箭外，运送武器，首先是核武器的战略工具还有轰炸机和潜水艇（也可装载火箭和核鱼雷）。这三类运输工具组成了所谓的战略上的三位一体，因此，在谈判裁军和限制军备时它们通常被认为是一个整体。

战术核武器是用以战场实施军事行动时使用的。这些核武器以核弹头形式在战术火箭、炮弹、水面战舰、多目标潜艇、航空、核地雷上使用。

在研究核战略时，美国专家最初的出发点是敌人应该被消灭。因此，在军事政治分析家中产生了“相互确保摧毁”的术语（英语：mutual assured）。该术语描述了核对抗的可能结果，即实施核打击，歼灭敌人。晚些时候，当“相互确保摧毁”的思想逐渐失去意义时，这种无意义特别明显地体现在古巴危机时期，美国的军事战略开始转向“等量回击”原则上。该原则的意义在于，反击应与所造成的损失相等。

冷战年代诞生了与核战略一脉相承的“核遏制主义”（英语：doctrine of nuclear deterrence）。“核遏制主义”的出发点是，使用核武器的可能性本身就阻止了敌方的侵略。该主义建立的前提是：国际关系的参与者力争更加理智地表现自己，以避免使用核武器带来的毁灭性后果。遵守“核遏制主义”的国家应该相信，核威胁不止停留在口头上；国家在受到侵略时，核武器确实可能被使用。

“核遏制主义”也有其反对者。他们的论据在于，首先，根据冲突会逐步发展的逻辑，核遏制本身最终会导致核冲突；其次，如果发生偶然性的失误，而这一失误被对方理解为核攻击，就将导致不可避免的结局。

在核防卫领域也进行了研究。美国制定了“主动防御战略”（英语：Strategic Defense Initiative，SDI），或所谓的“星球大战”。它在20世纪80年代里根总统执政时期获得了发展，其实质是企图为美国建立防御盾牌，以应付核威胁。但在实践中这一思想尚未付诸实施。

军事政治领域里的一个最重要的问题，是不扩散大规模杀伤性武器，首先是核武器，以及核武器运输工具。当拥有大规模杀伤性武器的国家数量增加时，所谓武器的水平扩散（英语：horizontal proliferation）和垂直扩散（英语：vertical proliferation）是不同的。垂直扩散意味着拥有核武器的机会增加了。然而，在谈到不扩散核武器时，首先指的是水平方式。

对不扩散问题存在着不同的观点。秉持国际关系研究现实主义观点的作者，整体上更平静地对待这个问题，他们不把扩散看做特别危险的问题，因为正如他们所认为的，国家将理智决策，不会诉诸核武器。沃尔茨对此的观点很有代表性，他的出发点是“核俱乐部”的扩大甚至能够维护和平，因为威慑因素起了作用，可以制止双方的军事对峙。

同意其他理论观点的研究人员和分析家持相反的看法。对他们而言，不扩散问题极为重要，因为他们看到，和平的主要威胁就是大规模杀伤性武器的扩散。同时，他们不无根据地强调说，国家，首先是其领导人，可能会行动过激。此外，在现代条件下，大规模杀伤性武器有可能落到恐怖主义组织手中，还有，令人不安的也包括：由于保存大规模杀伤性武器和人为错误等原因导致的基因灾难。

拥有核武器的国家对核不扩散问题也十分敏感。他们极力限制拥有核武器及相应技术的国家数目。然而，这个问题还有另一方面，即生产核武器使用的技术与生产和平原子动力所使用的技术密不可分。

控制核武器运载工具要比控制核武器更困难。目前，伊拉克、伊朗、以色列、沙特阿拉伯、印度、巴基斯坦、朝鲜，可能还有巴西和阿根廷都在研制中短程火箭。冷战期间许多国家储备了大量军火。结果，裁军及军备控制问题在今天仍然是世界政治的一个核心问题。所谓军备控制，是指两个或者更多的国家致力调整该领域的关系。

1962 年，当火箭核冲突变得明显时，古巴（加勒比）危机极大地推动了裁军谈判的进程。此后不久，1963 年 8 月苏联、美国、英国的代表在莫斯科签订了《关于禁止在大气，太空和水下进行核实验的条约》（英语：The limited Test Ban Treaty）。该条约具有无限期的特点，而且签署权是开放的（后来 100 多个国家加入了该条约）。

1968 年签订了《核武器不扩散条约》（英语：Non-Proliferation Treaty，NPT），1970 年 5 月 5 日该条约获得了进一步发展（187 个国家加入了该条约）。

《核武器不扩散条约》的参与国分为两类：1967 年 1 月 1 日前拥有核武器的参与国（英国，中国，苏联，美国，法国）和不拥有这类武器的参与国。无核国家承诺不拥有核武器，承诺完全遵守国际原子能机构（英语：International Atomic Energy Agency，IAEA）的基本章程，该机构对核技术的发展和扩散实行监管。问题在于，许多拥有核武器或是核武器潜在拥有国的国家没有签署不扩散条约（例如，以色列）。1993 年朝鲜退出了国际原子能机构。但正如上文指出的那样，后来，朝鲜又进行了谈判，并保证冻结其核计划以换求经济援助。2002 年 9 月，朝鲜再次宣布继续核计划。

总的来说，必须建立核不扩散制度。根据以奥尔洛夫和索科夫为首的俄罗斯研究者的研究，所谓核不扩散制度，是指由核国家、非核国家及各国立法部门参与的国际条约和组织的总和，其目的是防止

1967 年前不拥有核武器的国家获得核地位。

20 世纪 70 年代，裁军及军备控制领域签订了许多重要条约。其中包括 1972 年签订的《限制反导弹防御体系条约》（英语：Antiballistic Missile Treaty，ABM）。该条约限制各方——美国和苏联/俄罗斯——采用反导弹防御体系反击核攻击。2000 年初，美国开始制定关于可能退出反导弹防御体系，建立自己的反导弹防御体系的计划。其依据是，历时 13 年的条约已不符合当代现实。据美国的官方声明，21 世纪的威胁不是来自俄罗斯，而是来自恐怖组织，2001 年 9 月 11 日的事件特别清楚地说明了这点。此外，尽管没有大肆渲染，预计国家反导弹防御体系将成为美国新技术发展的动机。

美国单方面试图退出反导弹防御条约已使俄美关系复杂化。许多其他国家，包括北大西洋公约组织的欧洲伙伴，也小心翼翼地对待美国的这些计划。主要的担心归结为一点：俄美条约的破坏可能引发完全无法预测的后果。如果遵守原来的协议会使其他国家也如法炮制，那么条约的破坏会刺激这些国家制定自己的“游戏规则”，在世界政治共同转型期，恐怖主义威胁增加的条件下，这样做会特别危险。2001 年，美俄总统一系列会晤时，达成在国家反导弹防御领域进行磋商的协议，但各自的立场还是不一致。2001 年末美国正式通知俄罗斯退出 1972 年条约，而 2002 年 6 月美国退出了该条约。

1972 年的《临时协议》和 1979 年的《限制战略进攻性武器条约》（英语：Strategic Arms Limitation Treaty，SALT）也是冷战时期限制军备领域的重要文件。20 世纪 90 年代签订的条约是前两个条约的继续。《缩减和限制战略攻击性武器条约 1》（英语：Strategic Arms Reduction Treaty，START1）于 1991 年签订。按照该条约，美国和俄罗斯应该缩减自己的战略武器库约 30%。来年又继续进行了谈判。1993 年 1 月 3 日在莫斯科签订了《缩减和限制战略攻击性武器条约 2》（英语：Strategic Arms Reduction Treaty，START 2），8 年后俄罗斯才批准了该条约。该条约要求再缩减留存武器的 50%，据此，俄罗斯可以拥有 3 000 个核弹头，而美国可以拥有 3 500 个。然而，该条约未被美方批准。实质上，有效的条约只有《缩减和限制战略攻击性武器条约 1》。2002 年 5 月两国总统在莫斯科会晤，结果签订了俄美两国间的新的战略关系的共同宣言，其中重申 1991 条约仍有效。

还有一个条约——《苏联与美国关于销毁中短程导弹的条约》（英语：Intermediate Nuclear Forces Treaty，INFT），签订于1987年。该条约旨在限制中短程导弹的数量，以及各方在欧洲安放的发射装置的数量。该条约与《缩减和限制战略攻击性武器条约1》一样，对核查程序进行了规定。

经长期谈判，1996年签订了《禁止一切核实验条约》（英语：Comprehensive Test Ban Treaty，CTBT），旨在进一步限制核军备领域的研发。该条约在2002年4月得到国家杜马的批准。然而，该条约只有在得到拥有相应核军备技术的国家（共44个）的批准之后才能付诸实施。这一计划有一系列复杂点。比如1999年美国参议院投票反对批准该条约。印度没有签订该条约，并进行了一系列核实验。巴基斯坦也是如此。

目前，缩减核潜力是迫切的问题，这个领域的谈判仍在进行。1997年，美国和俄罗斯在日程工作过程中就《缩减和限制战略攻击性武器条约3》的主要条款达成协议。根据该协议，双方的核潜力限制在2 000个弹头范围内。但是，美国和俄罗斯的核潜力比其他核大国，包括法国、英国等国要大得多。法国、英国等国各拥有几百个核弹头。同时，法国等国致力于本国运输工具的研发，而英国选择使用美国系统。

控制核威胁的一个重要方面是建立无核区或者无核武器地区（英语：Nuclear-weapon-free Zone，NWFZ）。1956年，苏联首先倡议在欧洲建立这样的地区，其规定禁止推广军用原子化合物和任何一种原子和氢武器。接着20世纪60年代，宣布在巴尔干半岛、地中海和亚德里亚海地区、远东、近东和中东，以及世界其他地区建立无核武器区的设想。经过长期谈判、外交努力和各种组织的活动，共达成了四个无核区协议——拉丁美洲（特拉特洛尔科条约），太平洋南部（拉罗汤加条约），东南亚（曼谷条约）和非洲（佩林达巴条约）。还有其他一些地区也可能出现无核区，包括朝鲜半岛、中欧和东欧、中亚。1996年，在发展中国家的倡导下，以129票赞成，3票反对（英国、美国、法国），38票弃权（包括俄罗斯）通过了联合国大会关于宣布南半球为无核区的决议。

常规武器也受到政治家和社会各界的极大关注。常规武器在现代冲突中被广泛运用。比如，20 世纪 90 年代初，伊拉克在海湾战争中使用了常规武器用以占领科威特和对以色列进行导弹袭击。前南斯拉夫和 20 世纪 90 年代至 21 世纪初的其他地区的冲突中，常规武器也被使用了。1990 年签订了《欧洲常规武装力量条约》（英语：Conventional Armed Forces In Europe Treaty，CFET）。该条约考虑到北约和华约所拥有的军火，要求缩减欧洲的常规武器。谈判持续了 17 年才达成协议。然而，该条约签订以后，华约解体了，但签约国仍遵守该条约，尽管由于欧洲冲突的爆发，存在破坏条约的现象，比如在原南斯拉夫。该条约的地理范围从大西洋扩大到乌拉尔，但是，苏联解体后成立的中亚国家没能进入该条约。

由于国内冲突的扩散，反步兵地雷的使用成为一个严肃的政治问题，安装地雷是为了控制领土。阿富汗、波斯尼亚、安哥拉及其他冲突地点的雷区导致平民的大量牺牲，冲突结束后，牺牲人数仍继续增加。据戈尔斯泰因（J. Goldslein）的数据，每年有近 2 万 5 千人成为地雷的牺牲者，其中 1/3 是孩子。20 世纪 90 年代末，许多非政府组织主张禁止反步兵地雷，该运动的组织者威廉姆斯（J. Wiuiais）因此在 1997 年获得诺贝尔和平奖。同年 100 多个国家签订了《禁止使用反步兵地雷条约》。俄罗斯也加入了该条约。

在控制军备和裁军的道路上产生了不少障碍。首先，不得不考虑到某个国家可能破坏协议。因此，特别注重核查的各种程序，比如，使用“就地核查”（英语：Onsite Inspection，OSI）程序。条约经常规定这种方法。然而，核查并非能解决所有问题：国家会拖延核查的时间，对核查组成员提出异议等，就像 20 世纪 90 年代联合国对伊拉克的核查那样。此外，如果受核查的国家拒绝合作，那么核查的效果就微乎其微。另一个核查方法是使用国家的核查技术工具（英语：National Technical Means，NTM）——卫星，地震台等。但是，通过这些工具远不能完成核查：比如，确定一枚导弹携带什么弹药是很难的。

采用新科技研究成果，不断改进军备是一个严肃的问题。结果谈判及经过谈判所签订的协议，实际上总比现实状况慢了一拍。比如，带有分弹头的导弹——PTH UH（英语：Multiple Independently Targetable Reentry Vehicles，MITRVs）的出现，在导弹数量不变的情况下大大增加了击中不同目标的可能性。

在裁军道路上存在不少国内政治障碍。特别是许多分析家认为裁军根本不会缓和紧张局势。他们在本国的政治机构中发表了类似观点，从而影响了政治决策。附和他们的还有军工联合体的代表（英语：military-industrial complex），他们乐于增加军事订单，取得经济利益。

从整体上来说，尽管有许多困难，但是裁军及军备控制的进程一直是向前发展的。

第三节　武器供应与武器贸易

现代世界武器贸易的规模十分庞大。据美国官方看法，如果1964年军火总销售额约为40亿美元，那么1987年已达到82.4亿美元。尽管现在冷战已结束了，但是军火贸易还未终止。它主要供应给发展中国家。正是在那些国家经常出现最不稳定的政治和经济状况。

据格里梅特的数据，1991—1998年期间，美国军备供应总额超过了2 500亿美元，而且3/4的武器被发展中国家购买。近东作为主要的武器市场起着领头的作用。正如凯格利和维特科普夫指出的，1967年近东的武器供应量仅占总供应量的11%，而从1991—1994年期间，这个数字增加到了77%，而且，随着新“热点”的出现，情况可能还会发生改变。

冷战期间，美国和苏联是主要的武器出口商。其武器供应占到整个武器市场的50%—75%。冷战结束后，美国开始明显地占统治地位。据美国官方数据，超过40%的武器由美国出口。尽管20世纪90年代末至21世纪初，俄罗斯在军火供应上也活跃起来，但是美国在这一市场上仍然继续领先。

销售武器的收入常用于军事工业联合体的继续发展。然而把武器供应到国外的动机不仅是经济的，也是政治的。这是冷战期间的一大特点。比如，据克拉里（M. Klare）引用的资料，20世纪80年代，美国正是基于这种动机为59个国家供应武器，而苏联为42个国家供应武器。

有趣的事例!

根据格里梅特的资料，从1995—1998年间，世界军备市场结构如下：美国占28.3%；主要西欧国家占31.2%；俄罗斯——18.4%；中国——3.6%；其他国家——18.5%。

武器的供应与贸易使人警觉，因为很显然，与武器供应商经济政治上的"优点"并存的同时，也还有许多负面的东西。例如，军备供应的增加可能导致冲突加剧，特别是接收武器的国家政体不稳的情况下。据许多研究人员，包括克拉里、留蒙皮（L. Lumpe）、哈西蒙（A. Hashim）及其他研究人员的看法，武器贸易与武装冲突间存在者直接联系。这主要是因为，发生冲突的一方购买武器会导致另一方类似的行为。而且，有时双方从同一个供应国手中获得武器。

购买武器使国家领导人陷入两难境地，记者将其称之为"要大炮还是要黄油"。这一问题在发展中国家尤为尖锐。发展中国家常常作出不利于"黄油"的选择。结果，基本大众的贫困使国际社会必须解决许多随之而来的问题——与饥饿、疾病作斗争等。因此，产生了一个武器供应的道德责任问题。还应考虑到，在武装行动中常有儿童参加。据鲁尔克的资料，世界上50个国家近30万儿童卷入武装斗争。道德问题指的还有这种情况：如果武器供应给专制国家，那么这将使之政权巩固。甚至假如一开始武器就并不供应给专制国家，在不稳定的情况下（而武器绝大部分是供给这样的地区）总会有变更政体的危险。此外，不排除供应国"遭遇"自己卖出的武器的攻击的可能。在入侵科威特之前，伊拉克积极地从法国、英国、埃及买入武器，而这些国家后来反对侵占科威特。总的来说，给冲突的一方供应武器的同时，供应国会有卷入冲突的风险。

必须提到双用途产品的贸易，即既可以用做和平目标，又可用于战争目的（比如，许多化学合成物）的产品。在冲突及政治体系不稳定的条件下，对出售这类产品总是加以限制。近来，不受控制地将武器供应给同邻国起冲突的国家、各造反运动和各恐怖组织，引起越来越多的恐慌。据不同的资料，非法或者“半非法”市场占全部贸易的10%以上。

第四节　有组织犯罪、毒品交易和恐怖主义问题

20世纪末，安全问题越来越超出国家间的互动和裁军主题。随着全球化进程发展，“有组织犯罪”大为活跃起来。据俄罗斯研究人员马克西莫夫引用的资料，从20世纪80年代起，“有组织犯罪”每年增加5%。

“国际性有组织犯罪”的概念（英语：International Organized Crime，IOC）尽管广泛流传，但同时也很难定义。通常通过它所具有的一系列特点，如存在有组织的等级结构、角色分工、长期从事非法或者半非法贸易等，来对其进行不同的解释。在一些情况下，人们将有组织犯罪定义为同时从事合法和非法贸易的活动。

有组织犯罪集团成员的收入巨大。据1999年《经济学家》的观点，世界上所谓“脏钱”的总额，每年达到5 000亿到15 000亿美元，相当于地球产品总值的5%。

有组织犯罪的活动范围之一源于关税，许多商品要么免税，要么在不同国家区别很大。将这些商品从一个国家非法转移到另一个国家能给有组织犯罪集团带来巨额收入。有组织犯罪的另一个活动领域，是在冲突地区非法供应武器，从事违法活动，包括招收雇佣军等。中欧和东欧国家的私有化也引起有组织犯罪的注意。但是有组织犯罪最严重，最猖獗的一个领域是毒品交易。

毒品贸易由于其规模巨大，在安全问题中一向占有特殊地位，而由于全球化和由此产生的边界开放，毒品贸易更为猖獗。大量毒品从亚洲涌入俄罗斯，美国也遇到了来自哥伦比亚和许多其他拉丁美洲国家的类似问题。总之，近年来毒品的传播，据不同的看法，已增加了几十倍，获得了500%以上利润。

与毒品作斗争已成为当代生活的一个全球问题。同时，毒品生产主要是在经济不发达、内部冲突不断、军事和半军事体制的国家进行。现在毒品市场上罂粟花的主要供应者是阿富汗和缅甸。据戈尔斯泰因引用的资料，阿富汗鸦片的生产在1998—1999年间翻了一番，

占全球鸦片生产的3/4。不需要植物原料的合成毒品得到越来越广泛的传播。

与有组织犯罪，特别是毒品交易紧密相连的恐怖主义是最严重的问题之一，这一问题不仅在20世纪末到21世纪初变得更加尖锐，而且实际上已成为安全的主要威胁。然而，恐怖主义的新形式有许多新特点，首先是技术发展水平及其对世界可能造成的影响，其结果使大规模的恐怖行为可能由不多的一组人，甚至一个人完成。其次，现代世界恐怖组织的潜在目标（国家和文化象征，政府建筑物，大量人群聚积地等）及可使用武器的型号各种各样。最后，现代恐怖主义者，或据拉奎尔（W. Laqueur）的看法，后现代时代的恐怖主义者，伙同其他犯罪组织，在国家机关寻找同盟者，这导致了贪赃受贿现象。大量钱财用于收买政府官员和防止非法活动的特种部队。

但是就其本身而言，恐怖主义不是一个新现象。从古希腊和古罗马时代起，恐怖主义就已闻名于世。19世纪，恐怖主义曾同无政府主义及一些民族主义组织相联系。据一些作者，如基德（R. Kidder）的看法，从20世纪60年代起，恐怖主义真正成了一个国际问题。20世纪70—80年代，世界曾遇到过欧洲恐怖活动的回潮。

尽管恐怖主义现象已存在了许多世纪，但在理论方面这个问题很难定义。问题在于，对同一行为不同人有不同看法，既可被看做恐怖行为，也可被看做为自己权利而战。因此，联合国曾试图明确定义恐怖主义（美国，英国和其他国家也提出了不同标准），总之，还是没有取得成功。

但是，暴力行为或者暴力威胁是针对和平居民，而非仅针对政治反对者，这点在定义恐怖主义时无疑很重要。为了实现某些政治目的，恐怖活动正是针对平民实施的。恐怖主义在很大程度上着眼于获得心理效应。因此，恐怖分子通常故意让大众传媒对其行动广为传播。心理效应有许多目的，包括吸引对其组织及其目的的注意，炫耀自己的能力，在居民或者固定的集团中制造恐慌等。

在定义恐怖主义时，其另一个特点很重要：恐怖主义是由非国家参与者实施的。因此，任何一种武装行为，哪怕是无端和非法的武装行为（比如，伊拉克在20世纪90年代占领科威特）都不是恐怖主义。同时，国家可以给恐怖组织提供种种支持（包括金融支持，或给其提供基地，拒绝交出恐怖分子，赞同他们的行为等）。因此，出现了“国家恐怖主义”的术语。比如，美国按照自己的看法，甚至把一些国家称为是这类国家。但是，在这种情况下，国家事实上从来不对协助恐怖主义负责，同时，很难证明国家与这类事情有牵连。

20 世纪末至 21 世纪初的世界政治格局处于急剧的转变进程中，这一时期是恐怖主义发展的“肥沃土壤”。在现代全球化条件下，恐怖分子经常在国外活动。因此，谈到国际恐怖主义，就意味着恐怖活动使用的国家领土或者卷入的国家公民不止一个。即便今天也很难划分出国内恐怖主义和国际恐怖主义的界线，因为实际上所有足够大型的恐怖组织，都有与外国的联系。

思考题

你认为恐怖分子通过恐怖行动能达到自己的目的吗？

恐怖活动常常成为不同种族、宗教及团体的斗争手段，实际上它不仅是一种政治斗争手段，而且是一种有利可图的生意。不同的恐怖组织间都建立了良好的关系，包括军事和商业的联系。某些恐怖组织与犯罪集团互为利用，其中包括贩卖毒品。贩卖毒品所得的收入常常用做从事恐怖活动的资金。

令人特别担忧的是，恐怖组织可能得到现代武器及大规模杀伤性武器。1995 年 3 月，日本奥姆真理教在地铁使用麻痹神经的气体从事恐怖活动，使 10 人丧生，近 5 000 人被迫寻求医学救助。然而，2001 年 9 月 11 日的恐怖活动才造成了近年来最大的震动。众所周知，当时在美国的几架飞机被同时劫持，恐怖分子强迫飞机撞上纽约的世贸大楼以及五角大楼。还有一架飞机连同乘客坠毁。尽管该事件已成功避免了更大的牺牲，其攻击力仍可与导弹攻击的毁灭性效果相比。

这次的恐怖行动提出了许多其他的安全问题。首先，许多研究只关注对导弹飞行时间的计算。现在，仅仅这个数据是不够的。其次，必须确定侵略的源头。如果从前在战略概念上“侵略者”是指一个或者几个国家，那么今天这个概念变得极为不确定。一般来说，国际恐怖分子一方面在不同国家拥有基地，另一方面不直接、不公开地与国家机构联系（如果排除贪赃受贿的可能性的话）。正如已经显现出来的，恐怖组织是世界舞台上的独立参与者。其威胁本身极其不确定：今天用民航飞机撞击建筑物，明天可能往大城市的水里投毒，或者在地铁里进行毒气攻击。最后一个重要方面与2001年9月11日的教训有关：某些国家的政府（甚至像美国这样强大的国家）和整个国际社会都没有准备好作出相应的回击。2002年10月23—26日莫斯科发生的悲剧事件——剧院扣押人质事件，再一次证实了现代安全威胁的新特点：突如其来（甚至没有几分钟可做准备以应对袭击），目标及袭击手段多种多样。

现代恐怖主义的另一种表现是控制恐怖主义，包括信息恐怖主义，它可使电脑系统和网络系统的工作失去稳定性。考虑到这些系统在现代世界中的作用，很容易想象，由此在运输、通信、能源供应、政府和警察机构——即所谓的现代社会的“关键性基础设施”的工作中引发的巨大混乱的后果。我国研究人员费奥多罗夫指出：“控制恐怖主义的特点在于，它是另一种更大规模，并且拥有另一种目的的恐怖行为的组成部分或者保障手段。更有甚者，可以期待，正是它会成为未来所有超级恐怖活动的实质和必然要素（如果这一灾难没有被成功预防的话）。”

不同的国际参与者都对信息恐怖主义的威胁有了清醒的认识。据一本电脑杂志（*Information Week*）的看法，病毒和黑客活动仅在2000年一年给经济造成的损失约16亿美元。这年5月在巴黎就电脑恐怖主义举行了“八国”专家级别的会晤。专家们表达了这样的看法：控制恐怖主义的威胁对人类而言是一种危险，它可与核战争，化学战争及细菌战相提并论。

所有这一切促使所有国家在与恐怖主义的斗争中协商行动。比如，通过了一系列国际协议，包括关于保障民航和海路运输安全的协议（1963年、1970年、1988年的国际公约）；关于与劫持人质作斗争的协议（1979年）；关于保护核材料的协议（1980年）。国际恐怖主义在1985年的联合国大会上受到了谴责，这次大会通过了相应的决议。有关与恐怖主义作斗争的问题不止一次在国家首脑会晤期间，包括“八国”成员会晤期间，以及这些国家组织的低一级别的会议上（比如，渥太华——1995年，巴黎——1996年，莫斯科——1999年）提出来。

在许多国家，包括俄罗斯，都有专门的机构与恐怖主义作斗争，各国的协调行动实际上由这些机构以及国际刑警组织实施。

关键术语

国家安全
区域安全
国际安全
军备竞赛
核武器
武器运载工具（战略的和战术的）
弹道火箭
洲际弹道火箭
中程导弹
短程导弹
巡航导弹
核遏制学说
相互确保摧毁
主动防御战略
大规模杀伤性武器
有核国家
化学武器
双重武器
生物武器

核武器的不扩散问题
裁军与军备控制
关于禁止在大气，太空和水下进行核试验的条约
核武器不扩散条约
国际原子能机构
限制反导弹防御体系条约
限制战略进攻性武器条约（条约1和条约2）
缩减和限制战略进攻性武器条约（条约1和条约2）
苏联与美国关于销毁中短程导弹的条约
全面禁止核试验条约
无核武器的无核区
欧洲常规武装力量条约
就地核查
军事工业综合体
军火交易
双用途产品
国际有组织犯罪
毒品交易
恐怖主义

《关于禁止在战争中使用窒息的、有毒的或其他类似气体和细菌武器的日内瓦备忘录》

《关于禁止研究，生产，储存和使用化学武器以及销毁化学武器的公约》
《关于禁止研究，生产，储存细菌和有毒武器以及销毁该武器的公约》

战略的三位一体	行贿受贿
等值的回击	控制恐怖主义

讨论题

如何理解国家、区域、国际安全？

有哪些核武器类型及其运载工具？

使用化学武器的实质是什么，历史是怎样使用的？

关于禁止化学和生物武器达成了什么协议，是什么时候达成的？

不扩散问题是什么？

哪些国家属于“核俱乐部”？哪些国家有获得核武器的可能性？哪些国家自愿放弃核武器或者中断核计划？

在裁军和军备控制方面签订了哪些最重要的条约，在何时？

武器贸易和武器供应问题的本质是什么？

什么是现代恐怖主义？在与现代恐怖主义作斗争中采取了哪些措施？

与毒品贸易斗争的困难是什么？

实践题

运用参考资料，仔细研究某一地区武器供应与加剧或缓和冲突关系之间的相互关系。

参考文献

《俄罗斯联邦国家安全法》（由俄罗斯联邦总统 1997 年 12 月 18 日发布的第 1300 号命令所批准：俄罗斯总统 2000 年 1 月 10 日发布的第 24 号命令）。

阿夫杰耶夫：《现代恐怖主义的现状与前景》，莫斯科，2000。
斯德哥尔摩国际和平问题研究所2000年年刊：《武器，裁军和国际安全》，莫斯科，2001。
对军备和军事活动的核查（参考书），莫斯科，2001。
费奥多罗夫：《现代国际关系中的军事因素》，载托尔库诺夫主编：《现代国际关系》，莫斯科，2000，第121—162页。
尤里耶娃：《国际安全问题》，载《俄罗斯联邦的外交政策》（1992—1999），莫斯科，2000，第51—77页。
奥尔罗夫、索科夫：《核不扩散》（1—2卷），莫斯科，2002。

网络资源

ПИР 中心杂志：http://www.pircenter.org
Bulletin of the Atomic Scientist：http://www.bulatomsci.org
Center for Nonproliferation Studies：http://cns.miis.edu/index.htm
The Arms Control Association：http://www.armscontrol.org
美国国务院关于恐怖主义问题网站（官方声明，文件）：http://www.usis.usemb.se/terror/index.html

第九章　现代社会的冲突

第一节　20世纪末21世纪初冲突的特点

毫不夸张地说，冲突与世界一样古老。在签订《威斯特伐利亚和约》之前——即在民族国家体系产生之前，冲突就曾经存在，冲突现在还是存在。将来冲突与纷争很可能也不会消失，因为，正像一位研究人员——莱（R·Lee）的格言式论断所说，没有冲突的社会就是死寂的社会。此外，许多作者，包括科泽尔（L·Coser）强调说，导致冲突的矛盾有许多正面的作用：吸引对问题的注意力，迫使人们寻找摆脱最复杂状况的出路，预告不景气——以此促进世界的发展。的确，未必能成功避免一切冲突。另一个问题在于，以什么方式解决这些冲突——是通过对话以寻找双方都可接受的解决方法，还是通过武装对抗。

在谈到20世纪末至21世纪初的冲突时，必须提到两个最重要的问题，这两个问题不仅有理论意义，而且还有实践意义。

- 冲突的性质是否改变了（如果是，那么体现在哪里）？
- 在现代条件下如何预防和调整冲突的武装形式？

对这两个问题的回答，直接关系到对现代政治体系特点的确定，关系到对该体系可能产生的影响。冷战结束后，人们立刻产生一种感觉，世界处于无冲突生存时代的前夕。在科学研究界，弗库雅玛最清楚地表述了这一观点。他曾宣告历史的终结。虽然与民主党相比，20世纪90年代初当政的共和党当局不那么倾向于鼓吹新自由主义观点，但是该观点在官方，比如美国，却得到非常积极的支持。在谈到海湾战争冲突时，老布什总统声称：“冲突中断了短暂的希望。但是我们见证了一个没有恐怖的新世界的诞生。”

世上的事件的发展却出乎意料。冷战结束后，使用暴力的局部和区域冲突的数量反而增加了。斯德哥尔摩国际和平问题研究所的资料就证明了这一点。斯德哥尔摩国际和平问题研究所是分析冲突问题的主要国际中心之一，而且它所研究的冲突要么是在发展中国家，要么是在原苏联或者原南斯拉夫领土上。据我国作者李森科的看法，仅在后苏联时代，20 世纪 90 年代共有近 170 个冲突地区，其中的 30 次冲突是以积极的方式进行的，而其中 10 件冲突竟然发展到使用武力的程度。

冷战结束后不久，冲突的发展使得“二战”后相对安宁的大陆——欧洲冲突不断，许多研究者开始提出各种不同的与世界政治领域潜在冲突增长有直接关系的理论。亨廷顿及其关于文明冲突的假说，是这一流派最典型的代表之一。然而，据斯德哥尔摩国际和平问题研究所的资料，20 世纪 90 年代下半期，世界的冲突及冲突点开始减少。1995 年世界共 25 个国家发生了 30 起大型武装冲突，1999 年发生了 27 起，也是在地球的 25 个地点，而 1989 年冲突共发生 36 起，分别在 32 个地区。(图 9.1)

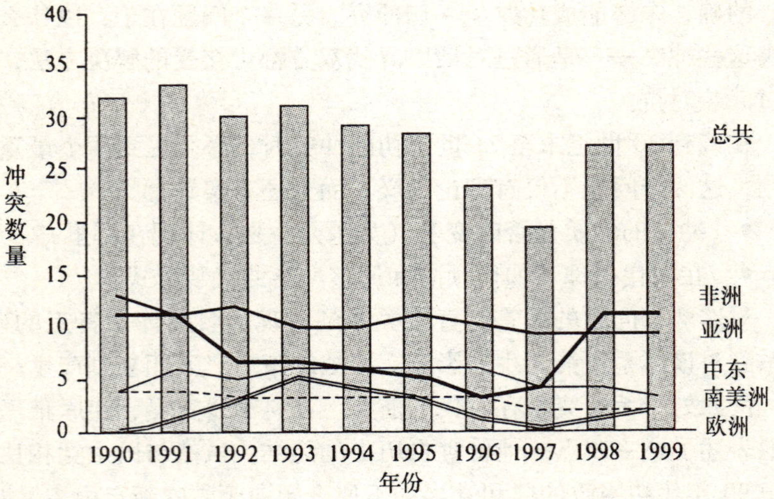

图 9.1　1990—1999 年大的地区性武装冲突统计图

资料来源：斯德哥尔摩国际和平问题研究所 2000 年年刊。

应该指出的是，有关冲突的资料由于出处不同而有所不同，因为哪些冲突应属于“暴力水平”，还没有一个明确的标准（如：冲突中被杀或受害者的人数，冲突的时间长短，冲突双方的关系特点等），使得人们把所发生的事情看做冲突，而不是事件、刑事斗殴或恐怖活动。比如，瑞典研究人员索伦贝里（M·Sollenberg）和瓦伦斯腾（P·Wallensteen）将大型武装冲突定义为两个或两个以上，或一个政府的武装力量同至少一个有组织的武装集团之间的持续对抗，由于军事行动导致了冲突期间不少于1 000 人死亡。也有作者将这一数据确定为100 人甚至500 人死亡。

整体上说来，在谈到地球冲突发展的总趋势时，大部分研究人员同意以下观点：20 世纪 80 年代末至 20 世纪 90 年代初冲突数量产生某种回潮后，20 世纪 90 年代中期其数量减少了，从 20 世纪 90 年代末起，其数量继续保持在同一个水平上。

然而，由于全球化条件下冲突可能扩散，由于生态灾难性的发展（这足以让人回忆起伊拉克攻打科威特时点燃波斯湾的油井），由于大量难民及平民受难所造成的严重的人道主义后果等，现代冲突给人类造成了严重的威胁。欧洲发生的武装冲突引起人们的关注。欧洲发生过两次世界大战，人口极为稠密，有大量的化学及其他生产部门，武装战争时期这些生产部门的毁坏，可能导致技术基因的大灾难。

现代冲突发生的原因是什么？不同的因素促使了冲突的发展。存在下列这些问题：武器的扩散，武器使用的失控以及在加强相互依存性时，工业国和原料供应国之间的复杂关系等。还有加上都市化的发展和人口向城市的迁移，许多国家对此毫无准备，包括非洲国家；民族主义和原教旨主义的增长，正是对全球化进程发展的回应。冷战时期具有全球特点的东西方对抗，在某种程度上“取消”了较低层次的冲突，这点非常重要。超级大国极力想控制冲突，它们明白，如果不这样，地区冲突可能变为全球战争，然而，这些冲突还是常常被超级大国用做其军事政治对抗的工具。因此，尽管两极世界存在残酷的对抗，但是在最危险的情况下，两极世界的领袖还是协调行动，共同降低紧张度，以避免发生直接冲突。比如，冷战时期的阿以冲突进程中，曾几次发生过这样的危险。当时的每个超级大国都对其盟国施加影响，以降低冲突关系的紧张气氛。两极结构瓦解后，地区和局部冲突在很大程度上都“过上了自己的日子”。

在影响近来冲突发展的大量因素中，特别应该指出世界政治体系的重建，及其对长时间占统治地位的威斯特伐利亚模式的“背离”。这一转变和过渡进程与世界政治发展的主要方面有关。

在新的条件下，冲突获得了完全另外一种特点。首先，国家中心世界政治模式繁盛时期的典型的“经典”的国与国间的冲突，实际已从世界舞台上消失。据研究人员索伦贝里和瓦伦斯腾的资料，1989—1994年间，世界上所发生的94起冲突，只有4起可以被认为是国与国之间的冲突。据斯德哥尔摩国际和平问题研究所年刊的另一位作者塞博尔特（T·B·Seybollt）的看法，1999年发生的27起冲突，仅2起是国与国之间的冲突。总的来说，据某些资料报道，在很长一段时间内，国与国之间的冲突数量减少了。而且，在此应该做一个补充说明：当双方相互承认对方的国家地位时，所谈的就是“经典”的国与国之间的冲突。这点得到了其他国家和主要国际组织的承认。在许多以分裂领土，宣告成立新国家为目的的现代冲突中，宣告自己独立的一方正是坚持主张冲突的国际性质，尽管没人（或者几乎没人）承认它是国家。

发生在一国范围内的国内冲突取代了国与国之间的冲突。它可以分为三类：

- 中央政权和种族宗教集团之间的冲突；
- 不同种族或者宗教集团之间的冲突；
- 一个国家（或多个国家）与非政府（恐怖主义）机构之间的冲突。

上面所说的几种冲突是所谓的同一性的冲突，因为它与自我同一化问题有关。20世纪末至21世纪初，同一化更主要地不是像过去那样建立在国家基础上（人们将自己视为某一国家的公民），而是建立在另一基础上，主要是种族和宗教基础上。在美国研究人员拉斯穆森（J·L·Rasmussen）看来，1993年发生的2/3的冲突可以确定为“同一性冲突”。同时，根据著名美国政治活动家塔尔博特（S·Talbott）的意见，不足10%的现代国家在种族上是同源的。也就是说，90%以上国家有种族问题。当然，上述论断是夸大其词的。但是民族自决，民族同一化问题仍然是最重要的问题之一。

同一化的另一个重要参数就是宗教因素，或者，更广义地说，就是亨廷顿称之为文明化因素的因素。除了宗教，它还包括历史观点，文化传统等。

在整体上说，国家功能的变化，常常不能保证安全及个人的同一化，使同一化不能保持从前国家中心世界模式鼎盛时期那样的水平，这会造成不确定性的加剧，造成旷日持久的冲突——时而平息，时而重新爆发。同时，国内冲突与其说是双方利益的冲突，不如说是价值观（宗教，种族）的冲突。就此达成妥协是不可能的。

现代冲突的国内特点，是有几个参与者（不同的运动，不同的组织等）及其领导以及结构为组织的参与。而且每一个参与者常常表达自己的要求。这使调解冲突极为困难，因为它要求马上使许多人和运动达成一致。利益越一致的地区，越能寻找到相互接受的解决方法。随着双方数量的增加，这些利益一致的地区会缩小，这可以用图表很好地说明（图 9.2）。

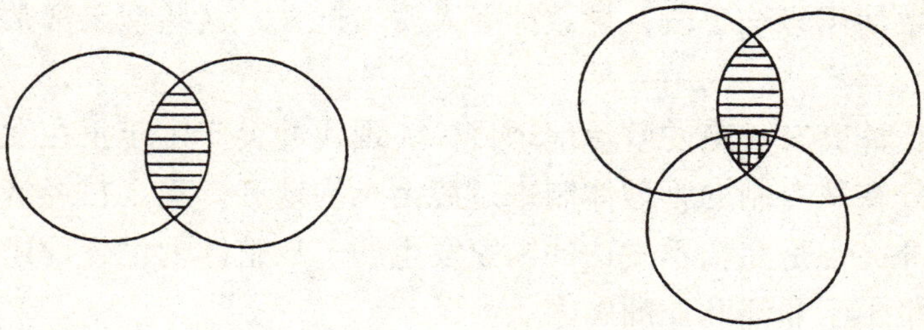

图 9.2　随着双方数量的增加，利益一致的地区减少了

除了“内部”参与者，大量“外部”参与者——国家的和非国家的参与者，也对冲突加以影响。属于非国家组织的，比如有提供人道帮助的组织，寻找冲突中失踪者的组织，以及商业，大众传媒等。这些参与者对冲突发展的影响常有着不可预见性。由于冲突本身的多面性，冲突具有“多头蛇”的特点，其结果会导致国家监督的进一步削弱。因此，许多研究人员，如明茨（A. Minc）、卡普兰（R. Kaplan）、布思（K. Booth）、哈维（R. Haruey），开始将 20 世纪末与中世纪的一盘散沙进行比较，开始谈论“新的中世纪”，未来的

“混乱”等。根据这些观点，对一般的国与国之间的矛盾今天还要补充一点，即由文化及价值观的差异，行为的共同衰减等所引发的后果等。国家太弱小了，弱小到不能解决所有这些问题。

造成冲突可控制性的减弱，也是冲突所在国内部发生的其他进程所造成的。用于在国际冲突中投入战争的正规军，无论从军事和心理观点来看，特别是因为要在本国采取军事行动，并不能很好地适用于解决内部冲突。在这种条件下，军队常常道德涣散。国家整体的衰弱，会使正规军的经费供给恶化，还会导致国家丧失对本国军队的监控。同时，在许多情况下，国家对国内所发生事件监督的削弱，使冲突地区变成独特的行为“模式”。

应该说，在国内，尤其是在旷日持久的冲突条件下，不仅中央政权，而且地方本身对局势的控制都削弱了。各种运动的领袖们不能长期维持战友们的纪律，战地指挥员们则不受控制，独立地进行袭击作战。武装力量分裂成几个常常相互冲突的集团。卷入国内冲突的力量常常信奉极端主义，其信条是为达目的，“不惜一切代价走到底”，不顾一切不必要的痛苦和牺牲。极端主义和狂热的极端表现，导致使用恐怖手段，导致掠夺人质。近来，这些现象常常伴随着冲突。

现代冲突有一定的政治地理目标。现代冲突产生于正在发展的地区或尚处在从专制的管理体制中过渡出来的地区。甚至在经济发达的欧洲，冲突也是在较不发达的国家发生的。从整体上说，现代武装冲突首先集中于非洲和亚洲国家。

大量难民的出现也是使冲突地区情况复杂化的一个因素。由于卢旺达冲突，1994 年近 200 万人口离乡背井，来到坦桑尼亚、扎伊尔、布隆迪。这些国家没有一个能对付难民潮，给难民提供最基本的生活必需品。

现代冲突从国与国之间的冲突转向国内冲突变化并不意味着其国际重要意义的下降。相反，由于全球化进程及 20 世纪末至 21 世纪初本身就包含冲突的一些问题，由于大量难民涌入其他国家以及许多国家和国际组织都参与解决冲突，国内冲突越来越明显地具有国际色彩。

思考材料

英国外交家罗伯特·库贝尔写道，大部分现代大国不想打仗。获得新的领土并没有带来更大的利益，合并新的民族对大部分国家而言成为了一个噩梦。

Cooper R. *International Herald Tribune*, 1997, September 19, p. 8.

思考题：

你同意这种观点吗？是否意味着21世纪国家之间将不会发生领土引发的冲突？

重要的观点!

20世纪末至21世纪初的冲突具有以下特点：

- 国内性质；
- 国际反响；
- 国家认同感的丧失；
- 参与冲突及冲突调解的多方性；
- 双方行为的极度非理性；
- 较差的可控性；
- 高度的信息不确定性；
- 带有价值观（宗教的，种族的）冲突。

分析冲突时的一个最重要的问题是：为什么其中一些冲突可以通过和平手段得到解决，而另一些冲突发展成为武装对抗？从实践角度对这个问题作出回答十分重要。然而，从方法论上发现导致武装冲突的多种因素其实并非轻而易举。试图回答这一问题的研究人员，通常分析下列两组因素：

- 结构性因素，或者如冲突学上所称的——独立变量（社会结构，经济发展水平等）；
- 程序性因素，或者从属变量（无论是冲突的参与者，还是第三方所采取的政策，政治活动家的个性特点等）。

结构性因素常常也被称之为客观因素，而程序性因素被称为主观因素。在此政治学与其他学科，其中包括分析民主化问题的科学有明显的类似。

冲突通常分为几个阶段。美国研究人员普鲁伊特（D. Pruilt）和鲁宾（J. Rubin）将冲突的发展周期与三幕剧的情节的发展进行比较。第一幕确定冲突的实质；第二幕冲突达到顶峰，而后是僵持或峰回路转；最后，第三幕冲突关系消退。预先的研究令人有理由认为，在冲突发展的第一阶段，结构性因素“设置”了某种“门槛”，它在冲突关系发展中具有危机性。这组因素的存在无论对冲突的整体发展，还是对冲突的武装形式的实现都是必要的。这时，结构性因素表现得越清楚，结构性因素“动用”得越多，武装冲突的发展越有可能（在有关冲突的文学作品中，常把冲突发展的武装形势与冲突的升级等同起来），政治家的活动范围就会变得越来越窄（程序性因素）。换句话说，结构性因素决定了武装冲突发生的潜力。冲突，尤其是武装冲突，毫无主观原因地发生在“空白处”，这是十分令人质疑的。

第二阶段（高潮阶段）主要是程序性因素开始发挥特别的作用，包括政治领袖们将目标锁定在克服冲突的单方（冲突的）或者与对方共同的（谈判的）行动上。这些因素的影响（即政治解决有关冲突和冲突未来发展的谈判）很明显地体现在以下方面，比如，试比较车臣和鞑靼斯坦冲突发展的高潮点，1994 年政治领袖的行为在车臣导致了武装冲突，而在鞑靼斯坦用和平手段解决了冲突。

因此，可以很概括地讲，在研究冲突的形成过程时，首先应该仔细分析结构性因素，而在揭示冲突的解决方式时，首先应该仔细分析程序性因素。

第二节　影响冲突的形式和手段：为了预防冲突和和平解决冲突

当代解决冲突的方法主要取决于冲突的特点。目前，科学和社会实践在原则上拥有足够的技巧来解决这个问题。

联合国对解决冲突的程序和方法赋予重要意义。联合国宪章第六章第33条说："参与任何争端的双方，当争端的延续会威胁到保持国际和平与安全时，双方首先应该努力选择通过谈判，调查，斡旋，调解，仲裁，法院审理，诉诸地区官方机关或者达成协议，或者其他和平方法，来解决争端。"1988年联合国因其积极参与维和活动而被授予诺贝尔奖。

20世纪90年代初，联合国参与解决和预防冲突公开化的积极性增强了，其维和使团的数量也增加了（见图9.3）。1992年，当时的联合国秘书长加利曾提出过详细的"和平议事日程"（英语：agenda for peace），其中详细地论述了和平解决和预防冲突的不同程序。总之，20世纪90年代下半期以及21世纪初，联合国曾非常关注维和问题。2001年联合国及其秘书长科菲·安南因其在该领域的活动曾被授予诺贝尔和平奖。

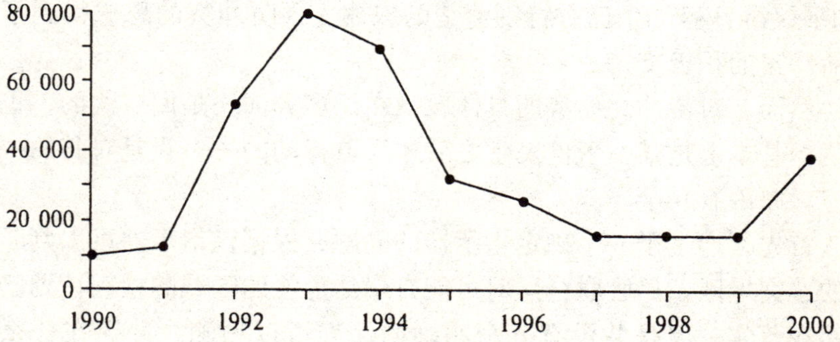

图9.3 1990—2000年联合国维和力量分布图

资料来源：B. 维特、R. 里特尔、M. 史密斯：《世界政治中的问题》（第2版），纽约，2001，p.15.

由于冲突给地区安全造成了严重威胁，解决冲突是许多地区政府间组织，包括欧洲合作组织，非洲统一组织等关注的焦点。非政府组织（"医生无国界"等）也参与解决这些问题。但是严峻的问题是，现代国内政治冲突，由于其种族和宗教成分，很难受到影响。它们涉及参与者深层的价值观和情感内容，因此一般说来，需要很长一段时间来调解。

解决和预防冲突的活动，根据其情况、威胁的性质、发展的阶段，包括一系列措施——从斡旋和监督协议的履行到军事行动。这其中的许多方法是在20世纪末研究和实行的。整体说来，影响冲突以使其和平解决是通过以下几点来实现的：

- 预防性外交（英语：preventive diplomacy）；
- 维护和平（英语：peace keeping）；
- 缔造和平（英语：peace making）；
- 恢复和平（英语：peace building）。

使用“预防性外交”是为了不让冲突变为武装冲突。它包括使冲突双方“恢复信任”的有关活动；包括查明破坏和平事实的民间观察员使团的工作；信息交换等。

20世纪80年代末至20世纪90年代初的冲突爆发之后，预防性外交开始特别强烈地发展起来，尤其是在欧洲，主张提前警告和预防冲突，认为这样做最有前途的呼声越来越高。这一主题在所提到过的“和平议事日程”中已有特别清楚的叙述。预防冲突的思想得到了政治活动家的积极支持。

然而，对待冲突形势的具体政策在许多方面还是回应式的，也就是说，基本上是某一事件发生之后才采取行动的——只是对其的一个回应。原因有几个。

首先，产生了一个确定指示器的问题，根据该指示器可以判断潜在的冲突地区。尽管联合国对可能有爆炸危险的区域的检查计划已开展并在落实，但是并没有一个明确的标准可以预测，冲突在什么时候，什么地方会发生，以及当前冲突会以何种形式体现出来。

其次，必须提出干预的理由；作出下列决策，确定采取何种行动；得到必要的干预冲突的许可；最后，为采取的行动拨款。在探讨这些问题时，纯心理因素，包括必须预防实际上暂时还不存在的威胁，发挥了非常重要的作用。

“维护和平”意味着采取措施停火。这可能是分派军事观察员使团，维和部队；建立缓冲地带，以及禁飞区等。引入的维和部队可以称为“特别的”、“临时的”、“保卫的”“劝阻部队”，可以拥有各种委任状，规定为达到目的可使用的一切手段。

维和活动不是为了寻求和平解决问题，而仅为了降低冲突的尖锐度。它规定使对峙双方分开，限制他们之间的联系。结果，冲突参与国的军事行动变得困难了。但如果将其与医学作比较，那么维和的努力目的仅仅是消除疾病的症状，而不是治病。

有趣的事例!

联合国宪章中没有直接提及在维和可使用武力。这使当时的联合国秘书长达格·哈马舍尔德有理由开玩笑说，维和采用武力是第6.5章中规定的，即第6章和第7章之间规定的，第6章叙述有必要用和平手段来解决争端，而第7章规定，如果存在对和平的威胁、破坏和平，以及侵略行为，可以使用武力。

产生了一系列其他问题和限制。比如，未得到部队派驻地国家的同意，就不能动用维和部队，否则，该国可将其看做对其内政的干涉。另一个问题是，派驻部队的构成如何安排，以使其行动中立，不至于支持冲突的某一方。派驻部队的活动受到委任状的限制。一般说来，他们无权追捕进犯者。因此，维和部队常常变成一种靶子。

缔造和平要求组织谈判过程，实现第三方的斡旋努力，以寻求相互都可接受的决定。重要的是，与维持和平不同，维护和平的目的不仅是降低双方对抗的程度，而且是用使冲突双方都满意的和平手段来解决问题。

解决矛盾并非总是维和活动的结果。双方明白，继续冲突在现阶段是不可能的，有时只能被迫签订协议。同时，某一方可能不去努力履行协约。在这种情况下，常常需要对履行协议作出保证。参与调解的第三方常常成为协议的保证人。比如，在以色列和埃及1979年签订的条约中，美国充当了保证人。

在维和方面，还有一个采取措施影响冲突的问题，该问题在于，所有的谈判手段都是为使冲突双方合理行动。在现实条件下，冲突参与者倾向于采取无法预见的，甚至不合理的行动，直到“自杀性步骤”和情绪性反映。

最后，问题还在于，维和行动是做冲突双方领导的工作。这里实际上不涉及公众意识和行为水平。因此，在达成协议之后，常常又使用武力。

所谓“恢复和平”是指积极吸引第三方参与冲突后的调解。这可能是准备大选，在完全恢复和平生活之前管理领土，把政权转交给地方机构等。在恢复和平中实现冲突双方的调解措施。随着经济的发展，制定要求从前的对立双方进行合作的项目，具有重要意义（比如，“二战”结束后在西欧就是这样做的）。此外，恢复和平还包括教育工作，其目的也是为了调解双方，形成可容忍的行为。

与上述文献部中有关冲突的概念并列的还可常遇到其他一些概念，包括“维和行动或者使团”（英语：peacekeeping operations）；“支持和平的行动或者使团”（英语：peace support operations cull missions）；“和平行动”（英语：peace operations）。在原则上，虽然这些术语不总是意义相符，但意义接近。比如，“支持和平行动”主要用在北大西洋公约组织的文件里。

由于影响冲突的实践极大发展，到 20 世纪末产生了一个术语“第二代维和行动”。他们要求第三方在冲突中更广泛地应用各种不同的手段，包括使用海军和空军部队。同时，在没有得到冲突发生国的同意就实施军事行动，比如，在原南斯拉夫就发生了这种情况。这一实践得名“迫使和平”（英语：peace enforcement），而且不同国家，不同政治活动家，不同运动等的理解很不一样。

科学文献中确立了这样一些术语：警告表现冲突的公开的武装形式，这种冲突伴随着暴力行动——战争，大规模的骚乱等（英语：conflict prevention）；调解冲突，要降低双方的仇恨程度，要求斡旋程序和谈判（英语：conflict management）；解决冲突，要消除冲突发生的原因，建立冲突双方相互关系的新水平（英语：conflict resolution）。

在解决和预防冲突的科研和实践中，流行的两组术语乃是两组相近的领域，洛德（M · Laud）将之称为“C 系列”和“P 系列”，这是从英语中而来的。英语的科学术语始于“conflict”概念，而实践通常始于“peace”概念。近年来，这两个领域越来越多地相互影响。因此，术语的使用常常混乱不堪。

20 世纪末解决冲突的实践产生了“对冲突施加人道主义影响”

问题。在现代冲突中，大范围受苦的还是平民（80%—90%），包括食品、药品、冬衣、住房不足。因此，常出现发生人道主义灾难和必须提供人道主义帮助的问题。同时，在许多情况下，对冲突的人道主义影响是在未得到冲突发生国同意的情况下实施的，这也引发了法律问题。讨论的实质归结为：讨论这个问题是不是对国家内政的干预？如果回答是肯定的，又发生另一个问题：人权怎样维护？如果在冲突中国家损害公民权利，进行种族清洗等，这就不仅在国内造成灾难，就连邻国也会由于大量难民涌入遭受池鱼之灾，这个问题怎样解决？现有规范很难解决这些问题。

20 世纪 90 年代至 21 世纪解决冲突的实践之所以重要，是因为有许多国家参与解决冲突。传统外交里，国家和政府间组织调解冲突——即是所谓“外交第一方向”（英语：Track—I Diplomacy），或者“官方外交”，此外，非政府组织和个人（比如，前政治活动家、著名作家、学者）也参与冲突的调解。这种“非官方外交”实践取名为“外交第二方向”（英语：Track—II Diplomacy）。

这种多样影响符合当代现实——冲突的多面性，冲突参与者的大量性和多样性，以及非国家参与者日益活跃的总趋势。众所周知，对不同冲突结构需要施加不同的影响，而且是用不同的渠道：对非官方参与者，非官方斡旋更有效；对官方参与者，一般来说，官方斡旋更有效。

非政府组织在冲突条件下的活动可以是多种多样的。可以直接给需要帮助的人提供人道主义帮助，可以收集有关实情的信息，可以促进建立联系（无论是官方的还是非官方的）以降低冲突参与者之间的紧张度，可以实施教育纲要以改变人们的取向——从冲突行为转向寻求妥协。有时候非政府组织的活动可直接从事恢复被军事行动毁坏的交通，在冲突或冲突后时期向居民提供食物、水等其他东西。

非政府组织主要立足于影响大众观点，这在国内冲突中十分重要。它们通常同群众的不同阶层有着十分优良和广泛的联系。同时，在公众意识层面上，与国家机构相比，非政府组织在许多情况下被认为是更中立更独立的调停人。

与群众一起工作，非政府组织有时候拥有事发地更详细的信息。对于官方调停人来说，由于其数量通常较少以及许多其他原因，收集这类信息是困难的。

然而，在外交第二方向的活动也有许多局限性。非官方斡旋具有的优点常常成为缺点。由于非官方外交代表与具体地区的具体个人一起工作，从他们那里获得信息，所以常常无法了解整体的局势。而且，信息不是总能得到检验，或者有些时候，信息在转述时被扭曲。

外交第二方向活动的另一个局限是，从专业观点看，非政府组织的代表不是总能得到很好的培训。有些人加入非政府组织，他们真诚地希望帮助调解冲突，但不总是拥有相应的专业知识和技能。比如，冲突地区人们的心理康复工作，要求心理学领域的专业培训。一些非政府组织从希波克拉底原则——“别伤害我！”出发，对自己干部的专业培训给予了必要的关注，但同时其他一些非政府组织却忽视了这点，这为吸收其他组织和个人参与解决冲突造成了困难。

参与调解冲突的组织众多，也引发了许多困难。一个最重要的问题是要步调一致。否则参与者的积极性可能导致敌对关系加深，或者为新的冲突提供借口。其原因在于，在冲突条件下，第三方的行动准则并不总是一致，有时候还会自相矛盾。这导致了冲突的发展，这对于非政府参与者是特别典型的。比如，最大的非政府组织之一世界宣明会副主席纳齐奥斯（A. S. Natsios）引用了一个例子——在冲突（卢旺达，1994）时期，不同的非政府组织在两个相邻的村庄进行人道主义帮助。一个村庄的人道主义援助保障了所有需要帮助的人，另一个非政府组织在邻村提供人道主义援助的条件，是必须参加旨在降低紧张度的项目。结果这两个村的居民间发生了冲突。

还有一个特别的问题——非政府组织和官方机构的相互关系。建立这些关系远非轻而易举。官方政权常常极力限制非政府组织在冲突地区的活动，如果非政府组织是国际性的，常把非政府组织的活动看做对内政的干涉（有时不无根据）。非政府组织在冲突条件下是否能够和应该保持中立，这一问题可不简单。即便是国际红十字会这样的著名大组织，也遇到了这一问题。尤其是，该组织的法国积极分子，“医生无国界”运动创始人贝尔纳德·库什涅尔在20世纪60年代就反对非政府组织在冲突中保持中立。其依据归结为，在进行种族灭绝时，人道主义倾向的组织不能处于中立。然而，如果放弃中立原则，总的来说，人道主义援助的非政府通道会对正在遭受种族灭绝的人关闭，因为官方政权根本不会允许为他们提供这种援助。

还有一个问题——政府机构与非政府机构在调解冲突上的相互作用。显然，这种相互作用是必要的。因此，一种新的实践方向越来越受欢迎，这一方向理论上得名为“多方向外交”（英语：Multi—Track Diplomacy）。这一概念要求官方外交代表与研究外交第二方向活动的人合作。多方向外交不仅融合了两种方向，而且包括了实业结构、个人、研究中心和教育中心、宗教活动家、地方积极分子、律师组织和慈善组织、大众传媒代表，并为各自的职能进行了分工。

关键术语

冲突
国家间冲突
内部冲突
同一性冲突
难民
结构性因素（独立变量）
程序性因素（非独立变量）
预防性外交
维护和平
缔造和平
谈判进程（谈判）
斡旋努力（仲裁机构）
恢复和平
强迫和平
警告冲突
调解冲突
解决冲突
人道主义影响
人道主义灾难
人道主义帮助
官方外交（第一方向）
非官方外交（第二方向）
多方向外交

讨论题

现代冲突的特点是什么？
如何解释20世纪末至21世纪初的冲突的发展？
调解现代冲突时的困难是什么？
术语“预防性外交”，“维护和平”，“恢复和平”的意思是什么？
有关对冲突实施人道主义影响的讨论是由什么引起的？
外交第二方向对冲突产生了什么影响？

旨在调解冲突而对冲突施加一致影响的问题是什么？

实践题

考虑下列因素，请分析20世纪末至21世纪初的一次冲突。参与者（运动，国家等）有何特点？谁在调解冲突中充当第三方？运用了哪些调解冲突的程序和手段？对冲突的干预有何效果？

参考文献

阿鲁秋尼扬、德罗比热娃、苏索科娃：《民族社会学》，莫斯科，1998。

鲍里什波里茨：《全球世界的国家考量》，载《莫斯科国立大学学报》2001年第1期，第3—15页。

比戈：《安全问题：理论讨论和制度背景》，莫斯科，1998，第266—306页。

布特罗斯·加利：《和平议事日程——预防性外交，维和行动和保护和平》，联合国秘书长的报告，纽约，1992。

斯德哥尔摩国际和平问题研究所2000年年刊：《军备，裁军和国际安全》，莫斯科，2001（以及过去几年类似的年刊）。

奥尔科特、季什科夫、马拉申科主编：《同一性与冲突》，莫斯科，1997。

列别杰娃：《威斯特伐利亚世界模式与21世纪之交冲突的特点》，载《世界主义》（丛刊），1999，第132—137页。

列别杰娃：《从方法论角度看世纪之交的种族间冲突》，载《世界经济与国际关系》2000年第5期，第31—39页。

列别杰娃：《从政治上调解冲突的流派，解决方法和技术》（第二版），莫斯科，1999。

尼基京·赫列斯托夫、费奥多罗夫、杰穆伦科：《在独联体的维和行动》，莫斯科，1998。

费尔德曼：《冲突政治学》，莫斯科，1998。

网络资源

联合国的维和行动:http://www.un.org/depts/dpko

Institute for War and Peace Reporting(以大众传媒的资料为基础的冲突情况,此外,还有分析概览):http://www.ipr.net

斯德哥尔摩国际和平问题研究所: http://www.sipri.se

第十章 “南北”关系问题

第一节 “南方”和“北方”国家不均衡发展的因素

“富裕的北方”——“贫穷的南方”这一概念在今天被广泛使用，是指沿“南—北”轴线世界巨大的两极分化现象。因此，北半球国家（发达国家）的社会经济生活水平比南半球的发展中国家高得多（英语：developing countries，less—developed countries，LDC 或者 underdeveloped countries，UDC）。“南方”国家有时候被称为“第三世界”国家，尽管近来这样的叫法已经不多了。这个术语最初是冷战年代新马克思主义使用的，当时划分了资本主义国家，社会主义国家和“其他国家”——“第三世界”国家（见图 10.1）。

约 20% 的地球居民生活在北半球的富裕国家里。据联合国 1998 年发展纲要提交的资料，他们消费了近 90% 的地球产品。汽车总数的 85% 归他们所有。近 60% 的能源为他们消费。他们的收入超过了所有发展中国家公民的收入，是他们的 60 倍，甚至更多。

同时，正是在发展中国家（1960 年及以后出生人口的 85% 在发展中国家）出现了人口增长。根据世界银行的资料，在这些地区，如非洲、近东，人口年增长率达到 3%。人口高速增长要求解决教育，卫生，创造新的工作岗位等问题。然而这些国家的经济非但得不到增长，社会得不到改善，这些领域还在衰退。

发展中国家患艾滋病的人数增加了：目前近 90% 的艾滋病病毒感染者在发展中国家。世界银行的资料常常引用这些数据：在非洲，从南方到撒哈拉，那里的情况最为复杂，每 40 个成年人中就有一个是艾滋病病毒感染者。除了艾滋病的流行，发展中国家有许多人患

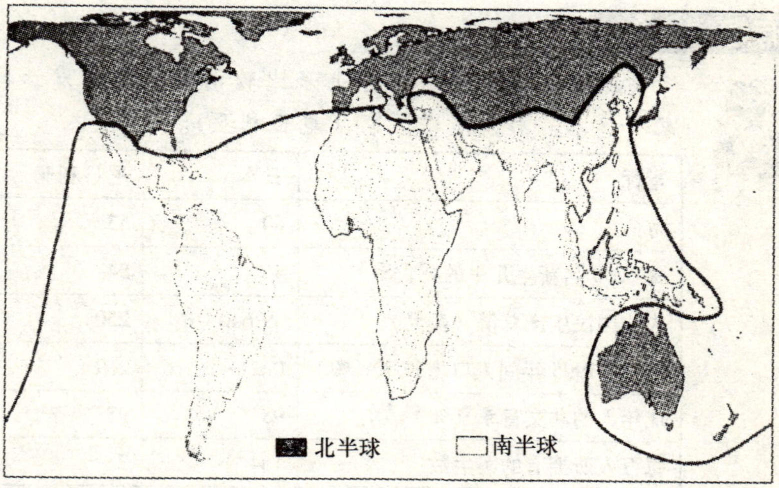

图 10.1 "南—北"轴心划分的世界两极

资料来源：kegley Ch.，Wittkopf E. R. *World Politics. Trend and Transformation*，N. Y.，2001.

乙肝（每年有 200 万人死亡）、结核病（每年有 300 万人死亡）、疟疾（每年 3 亿患者中有 100 万人死亡）及其他疾病，包括热带疾病。与发达国家相比，这一地区的保健水平低得多。根据世界卫生组织（英语：World Health Organization，WHO）的资料，发展中国家拥有地球人口的 75%，但却只拥有 30% 的医生。应该补充一点，这些国家成人的收入不允许其将大量的钱财用于购买药品和医疗服务。因此，即便是急性呼吸道疾病也会导致死亡。

这些国家还有一个特点：缺乏饮用水、住房、食物及其他生活必需品。在一些国家，如印度、印度尼西亚、巴西等，部分人口，特别是农村地区的人口，不仅没有自来水，而且不得不走很长的一段路去获取饮用水。水的不足导致了肠胃病的流行，肠胃病成为居民的主要死亡原因（每年有 400 万人死亡），并且导致了生活卫生条件整体恶化。世界银行统计，发展中国家近 80% 的疾病都与所使用的水质有关。它每年导致了近千万人死亡。

有趣的事例!

从一些最重要的指标上来比较两个国家：发达国家（日本）和发展中国家（尼日利亚）。

指标	日本	尼日利亚
寿命	80	53
每1000名新生儿中的死亡率	4	54
人均国民生产总值（美元）	39 640	250
1990—1995年间人口增长率（%）	0.2	2.9
成年人的非文盲率（%）	98	98
每万人所拥有的医生数	164	2

资料来源：Rourke J. T.，Boyer M. A. *International Politics on the World Stage*，*Brief*，Third Edition. USA，2000，p. 308.

住房条件差造成了疾病的流行。一个大家庭住在一个房间里，而且，为节省资金而建设的住房，常常没有考虑到地震、可能的季风、台风等灾害。在发展中国家，无家可归的人数比例很高。缺乏住房是“地球南方”最尖锐的问题之一。

除了复杂的卫生和居住条件外，还存在食物短缺问题。发展中国家的农村地区的人口比例，要比发达国家高得多。戈尔德斯泰因引用了下列数据，发达国家城市人口占70%—80%，而在亚洲和非洲这一指标不高于20%。尽管从事农业生产，但是在发展中国家，近8亿居民患有慢性饥饿，结果连最简单的工作都不能从事。稍微处于贫困线之上的人中，有很多人不能获得足量的蛋白质和维他命。这是因为有大片农业用地用以生产出口农作物：茶、咖啡、可可，而不能生产粮食。即便那些能很好地弥补蛋白质不足的农作物（比如，大豆），本来可以用于克服国内的饥饿状况，但这些作物都用以出口或者给中产阶级享用了。

发展中国家恶劣的社会经济条件导致其人均寿命仅近60岁（在贫困国家——约50岁，而在一些国家，由于艾滋病的发展，人均寿命低得多)，而在发达国家人均寿命将近80岁。同时，在一些发展中国家17%以上的新生儿没能活到5岁（发达国家这一指标平均约为1.5%）。

发达国家和发展中国家的教育水平差别极大。如果“地球北方”约97%的人有文化，那么在“地球南方”的许多地区，有文化的人不足40%，也就是说大部分人都不会阅读，连写最简单的句子也不会。这些国家的孩子不是被送去学校，而是被送去赚钱。流浪儿童和儿童犯罪增加了。

生活、教育和卫生的低水平以及失业常常带来冲突、政局动荡、政变。特别是:“南北”间许多指标上的差异继续增大这一事实应该令人警惕。据鲁卡尔和博耶尔引用的资料，1990年“地球北方”国家年人均收入平均为19 590美元，而“地球南方”国家却只有840美元，也就是说，其收入差为18 750美元。1998年此差距更大——为24 260美元，当时发达国家人均年收入为25 510美元，而发展中国家仅为1 250美元。

人均收入最低水平的那些国家令人特别担忧。按照国际货币基金组织的分类，这些国家属于发展中国家的最不发达国家（英语：The Least-Developed of the Less-Counties，LDLCs)。在这些国家，尽管人口比例较少的政治经济精英的生活水平特别高，但这些国家的人均收入每天只有1美元，而且商品货币关系为原始的物物交换所取代。据不同估计，在最不发达国家居住着13亿—20亿人口。在撒哈拉以南的非洲有许多这样的国家。这些国家人均收入及其他社会经济指标方面的一些指标是最低的。而且，从20世纪80年代末起，非洲的一些国家出现了国内生产总值和食品生产的下降，但人口却在增长。

为了比较不同的国家的发展水平，除了上面已经谈到过的许多方面，还制定了各种不同的指标。其中应用最广的是人类发展指标(英语：Human Development Index，HDI)，该指标不仅指国家的国民生产总值，而且还包括社会指标，如寿命、教育水平等。据联合国发展纲要的评价（英语：UNDP)，1999年加拿大、挪威、美国、日本、比利时成为世界五大国，而非洲的布隆迪、布基纳法索、埃塞俄比亚、尼日尔、塞拉利昂排在最后。

在评价国家社会经济发展时，还有其他一些应该考虑的指标。其中，性别发展指标（英语：Gender Development Index，GDI）规定了男女之间社会经济生活指标上的差异。1999 年，在这一指标上领先的是加拿大，接着是挪威、美国、澳大利亚、瑞典（这些国家的性别差异最小），几内亚比绍、布隆迪、布基纳法索、埃塞俄比亚、尼日尔排在最后。

“南方”国家对“北方”国家所欠的债务也是一个很尖锐的问题。这一债务是发展中国家从西方国家获得贷款而形成的。由于 20 世纪 70 年代石油价格飞涨，情况开始急剧复杂起来。许多不开采石油的国家不得不以更高的价格进口石油，为此它们在西方银行贷款。但是这些借款国中也有能源出口国，包括墨西哥。整体来说，发展中国家的债务在 1982 年为 8 050 亿美元，而到 1996 年达到了 20 950 亿美元。1982 年，墨西哥宣布，它不能还清外国债务，请求给予 4 000 万美元援助。在墨西哥之后，其他国家也寻求帮助。

问题在于，发展中国家不断增长的债务不仅开始威胁到“南方”国家，还威胁到“北方”国家。“南方”国家根本不可能还清债务。至于“北方”国家，债权国损失了大量钱财。发展中国家的金融崩溃最直接地影响到他们。这一切导致有必要解决发展中国家的外债问题和债务危机问题。1989 年，美国作为最大的债权国之一，提出了一个计划，即一方面免去发展中国家的部分债务，另一方面减少部分贷款；要想获得新贷款必须要有国际货币基金组织，世界银行和债权国政府的担保。这在一定程度上缓解了危机。但是，从整体上来说，发展中国家的外债问题至今仍未解决。

20 世纪 90 年代的金融动荡令人特别担忧。其中包括 1994 年的墨西哥外汇问题；发展中国家经济状况恶化，这些国家又开始大量贷款。发展中国家复杂的国内社会经济状况让人怀疑其政府消除预算赤字的能力，而这种能力对于清偿债务是必需的。

这就是发达国家和发展中国家间生活水平差异的总情况。这种社会经济差异被称为“南北鸿沟”（英语：North-South Gap）。冷战一结束，常可听到这种论断，现代社会，“东西”对抗已被“南北”对抗取代。的确，乍一看，在一些指标上世界发生了巨大的两极分化。然而，这种差距并非像其表现的那样简单。

首先，统计数据需要诠释。显然，“地球南方”国家的生活水平比“地球北方”国家低。统计学家给出了一个总的概况，然而，单个的统计指标需要相互对比。人均收入应该与主要商品的消费价格、卫生、教育的普及性等相对比。为此，还采用了购买力指标。在这一指标上，发展中国家与发达国家的差别不是那么显著，当然前者要比发达国家落后，特别是如果考虑到消费品的质量的话。

其次，“南方”国家的社会经济指标根本不一样。一些“南方”国家能够战胜社会经济发展的落后。一些近东国家，包括石油出口国组织，最先获得了经济上的成功，这与其出口石油有关。比如，科威特、阿拉伯联合酋长国、卡塔尔这些国家，在社会经济水平上能够达到与“北方”发达国家可比的生活水平。近东地区的许多其他国家也达到了中等发达标准。

后来产生了一种现象，即所谓的新兴工业化国家和地区，东南亚国家和地区就属于这类国家和地区。其社会经济生活的成就比近东国家还要令人难忘。20 世纪 80 年代，在相对较短的历史时期内，被称为“亚洲四小龙”的韩国，新加坡，台湾，香港成为发达的工业化国家和地区。其经济战略立足于本国和本地区工业发展及吸引投资，因此，根据国际货币基金组织（英语：International Monetary Fund，IMF）的估计，到 1996 年，这些国家和地区的商品周转额及生产总量将分别占世界的 10% 和 3.4%。

总的来说，正如我国研究者鲍里什波列茨指出的，“数量有限的国家的突飞猛进，毫无疑问是以发展中国家的经济成就为基础”。在近几十年内，“第三世界”国民收入总值增长的 4/5 以上是由 26 个国家完成的，这些国家仅生活着 28% 的人口。世界“南方”国家的社会经济发展水平的差异程度，实际上已相当于划分出三个不同集团，而集团之间的差距还在不断扩大。

再次，不仅国家之间，而且国内的不同指标都存在差距。比如，科威特在 20 世纪 90 年代中期成为人均收入最高的五个国家之一，同时，其国内成年人中有很大比例都是没有文化的。在近东其他一些出口石油的国家也出现了类似情况。而先前属于苏联的一些国家，成年人中近乎 100% 都具有文化程度，这使得这些国家与发达的“北方”国家处于同一水平。

"北方"国家也并非都是一样的。那里也有一些居民区和集团实际上有着与"南方"同样的问题。当然，这类人的总数显然要少得多，而且问题通常也不是很尖锐。整体说来，在一些非洲国家，最贫穷的人和最富有的人的收入差距超过50倍，而在北美和西欧的国家，这种差距不足10倍。据世界银行资料，20世纪90年代末，巴西的最富有人群与最贫穷人群之间的差距是最大的。

因此，现代社会在生活水平上是某种"拼图"，而非整齐划一的对半分。但是，世界的杂乱无章在整体上并没有消除"南北"不平衡的社会经济发展。

第二节 "地球北方"和"地球南方"间产生差异的原因及其可能的克服措施

"地球北方"和"地球南方"社会经济发展比例失调的原因是什么？大多数研究者倾向于认为，发达国家与发展中国家之间的差距不仅取决于发展的内因，而且取决于"南北"关系。同时，他们把重点放在不同因素上，并相应划分出各种不同的理论流派。

"富裕的北方——贫穷的南方"问题的第一种流派，是以"古典经济发展理论"为出发点。这一流派的主要前提是，富裕的程度取决于是否具备有效率的生产、自由的企业行为、贸易、技术革新等，而不是气候和自然资源。这种流派以现代化思想为基础，产生于"二战"后，认为工业发展是从"地球北方"国家开始的。首先经历工业化的是欧洲，然后是北美洲。它一方面改善了生活条件，另一方面完善了军备，后来这些军备被用来进行殖民掠夺。

古典经济发展理论的基础是，殖民主义遗产当然成为某种发展障碍（一些作者注意到，虽然殖民主义有其该否定的方面，但它向"南方"国家提供了技术和社会革新的条件），但是"地球南方"现代发展的主要障碍是其本身。美国经济学家和政治活动家罗斯托（W. Rostow）对这一流派的形成产生了很大影响。1960年，他出版了一本书——《经济发展阶段》（*The Stages of Economic Growth*），书中提出了一种设想，发展中国家将在其自身的发展中经历发达国家所经历的阶段。虽然“地球北方”在继续发展，但“地球南方”的发展速度将快得多，这将使“南方”国家最终将赶上“北方”国家。此外，根据这一理论，“北方”国家自身也会对这一发展感兴趣，因为“北方”就其本质是向往自由价值观、边界开放和创建统一的经济空间。

20世纪末，古典经济发展理论正在复兴，它被称为“新古典经济发展理论”。新工业国家本来就是向往社会经济生活自由化的，因此在很多方面，这些国家的范例成了追求市场发展的动力。该现象引发了大量研究，研究中分析了政治自由和经济发展的关系。力图寻找克服发达国家和发展中国家间极大差距的途径，仍是新古典理论的主要问题。

该流派的拥护者在原则上赞同“地球北方”要对“地球南方”的落后负责。没有外人的帮助，发展中国家不能成功解决本国问题，因为，一方面，它们缺乏专业人才，这是整体上居民的低教育水平造成的；另一方面，它们在经济上依赖于原来的宗主国。根据该流派的观点，“北方”国家应该给予“南方”国家帮助，以便它们发展经济以及实现民主化。新古典经济发展理论的这两方面是紧密相联的。

同时，该流派的拥护者强调，必须发展与“地球南方”的关系最重要的根据，与其说是“北方”的历史责任，不如说是面向未来关系的目标。新古典经济发展理论倾向于把“南北”关系看做数量非零的游戏，“北方”和“南方”都可以成为赢家。换句话说，互动可以是双赢的。这一观点的维护者强调世界的相互依存性，强调统一世界体系中部分一体化的必要性。鲁卡尔和博耶尔为了说明“南北关系”的自由主义流派，使用了一个与1912年的“泰坦尼克号”的悲剧有关的比喻。现代社会如此相互联系，以至于要么均衡发展，达到某个共同的“繁荣海港”，要么像这艘船一样沉没。当船沉没时，昂贵船舱的乘客与购买最廉价船票的乘客之间的差别未必很重要。

“富裕的北方”和“贫穷的南方”之间的社会经济差距问题在另一个流派——“新马克思主义”中被广泛地讨论。新马克思主义强调了地球从结构上划分为被剥削者（“地球南方”）和剥削者（“地球北方”）。从此该理论还有一个新的命名——“结构性理论”，它在20世纪70—80年代非常受欢迎。

按照该流派的看法，世界的分化是由当今发达国家的帝国主义掠夺造成的，由这些发达国家的殖民剥削造成的。虽然“南方”国家在20世纪下半叶获得了独立，但是它们在经济上仍然依赖于原宗主国或者更广义上的——“地球北方”国家。并且，对“富裕国家”的这种依赖，甚至不曾是殖民地的国家的特点。

在发展中国家，经济中某些部门占优势。埃塞俄比亚的经济发展主要靠出口咖啡，博茨瓦纳开采钻石，赞比亚生产铜等。根据新马克思主义观点，正是这种经济依赖性不仅造成了“南北”差距，而且加剧了这一差距。新马克思主义的出发点是，“地球北方”对“地球南方”的飞速发展不感兴趣，对其而言，从前的殖民地仍然是原料和廉价劳动力供应者。

新马克思主义理论划分为两派：世界体系流派和从属性理论流派。世界体系理论对“南”（周边地区）和“北”（中心）间差距理解的出发点是，中心与周边地区经济的功能是专门化的，同时又相互依存。换句话说，它们不能离开对方而存在。该派所研究的长期的历史周期，使国家有机会在中心，半周边，周边这些结构框架内“移动”。同时，该理论很难解释清楚新工业国的快速经济发展。

新马克思主义的依存性理论特别注意“南北”差距。该理论的出发点是，这种差距是现代政治经济学的关键。依存性理论的代表，包括弗兰克等反对经济发展的阶段性观点（这一观点由罗斯托乌在新自由主义中提出，该观点是，每个国家都会一个接一个地经历某些相同阶段）。赞成依存性理论的人反对这种观点，认为对发展中国家而言，它完全不是发展阶段，而是世界等级化以及“北方”对“南方”剥削的结果。他们强调，现代发达国家从未经历过发展中国家被迫追赶发达国家的阶段。因此，经济发达或者落后不是“自然的”，而是由“地球北方”和“地球南方”国家间不平等关系造成的。

对持该理论的人而言，证明“南北”关系不平等的依据是“双水平的经济现象”。这一现象的本质是，为了对“北方”有利，发展中国家的一系列部门被“绑上”了现代信息和通信技术（电脑，电信），而其他部门仍处于“史前”水平。

依存性理论的代表认为，跨国公司在很多方面对将世界划分为

“富裕的北方”和“贫穷的南方”要负责任。在他们看来，正是跨国公司充当了现代新殖民主义的工具。还强调说，将新技术和投资引进发展中国家，这一切促使“南方”的不平衡发展。因此，“南北”差距加深了。许多反全球化运动在其理论上也是以这些观点为基础的。

为了克服“南北”之间的不公正差距（如新马克思主义者强调的），应该从根本上改造世界生产和贸易。

最后，有关“南北”关系的第三种流派来源于新现实主义。在经济关系领域，该流派被称为“重商主义”。该流派的基础是：问题首先应该由发展中国家自己来解决。在与“南方”国家的互动中，经济发达的国家也应立足于自身利益，而非仅是充当救世主。

新现实主义的拥护者称，向“地球南方”国家供应食物、药品及其他日用必需品，使得出生率提高了，但并没有重建经营体系。事实上，该流派没有注意到现代社会相互依存性这一事实，因此，该流派的出发点是，发达国家应该少对发展中国家的问题感兴趣。此外，持本流派观点的一些作者认为，发展中国家行动的目的是改变“游戏规则”以获得自身的优势。从整体上来说，与其他古典流派相比，新现实主义很少研究“南北”间社会、经济发展的差距问题。

许多作者注意到，如果在冷战时期，“南方”国家自身的发展受意识形态考虑的限制，是靠意识形态提供了经济援助，得到了投资等，那么冷战结束后，这一因素不再起作用。

然而从实际上分析，“南方”国家的发展问题至今十分尖锐。发展中国家采用不同的战略以克服经济差距。其中的一个战略便是要本国生产某种产品，这种产品以前都是进口的（进口替代政策）。这种政策的目的在于发展本国工业。许多拉丁美洲国家采用了这一战略。但是，这一战略的极端化会导致国家处于全球化世界经济体系之外，这只会加剧该国经济落后。此外，使用进口替代政策的局限还在于，本国产品常常质量不高，昂贵又没有竞争力。

国有化也是其中的一个战略。与所分析过的战略一样，该战略有其负面影响，它可能降低经济效益。问题在于，在每一个具体情况下应选择理想的方法和手段。

在克服经济差距方面，发展中国家正在集体努力。1973 年，发展中国家的领导人在阿尔及利亚会晤，提出了一个倡议，该倡议被称为“国际新经济秩序”(英语：New International World Order，NI-WO)。1974 年该倡议被提交联合国大会讨论，它要求：

- 在国际贸易领域推行改革，包括改善和稳定原料产品市场。
- 改革金融制度，以使发展中国家更容易从国际货币基金组织(英语：International Monetary Fund，IMF）及其他国际金融组织中获得贷款；稳定通货膨胀和汇率。
- 给发展中国家提供相当其国民生产总值 0.7% 的外国援助；制订发展中国家清偿债务的援助计划；对那些对发展中国家造成特别不良后果的跨国公司实行国际监督。
- 在获取新技术和实行工业化方面给发展中国家提供帮助。
- 让“南方”国家拥有对本国资源的所有权和监督功能。

一开始，发达国家的反应是不赞同，但最终“南北”对话不但举行，而且得以继续。目前，发展中国家积极参与包括联合国在内的各种国际组织。联合国贸易与发展会议是 1964 年成立的，是联合国大会的一个常设机构，它立足于解决发展中国家的经济问题。这是一个经常发挥作用的国际机构，约 4 年举行一次会议（其成员国在 2002 年初有 191 个)。也可以通过其他国际组织和联合国专门机构来帮助发展中国家，包括世界卫生组织。因此，如果说 1980 年仅有 20% 的儿童接种了 6 种最常见病的疫苗，那么 1991 年这个指标达到了 80%，这主要是依靠发展中国家自己的努力。

联合国发展计划更多地关注发展中国家的问题，尤其是关注教育和人类潜能发展的问题。整体上说来，目前有许多帮助发展中国家的计划和目标，这不仅由政府间组织和某个国家提出和实施，而且还由非政府组织提出和实施。它们在地区和目标上（比如，改善卫生、某一类居民的教育等）极为不同。

最后，关于克服“南北”差距还有一个流派。其本质归结为：在全球化时代，“南北”对立会自然消失，因为将按另一原则来建立“发展中心”，比如，不仅在“北方”，而且在南方国家建立不大的城区，通过通信、信息及其他“纽带”将其同世界的其他地区联为世界一体。瑞典研究者安德松赞同这一观点，他认为，随着交通和通信网络的全球化发展，“主导”经济将不会集中在西方，而是分散至全球。从人均收入水平、基础设施、进口市场出路的观点看，韩国、日本、新加坡、澳大利亚、新西兰这些国家是“北方”。正是从这个意义上讲，“全球经济”正在地球的任何一个点形成。

关键术语

“富裕的北方”——“贫穷的南方”
“地球北方”——“地球南方”
发达国家
发展中国家
人类发展指数
性别发展指数
“南方”国家的债务
新工业化国家
古典经济发展理论
新古典经济发展理论
新马克思主义
结构性理论
世界体系流派
依存性理论
双层经济现象
新现实主义
重商主义
国际关系新秩序

讨论题

“地球南方”和“地球北方”间发展差距的本质是什么？

比较发达国家和发展中国家时采用哪些指标？

古典理论和新古典理论的代表人物是如何解释社会经济发展差距这一问题的？（在这种理论流派的代表看来，应如何克服这种差距？）

新马克思主义者认为“南北”发展不平衡的原因是什么？

关于“南北”问题有哪些新现实主义流派？

有哪些国际组织从事研究克服发达国家和发展中国家差距的问题？（其努力的目标是什么？）

实践题

根据近五年来几个主要社会发展指标，密切关注下列之一的发展变化：

- 最不发达的“地球南方”国家；
- 发达国家；

- 新工业化国家。

比较所选三国的发展变化。

参考文献

博加杜罗夫：《国际政治中的综合现象》，1999，第28—48页。

鲍里什波列茨：《北方与南方的新标准》，载托尔库诺夫主编：《现代国际关系》，莫斯科，2000，第260—278页。

马克西莫娃：《21世纪的新老全球问题》，载《世界经济和国际关系》1998年第10期，第163—186页。

《后工业世界与俄罗斯》（第2版），莫斯科，2001。

网络资源

联合国发展计划:http://www.UNDP.org

联合国贸易与发展会议:http://www.UNCTAD.org

International Development Research Centre(加拿大政府创建的国际发展研究中心):http://www.idrc.ca

第十一章　人口和生态问题

下列国际问题，如人口增长、工业发达国家的人口老龄化、环境污染，直接与全球化问题、现代社会的相互依存性、人类的经营活动以及地球上的自然资源分配不均和资源有限等有关。人口和环境问题本身就互为联系。人口增长至少以双重方式影响环境。首先，地球居住人口数量的增加要消耗大量食品、能源及其他资源。其次，经济的积极增长通过废气排放、空气污染、水资源污染等污染环境。

地球上居住人口数量的增加，生态问题影响了气候的变化，影响了环境，其作用不仅是对单个国家和地区（虽然一些国家和地区更多地感受到了某些问题的压力），而且是对整个人类。正因为如此，这些问题才被称为全球性问题。我国作者马克西莫娃在分析这些问题时强调，所有这些问题：

- 真正具有全球性、世界性，涉及所有国家的人民利益；
- 使人类生产力的未来发展及生存条件面临严重退化的危险；
- 要在克服和预防公民生命保障和安全所遭遇的危险后果与威胁时，作出刻不容缓的决策和行动；
- 需要所有国家，整个国际社会的集体努力和行动。

同时，不同国家和地区不同程度地遭受全球问题的影响，并拥有解决这些问题的不同方法。由此产生各种不同的派别。

全球问题，其中占据主要位置的人口和生态问题，其发展前景如何？它们在多大程度上威胁到人类？人口和生态问题会不会成为新冲突的导火线？或者，也许这些威胁被极大地夸大了？

第一节　地球的人口

2 世纪前，英国研究者托马斯·马尔萨斯提出了一个理论，地球人口数量的增长要比食品供应可能性的增长要快。他从中看到了严重的政治后果，并提议采取措施，比如限制出生率，其中主要措施之一是晚婚。这些思想引发了激烈的讨论，其中有拥护者和反对者，而理论本身也对社会思想的发展产生了极大的影响。

然后，在一段时间内，马尔萨斯的思想退居次要位置，但是20世纪下半叶初，由于发展中国家人口数量的急剧增长，又重新开始谈论地球人口过剩这一灭顶之灾。这不仅引发了对马尔萨斯观点的兴趣，而且使科学产生了一个新的派别，它被称为新马尔萨斯主义。

罗马俱乐部针对人口问题的报告综合了全世界研究人员对全球问题的不同观点。然而最坏的担心被证明是不对的：科技创新至少可以暂时让人类较合理地解决这个问题。20世纪下半叶农业生产运用新的科研成果使得产量大大提高（粮食生产开始超过人口增长速度），并能应付饥饿问题。后来它被称为“绿色革命”。发明生物技术使得食品生产有了更大的可能性。的确，在此使人担心的是，依靠生物技术获得的产品在多大程度上是对人体无害的。然而，当近10亿人遭受食物不足之苦时，使用生物技术的问题就决定得快上加快了。

然而，尽管科技进步带来了许多机会，但是地球人口问题，以及人类资源的使用问题仍将继续是现代社会政治发展的一个最重要的问题。地球人口约为60亿，如果回顾历史，那么可以看到，这一增长是不均衡的。19世纪头25年以前，人类数量曾达到10亿，20世纪中叶达到30亿。然后呈现一个飞速跳跃：每隔11年地球人口增加11亿。据联合国数据，在未来的50年间人口将达到93亿。

然而也有其他一些预测。比如，澳大利亚人口学家更谨慎地看待人口增长速度。据他们的计算，到2070年人口将有84亿，接着将减少，永远也不会达到临界点——90亿人口。俄罗斯研究人员卡皮察也持类似的观点。他认为，地球人口处于某个点上，过了这个点人口将不会增长，相反开始稳定。

应该说，近年来有关居民数量增长的预测变得更审慎了。在1980年，联合国专家还预言，到2050年地球人口将增至100亿。对此数据修正的原因是采用了更严格的评估方法（卡皮察的作品就证明了这点）和更严格的统计方法。还可以补充其他一些因素，比如，在20世纪80年代，许多国家（特别是欧洲）的出生率下降，而发展中国家人口的增长并不像预计的那么急剧。由于所有这些趋势，新马尔萨斯有关地球人口过剩造成威胁的惊惶情绪开始有所减少，尽管并未完全消失。

目前讨论的是对地球居住人口变化的主要的三种预测：急剧增长，适度增长和小幅增长（见图11.1）。

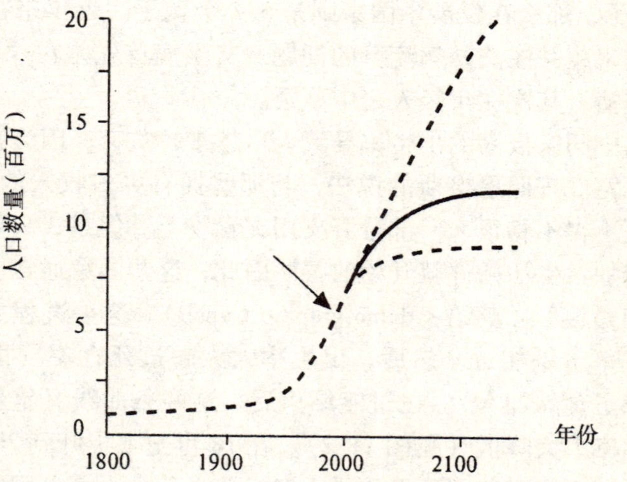

图11.1　未来世界人口变化预测的三种方案

然而，重要的不仅是地球人口的绝对数量指标，人口的构成（种族、性别、年龄组成等）以及世界各地区人口增长及其数量分配也很重要。人口增长主要是由“南方”国家实现的。因此，人口问题与“南北”关系紧密相关。伊拉克是人口增长比例最大的国家之一，年增长约为3%，而印度在绝对指标上也占领先地位。据一些资料统计，到2050年，它将达到6亿人口的年增长率，将超过中国，中国是今天人口数量最多的国家。

联合国2001年的年度报告指出，尽管非洲艾滋病疫病盛行抑制了人口增长，但是2050年前，世界上48个最贫穷国家的人口将增加2倍。从联合国前几年的材料可以得出结论：如果1950—1955年间发展中国家的人口增长率为79%，那么1990—1995年间，这一指标达到了95%。据预测，2045—2050年间“地球南方”国家将包揽所有的人口增长。发展中国家与发达国家人口数量增加的失衡，被称为北半球和南半球间的“人口差距”（英语：demo-graphic divide）。

人口数量增长问题尤为突出的发展中国家，其特点是高出生率和多子女家庭，但同时也存在儿童高死亡率。相反，在发达国家，出生率和儿童死亡率这两项指标都很低。如果发达国家平均一个妇女要生1.6个孩子，那么在发展中国家则是3.4个孩子。近年来在评估人口状况时越来越关注艾滋病流行的问题。艾滋病首先是在“地球南方”的国家传播；其次在年轻人之中蔓延。

发展中国家极高的出生率导致人口越来越贫穷，因为家庭必须养育低龄儿童。按照恩格斯的说法，与那些拥有更多收入的家庭相比，贫穷家庭不得不将很大一部分开支用在食物上。但是，只要人均国民收入一增加，生活条件就开始改善。因此，这些国家通常要经历所谓的“人口过渡”（英语：demo-graphic transit）。这一进程之初，死亡率和出生率水平相近。然后，出生率大大超过死亡率（由于卫生改善，保障了食品和水）。在过渡结束后，这两条曲线又重新接近，原因是出生率大大降低（见图11.2）。在18世纪下半叶到20世纪前30年间，欧洲国家和美国已经历了人口过渡。其余大部分国家暂时处于人口过渡时期。

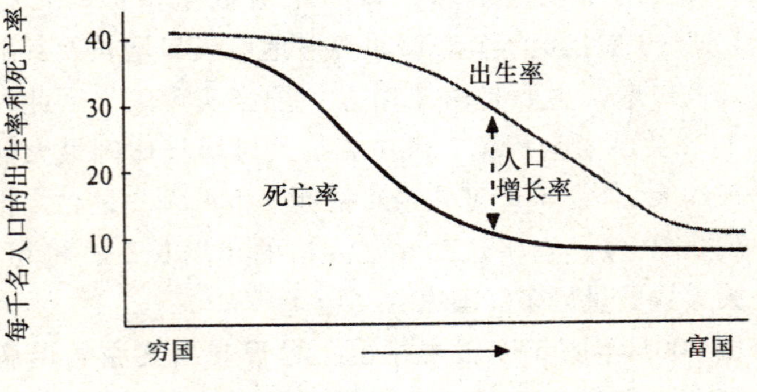

图11.2 穷国和富国人口出生率和死亡率比较

如果从整体上来看地球人口，那么现在这两条曲线正在接近。该趋势被称为“稳定关系”，也被看做承认地球人口过剩这种悲观情绪的站不住脚的依据。

在人口过渡时期，其他人口指标也在改变。比如，人口教育水平提高了，平均寿命增加了。发展中国家特有的年轻人口占优势（这里家庭多了，而寿命相对低）会被老龄人群“占主导”所取代。顺便说一下，根据联合国专家的资料，到2050年地球人口将老龄化，因为寿命增加了。结果，60岁的人口将是现在的2倍，而80岁以上的人口数将是现在的5倍。尽管每10个人中就有9个人将生活在发展中国家。这将导致一系列与保障退休人口有关的经济问题。为了解决这些问题，提出并采用了各种方法，包括提高退休年龄。

一些作者，比如布朗（L. Brown），在分析发展中国家的人口政策时，注意到一些国家有可能陷入“人口陷阱”的危险，它们增加出生率是为了获得更多的劳动力，而没有注意到高死亡率，低生活水平会导致社会紧张的加剧和冲突的发生。

与发展中国家不同，经历了人口过渡的发达国家要么具有人口增长不快的特点，要么具有人口衰退的特点。因此，根据联合国预测，到2050年，发达国家（美国除外）人口数量将减少。据一些看法，俄罗斯的人口将缩减至现在的1/4，但也有更乐观的预测。

一国之内的人口增长也存在差异。通常农村地区的人口增长要比城市地区要高。一般说来，高收入社会群体家庭中的孩子要比低收入群体少。

不同国家人口生活条件的差异、冲突、资源不足导致产生这种现象——“人口移民”。在分析移民流时产生了许多困难：比如，不是总能成功获得准确的数据，因为很大比例是非法移民，即非法居住在他国的人，以及难民。了解这些人与被迫流亡国外的人的情况异常困难。后者是由于社会、生态或者政治困境而离开原居住地，但同时又不拥有另一国难民身份或者仍停留在本国境内的人。

离乡背井的人数巨大，比如阿富汗，是由国内政治局势和冲突造成的，而在埃塞俄比亚，是由于极为恶劣的生活条件造成的。根据世界资源研究所（英语：World Resources Institute，WRI）的评估，20世纪90年代末，身处国外的人共有1.4亿（包括非法移民和难民）。

联合国最高委员会难民事务管理处（英语：UN High Commissioner for Refugees）引用了数据，20 世纪末难民的数量增加了。根据这一资料，1995 年难民有 2 740 万，而 1999 年这一指标降到了 2 150 万。难民和被迫流亡国外的人数如此巨大，是冲突造成的后果。阿富汗反恐行动开始之前，有 600 多万人被迫离开祖国；20 世纪 90 年代中期的卢旺达冲突使近 200 万人无家可归，这对邻国也是一个真正的灾难，原南斯拉夫的冲突使近 300 万人离开了祖国。总的来说，应该指出，欧洲从“二战”时期起就没再经受这种难民潮了。

20 世纪 90 年代主要移民流进入了美国、加拿大、澳大利亚。在欧洲，20 世纪 90 年代初，最大数目的移民进入了德国。这些移民占德国居民的 7%。欧洲国家共有 5% 人口是移民。根据休斯（B. Hughes）引用的资料，20 世纪 90 年代末，美国共接收了几十万人，其中有 25 万人是非法移民。

移民的收入通常要比当地居民低，但与其在国内的收入相比又要高。各国家对待移民的方式各不相同。某一领域缺乏劳动力使得该国接收移民来工作。但是涌入人口太多常常会导致社会紧张（因为他们占据了工作岗位）和排外情绪的发展（即不接收另一种族的人）；导致民族情绪高涨和民族主义政党活跃起来；导致种族冲突和刑事犯罪状况恶化。而且，移民需要法律和社会保障（保障住房、退休金、儿童教育、保健等），这只能使问题的范围进一步扩大。

刚才已经说过，人口流动不仅发生在国家间，而且发生在国内。现代社会出现了农业人口迁移到城市的明显趋势，它被称为“都市化”。比如，到 2030 年，与 21 世纪初相比，城市人口将翻一番。正如所假设的那样，有 40 亿人将居住在发展中国家的城市里。这改善了他们获得医疗服务，获得纯净饮用水，得到教育的机会。但同时都市化会增加流行病（尤其是在发展中国家）、恐怖行为的威胁，导致大量人口牺牲的基因技术灾难等危险。超过 1 000 万人的城市越来越多，这也造成了一系列问题——生态问题和市政管理问题等。

20 世纪下半叶，国际社会开始积极研究人口问题。1974 年，布加勒斯特联合国人口问题第一次会议肯定了这样一种现象：国家的经济发展会使出生率下降。因此，“地球南方”代表呼吁发达国家给他们提供经济援助，从而使人民生活改善，并最终降低出生速度。然而，1991 年墨西哥举行的联合国人口问题第二次会议上，提出发展中国家自身要更认真地对待人口数量的控制问题。

人口领域可以试行这些政策：鼓励生育、给孩子提供额外补贴、社会保护多子家庭等。相反地，也可以通过经济手段或者立法来限制生育。印度是第一批实施家庭计划的国家，还在 20 世纪 50 年代初期印度就已经开始了。到 20 世纪 90 年代后期，这样的国家已近 100 个（并非所有的都有效）。引人注目的是，根据休斯的观点，许多发展中国家要么没有很好地制订该计划，要么根本就没有计划。

1994 年开罗举行了联合国第三次会议，这次会议还有另一个名称——人口与发展会议。详尽的名称反映了新的观点。人口与发展问题开始联系在一起研究。比如，曾宣称，有关地球人口增长速度的稳定问题，只能在经济与社会发展综合问题的背景下才能得到解决。还强调说，在控制人口数量时，不仅要更多地关注经济方面，而且要关注与教育、人的创造潜力的开发有关的人文方面，这些问题在 21 世纪初被提到首要位置。

第二节　当代世界的生态问题

环境及其资源，如水、空气永远是人类生活的必要条件。但是几个世纪以来，环境对于人类，对于人类未来的可持续发展都不曾是问题（英语：sub-stainable development），可持续发展要求满足当代人们的需求的同时而不损害下一代。

20 世纪下半叶，提出了环保问题，其中包括在政治层面上，由于人类的经营活动环境污染在许多领域达到了“临界水平”（危机水平），各种不同物种，甚至整个生态体系都面临灭绝的威胁。未来问题的紧迫性、生态问题的研究、这类知识的普及、非政府生态组织和运动的活跃，使得所有这一切开始被广泛地讨论。

许多技术基因的灾难成为生态问题发展的又一补充动力。技术基因灾难首先引起了一些国家的注意，然后引起了整个国际社会的注意。英国是最先立法保护大气的国家之一。它在 1956 年就采取了这一行动。

20 世纪 60 年代末至 20 世纪 80 年代初，生态问题被列入到政治议事日程中，这首先是由于发展经济已经给大自然造成并继续造成损失，人类下一步的可持续发展成了一个问题。

1972 年斯德哥尔摩举行了联合国环境问题第一次会议。这次会议决定建立联合国环境计划（英语：United Nation Environment Program，UNEP），这一计划应该推进这一领域的国际合作。近年来经济问题和生态问题“结合”在一起了。这在联合国海权第三次会议上可以得到说明。这次会议通过了联合国海权公约（1973—1982 年）（英语：UN Convention on the Law of the Sea，UNCLOS）。来自 150 多个国家的 1 000 多名代表参与了谈判，这些国家具有不同的经济和技术发展水平和相应的海洋经营活动能力，在这种条件下很难达成一致。但是，协议还是达成了。1982 年的公约规定建立 12 海里的船舶航行区和 200 海里的经营活动区（捕鱼，开采矿石）。整体说来，会议规定海洋是人类的公共财产，规定要保持经营活动与海洋自然资源的平衡。

有趣的事例!

20 世纪 70 年代许多国家开始建立保护环境的专门部门。1972 年有 26 个国家建立了这种部门，而 10 年之后已经达到了 144 个国家。

同时，许多国家产生了生态部门与经济和金融部门之间的矛盾。

Haas P. M. “Making Progress in International Environmental Protection”，Emanuel Adler and Beverly Crawford（eds.），*Progress in Postwar International Relations*，N. Y.，1991.

20 世纪 80 年代，生态议事日程产生了新问题。如果先前生态的政治问题仅局限于大气污染和水污染，那么近年来，又补充了一些新问题，如全球气候变暖、臭氧层减少、保护现有动植物种群的多样性等。

大都市特别受“大气污染”之害，这主要与废气的排放有关。

据世界卫生组织（英语：World Health Organization）的资料，10亿多人目前生活的居民点里的空气纯净度不能满足必要的要求。同时，如果说富国采取法律措施，并花费不少资金同废气及其他空气污染源作斗争，那么穷国却做不到这些。因此，情况常常很危急。现在世界上污染最严重的城市之一是墨西哥城。

下一个生态问题是土壤面积减少，荒漠增加，森林地带减少。许多世纪以来，人类文明靠开垦新耕地而得到发展。时至21世纪初，这种可能性实际上被耗尽。据专家的看法，到2050年，世界可耕地年均增长只有0.17公顷。在这种条件下，农业经济的发展可以靠农业集约化来实现。但是，正如过分开垦耕地一样，农村生产的积极集约化也会引起严重的生态后果。

比如，实现新耕地的增加的手段包括砍伐森林。森林作为珍贵的原料资源，常因为商业目的而被砍伐。结果，据世界资源研究所（英语：World Resources Institute）的资料，到21世纪初世界的林带已缩减到40亿公顷，这约为8000年前的一半。如果半个世纪以前，地球陆地的12%覆盖着热带雨林，那么现在仅覆盖了6%的地球表面。

许多国家实际上已经失去了自己的森林宝藏。比如，马达加斯加的森林资源只剩下了10%。东非、巴西等也处在艰难的状况之中。发展中国家的热带森林被大量砍伐（每年约1 400万公顷），因为森林是它们收入的主要来源。比如，巴西从出口森林和木材获得近60亿美元。这样做的严重后果在20世纪50年代起就已经显现出来了。

那些重新恢复的林带也常遭遇负面作用：一般来说，栽种的是同一个物种的速生树，目的只有一个——为了下一次砍伐。人类另一种经营活动所引起的不良因素——酸雨，空气和水污染影响着枯竭的森林资源。森林消失致使土壤腐蚀和荒漠扩大。根据联合国环境计划署引用的数据，1984年，35%的陆地遭受到土地荒芜和沙漠化的威胁。

大片森林缩减，环境污染是某些动植物灭绝的一个主要原因。据生态学家的观点，只要居住地减少1/10，将导致物种数量减少近一半。而除了丧失尽情享受丰富大自然的机会之外，很难重新评价这类浪费对于生产部门产生的经济后果，比如，制药厂没有天然原料是无法进行生产的。

将大量气体排放到大气中还会导致另一种现象——温室效应

（英语：greenhouse effect）。尽管还在 19 世纪该现象已被描述，但问题从 20 世纪 80 年代开始才令人严重恐慌，1988 年多伦多召开的气候变化问题会议，温室效应问题就被列入议事日程。讨论结束后制定了减少向大气排放废气的议案。

1989 年，联合国大会通过决议举行“联合国环境与发展”会议，这次会议 1992 年在里约热内卢举行。大约在同时，地球臭氧层减少开始引起越来越多的担心。这次会议通过了联合国关于气候变化的框架协议（英语：The Framework Convetion on Climate Change，FCCC）。因为穷国和富国的机遇不同，大会通过了对环境状况既负共同责任，又负不同责任的理念。比如大会指出，拥有 20% 人口的“北方”国家产生了约 70% 的引起温室效应的大气排放物。因此，会议特别呼吁这些国家不仅应对自己的行为负起最大的责任，而且对“南方”国家的环境保护给予经济和技术的帮助。

里约热内卢会议指出了社会各界和非政府组织对评价人对环境作用及环保的重要性。这次会议所产生的政府间集团被委托筹备京都会议。正如美国作者兰伯恩（A. Lamborn）和莱帕戈尔德（J. Lepgold）指出的，1995 年在柏林举行的集团会议上：

- 承认关于减少大气有害排放物的框架协议确定的目标，在 2000 年之前未必能达到；
- 指出 2000 年以后有必要在保护环境方面确定法律责任；
- 意识到仅依靠一些发达国家不能解决保护环境问题，“地球南方”增加了其大气排放物，并且约在 2030 年之前将达到“地球北方”的指标；
- 决定重新解释国家不同责任的原则。

有趣的事例!

世纪之交，产生生态问题的大气排放物的最大份额来自美国，这一指标居第二位的是中国。

在京都会议开始之前，政府间团体在波恩会面。这次欧盟代表提出了一个建议：发达国家在2010年之前负责大大减少向大气排放有害物质，以减少温室效应。对于没有履行责任的国家建议要实施制裁和施以各种罚款。因为温室效应而首当其冲的许多国家（比如，塞浦路斯害怕世界海平面会急剧上升）倡议，起算点不定在2010年，而是2005年。

1997年举行的京都会议相当清楚地体现了对生态问题及其解决途径的各种不同的观点。发达国家认定，在21世纪正是某些“地球南方”国家（某些国家的发展极为快速）是大气排放物的主要来源。中国、印度及其他一些附和它们的“南方”国家则坚持，限制向大气排放有害物质不应该扩大到它们身上。提出了两条基本想法作为根据。首先，目前发达国家和发展中国家向大气排放的有害物是无法比较的。其次，发展中国家在经济上不能允许自己减少这些东西的排放。

尽管有分歧，但是京都会议还是以签订京都议定而告终，有159个国家赞成该议定书。根据该文件，从2008—2012年间，相对于1990年，38个工业发达国家将减少6种引发温室效应的大气物排放，其中欧盟成员国减少8%，美国——7%，日本——6%。

到2000年末，有84个国家签署了该议定书，其中有31个国家批准了该议定书。然而，这主要是些不大的岛国，对它们而言，一方面京都议定书不是太沉重的负担，另一方面，这些国家最容易遭受温室效应的危害。

近年来，许多国家对履行京都议定书的可能性和合理性进行了激烈的讨论。虽然一些发展中国家，比如阿根廷，决定坚持京都议定书缩减大气排放物的大方向。但是，许多国家仍不受京都议定书框架的影响，更注重本国经济的发展。希望制定一套方法，既促进减少有害物的排放，又兼顾国家的经济发展、温室效应的受害程度以及当代的排放水平，但暂时未取得成功。

保护环境问题不局限于上述几个方面。比如，有关核废料和可能发生具有全球或者地区生态后果的技术基因灾难的问题也是很尖锐的。最先发生这类具有放射性污染的灾难的是1957年发生在车里雅宾斯克的事件。1976年宾夕法尼亚也经历了一次排放放射物的大型事故。最后一次严重事故发生在1986年的切尔诺贝利的原子能发电站。

不仅核物质具有危险性。化学和其他工厂，特别是建在人口稠密地区以及与人类日常生活有关系的工厂，其发生灾难的后果也非同小可。1984 年在印度城市博帕尔发生了一起与化学生产有关的悲剧，夺去了约 1 500 条生命。

环保领域的另一个问题是建造水电站，一方面水电站使人们有机会获得电能，而且是用最无污染的方法，另一方面，水电站改变了河流流域的生态状况，淹没了大面积的土地，给鱼类迁徙制造了障碍等。一些公司和国家的利益，与坚持完好保存大自然的生态运动及维权组织的利益相冲突。多瑙河、亚马逊河及其他河流，由于建造水电站而产生了冲突。

最后，生态领域还有一个问题——武装冲突及其对环境状况的影响。即使不大的局部冲突也可能产生最大的生态灾难。1991 年由于伊拉克占领科威特而发生的海湾战争显示了点燃油井对地球生态可以造成多大的危险。熄灭大火以及清除地球表面的石油污染，需要许多国家的共同努力。

环境本身也可以成为冲突的根源。比如，为了纯净的饮用水，为了能够享受生态干净的食物，呼吸干净的空气都可能发生冲突。

据牛津大学研究者赫里尔（A. Hurrell）的看法，整体来说，从 20 世纪 70 年代至 20 世纪 90 年代末，生态问题出现了一个从讨论地球上所具有的“资源范围”到“废物范围”问题的转变。

现在，解决生态问题要靠所有国家以及政府间组织、非政府组织、跨国公司、专家及其他任何组织的共同努力。从这个角度看，生态也许是最能清楚显示吸引不同国际参与者参与世界政治进程，以及在解决现代问题时他们必须相互配合的问题之一。

同时，从生态问题这个例子上可以清楚地观察到现代世界性问题的跨学科特点，为了解决这些世界性问题，必须要有国际关系领域的专家、律师、经济学家、生物学家、地理学家、化学家及其他人的专业知识。最后，在这个问题上也可以特别清楚地看到，一方面是对内政策和对外政策之间，另一方面是两个学科之间（政治学和古典国际关系之间）的界限消除了。正如哈列尔指出的，在分析环境的全球问题时，单一国家的政治理论更不是明智的选择。

整体说来，尽管现代社会在解决生态问题时遇到了困难和矛盾，但是必须找到管理这些问题的方法和手段。建立生态领域的国际制度就是其中之一。

关键术语

新马尔萨斯主义
“绿色革命”
人口差距
人口过渡
人口移民
非法移民
难民
人员迁移
联合国最高委员会难民事务管理处
都市化
环境污染的临界点
联合国环境纲领
联合国海权第三公约
大气污染
水资源污染
良田面积缩减，荒漠扩大，林带减少
温室效应
联合国环境与发展会议
联合国关于气候变化的框架协议
可持续发展
京都议定书
技术基因灾难

讨论题

为什么在20世纪下半叶地球人口数量问题和生态问题成为全球问题？

关于人口问题的新马尔萨斯流派与其反对派有何差异？

发展中国家和发达国家的人口增长有着极大差距的原因是什么？

在控制人口数量时运用了哪些手段和方法（在这一问题上联合国有何作用）？

现代社会的生态问题其实质是什么？

历史上生态问题的议事日程是如何变化的（列出大型会议及会上通过的决议）？

技术基因灾难对环境有何危险？

实践题

1. 仔细研究你所在地区近15年来的人口形势的发展状态，人口形势与全世界的趋势在哪些方面是一致的，哪些方面是不同的？

2. 写出你所在地区改善环境的非政府组织活动的主要方向，填写下表：

生态组织名称	主要活动方针

3. 你所在地区哪些问题最引起生态学家的担忧（这些问题在多大程度上是全球的）？

参考资料

鲍里什波列茨：《对人类发展的现代威胁》，载《全球化：人类的衡量标准》，莫斯科，2002，第78—111页。

《关于俄罗斯联邦人类潜力的发展的报告》，载博贝列夫主编：《俄罗斯环境在全球》，莫斯科，2001，第155—169页。

卡皮察：《过去，现在以及将来有多少人生活在地球上：人类增长的理论随笔》，莫斯科，1999。

马克西莫娃：《全球问题》，载托尔库诺夫主编：《现代国际关系》，莫斯科，2000，第220—259页。

哈列尔：《世界政治理论和全球环境》，载布斯、斯密特主编：《世纪之交的国际关系理论》，莫斯科，2002，第138—162页。

《人类的发展：社会经济发展的新标准》，莫斯科，2000。

网络资源

UN High Commissioner for Refugees：http://www.unchcr.ch

United Nation Population Fund: http://www.unpf.org

United Nation Environmental Programme: http://www.unep.org

Population Reference Bereau: http://www.prb.org

World Resources Institute: http://www.wri.org

一些俄罗斯生物学网站:

http://www.ecoterra.ru

http://news.priroda.ru

第二编　现代国际关系与世界政治的新标尺

国际关系与世界政治新标尺这一篇需要进行说明。很显然，经济因素、教育因素、国际法在整个人类社会的历史发展中发挥了巨大的作用。然而，在20世纪末21世纪初，由于教科书前几章中讨论过的变化，这些问题在第二编中被突出出来，它们在许多方面决定着世界政治的发展。正因为如此，在大部分世界政治教程及教科书中，经济和法律问题已经成为传统的问题。当然，这里不涉及教育领域，尽管该领域的意义越来越重要。

第十二章　世界政治的经济成分

第一节　世界政治经济的最重要的流派

经济和政治总是最紧密地联系在一起的。世界政治经济这门学科（英语：international political economy）反映了这种相互关系。该学科主要是这样一些领域，如国际贸易和国际金融体系。一些作者，如戈尔德斯泰因，将“跨国公司”的活动划分为世界政治经济的一个领域。

20世纪下半叶，在世界政治中的经济因素开始特别引人注目。其中的一个原因便是20世纪70年代的能源危机。此后人们发现，由军事实力决定的所谓高层政治，在经济或者低层政治面前苍白无力。美国在越战中的失败就是例证。这次战争明确显示，军事力量并非总能解决一切问题。还有一些内部因素。民主国家越来越毫无疑义地体现出国家的经济成就与政府受欢迎程度间的依存性。由于世界相互依存性的增强，经济越来越受制于国际因素。

第一批阐述了在世界相互依存和全球化的新条件下政治和经济的紧密关系的著作出现在20世纪70年代初。这是斯特朗格，科恩，奈及其他许多作者的研究成果。在世界政治经济发展中发挥很大作用的是吉尔平的书，其中包括《国际关系的政治经济》(*The Political Economy of International Relations*)。的确，这本书出版稍微晚了一些——是在1987年。整体说来，从20世纪70年代起，世界政治经济开始强劲发展。

像任何其他领域一样，该领域也有自己的理论流派。主要的古典流派通常分出两个最为流行的流派——重商主义（英语：merchantilism），贸易自由主义或者经济自由主义（英语：commercial/economic liberalism）。

由于资本主义的发展，欧洲产生了重商主义。其出发点是，经济应该为政治服务，目的在于加强国家实力。地理上的大发现和随之而来的欧洲国家侵占新领土，推动了重商主义的发展。以贵重金属为主的财富积累成为国家实力的标志。18世纪出现了重商主义的繁荣，这是由于英国的武力成就造成的。

重商主义的代表人物赞同政治现实主义者的如下观点：国家应该捍卫自己的利益，包括经济利益。按照该派拥护者的观点，经济政治应该立足于国家的发展。此外，国家从经济的积极发展中获得的收入使得它能够把大量资金用以满足军事需求。持重商主义观点的作者主张国家调控经济生活，包括市场环境。

在现代条件下，重商主义思想获得了“新重商主义”形式（英语：neo-merchantilism）。新重商主义的中心环节，仍然是国家在政治经济生活中起重要作用，但是，黄金储备不如以前那么重要了，因为目前国家的经济和其他实力已不取决于黄金。考德威尔（D. Caldwell）写到，术语“重商主义”的起源应归功于两位作者——布拉克（D. Blake）和沃尔特斯（R. Walters）。

新重商主义者引用德国和日本战后发展的成功例子，指出经济作为国家建设最有力的因素的作用。正如他们所强调的那样，这两个国家能在现代社会占主导地位，正是由于经济的发展。

新重商主义将注意力集中在国家间资源分配及所得产品的经济利益的差异上。同时特别强调竞争的作用。新重商主义立足于民族生产的发展和维护，并将民族商品推广到世界市场。因此，该流派的代表被称为经济民族主义者。有趣的是，“经济民族主义”思想的承载者有时不仅是经济学家或者政治活动家，而且是宁愿购买本国产品的公民。而且，在分析类似行为时，不能不考虑到广告公司的作用。

为了发展本国生产，新重商主义者建议实行商业“保护主义”政策（英语：protectionism），此政策规定为某一个或几个民族行业创造特殊条件并保护其免受市场环境的影响。国家实行商业保护主义政策的原因各种各样。这可能是与某些经济部门相应的金融工业集团院外活动的结果，也可能是国家想发展世界市场中本国暂时没有竞争力的新兴部门等。保护主义政策要求运用各种不同的经济方法。暂时将它们划分为两组——征税方法，它建立在使用关税基础上（英语：tariff）和非征税方法（英语：non-tariff barriers），要求实行配额、补贴等。

保护国内市场最简单的方法之一是对进口商品征收关税。税率一般制定为进口商品价值的某一个百分比。因此，商品在国内市场上的价格上升了。关税不仅限制了进口，而且是国家收入的显著组成部分：国家使用复杂的，反映各种不同类型的商品的税率体制。然而近来，正如我国作者科斯秋明和利文采夫指出的：“关税丧失了其作为歧视性壁垒的分量。整体说来，从1947—1998年关税税率从45%下降了3%—4%。

配额（英语：quotas）被用做促进保护民族商品的另一种方法。进口配额规定某种商品有多少可以进入国内，或者对其价值进行限制。保护民族市场可以靠禁止进口一定种类的商品来实现。

20世纪80年代，美国对日本进口汽车实行配额，这是应用进口配额的一个例子。当时，在日本进口汽车的影响下，美国本国的汽车工业经受了极大的困难。正如戈尔斯泰因指出的，这种情况下，负面作用是配额只限制了进口汽车的数量，而没有限制其价值。结果，日本很快将目标转为供应昂贵汽车，这使得汽车厂商得以完全保留自己在美国的市场。

产品进口可以由国家通过商品认证的不同的程序来调整。特别是食品、药品和类似部门的产品是这样。

还有一个保护国内市场的方法——补贴某些部门，比如农业产品补贴。这使其得以保持相对低的价格，并支持民族的农场经济。

还存在其他保护国内市场的方法。整体说来，保护主义政策对经济有正面和负面后果，霍洛波夫对商业保护主义政策的支持者和反对者的论据进行了分析。该政策的支持者说“支持本国生产者，在本国生产部门保留工作岗位，这可以保障社会安定，而缩减进口可以增加国内总需求，进而推动生产和就业的增长”。同时他举了一些相反的理由。比如，正是由于本国生产者的劳动效率不高，才需要保护他们。因此，商业保护主义导致限制竞争，进而导致本国生产继续无效率。

商业保护主义的另一个最普遍的理由是暂时保护新生的、再生不久的行业。随着这些行业的发展，保护主义措施将会被消除。霍洛波夫认为，对此也有相反的论据。“从国家比较优势形成的角度看，首先很难确定，哪个部门确实是有发展前景。其次，对于新兴行业的保护主义，在很大程度上减少了其提高效率的动力，因此，其形成期会在不确定的很长时间内被拖延。最后，对待新兴行业提供补贴或者其他优惠，是比对外贸保护主义更为有效的支持手段。”

至于说国家所获得的收入，霍洛波夫也指出了其缺点：预算收入依赖于进口。该依据与另一个问题——保障经济安全有关。比如，保护主义的拥护者反对扩大进口，并因此反对实行高税率，其依据是，如果依赖进口和高关税，国家的经济和防御能力将受制于外国。

但是在现代条件下，只建立在本国资源基础上的发展极为困难和无效。实质上这种政策会导致建立自足的民族经济体制（英语：autarky），阿尔巴尼亚当年就是走的这条路。从20世纪60年代起，它先在政治上投靠中国，后来又同它决裂，而后独立发展，到20世纪90年代初，成为欧洲最贫穷的国家之一。

仅立足于本国资源，商品生产的成本太高了。结果，国家失去了加入世界经济所拥有的“比较优势”（英语：comparative advantage）。比较优势的形成，是由于国家总是能够确定，扣除所有花费，生产哪种产品将比生产其他产品更有利。为了获得最大的利润，国家会将某些商品生产和服务专业化。同时，信息交换和交通服务价值，即所谓“交易费用”（英语：transaction costs）当然包括在商品价值中。

运用非关税方法也具有其局限性。比如，民族经济一些行业代表可能依赖补贴而不必急于现代化。因此，这些行业落后于世界水平。

最后，一般说来，商业保护主义通常会引起其他国家的针对性反应。这些国家也努力保护自己的市场，并对限制进口本国商品的国家采取类似的手段。因此受影响的还有那些向采用保护主义方法的国家出口的行业。

整体上来说，像使用任何一种手段一样，保护主义手段的有效性取决于这些手段在多大程度上同等使用。保护主义政策确实可能促进民族行业的发展，但相反，也可能导致这些行业竞争力不足和事实上的退化。

重商主义的代表特别注意“贸易平衡”（英语：balance of trade），它指的是进口总价值和出口总价值的关系。当出口总价值超过进口总价值时，贸易平衡将是正面的，反之，当进口占统治地位时，贸易平衡将是负面的。我国研究者谢尔任科指出：“根据重商主义时代的传统，积极的贸易平衡毫无疑问常被确定为良好的宏观经济指标，实际上，它本身远不能总是反映经济的整体情况。”还有其他许多必须考虑的指标。当国家的贸易状况显示为负面的贸易平衡时，几年内可能没有特别负面的后果，但是长时间保持这种状况是危险的。

许多方面与重商主义相反的流派是经济自由主义。该流派起源于阿达姆·斯密特，乔·斯秋阿尔斯·米利，达维德·里卡尔达的观点。于18世纪末出版的斯密特的著作认为，国家的地理位置、气候条件、自然资源是有差别的，是它决定了“绝对优势”（英语：absolute advantage）。里卡尔达发展了比较优势论，他表明，绝对优势只是个别情况。

古典经济自由主义的出发点是，每一个国家应该专门生产某种产品。正是由于贸易交换，所有参与者都将获利。现代自由主义将公司看做经济领域的主要参与者，把不过分干预经济看做国家最有效的角色。该流派的代表强调，必须消除国家利益造成的经济壁垒，因为这些壁垒阻碍了自由贸易。

与重商主义的拥护者不同，自由主义者强调的不是国家的竞争，相反地是国家存在共同利益，在经济领域必须合作以获得互利。换句话说，自由主义者将世界舞台上的经济互动看做非零值游戏。互利性互动取决于每个国家拥有的比较优势。戈利季登以丹麦为例。丹麦没有能源和资源，有 500 多万人口，但却专门生产奶油和乐高儿童积木。这使得该国能很成功地生存，并支付必需商品的进口。有趣的是，经济自由主义代表人物解释“二战”后日本和德国取得成功的原因，是这两个国家积极参与世界经济和与其他国家合作。自由主义的拥护者其出发点也是，国家可以通过国际制度和组织从经济合作中获利。因此，自由主义集中精力研究使国家达到自己的目的的国际机制和体制。

应该说，从历史角度看，重商主义思想从一开始就实现了。事实上 15 世纪至 17 世纪中叶，欧洲的经济政策就建立在这一原则上。18 世纪末，由于工业革命，英国以其开放的贸易政策走上了前台（经济自由主义得到了发展）。正如布朗（C. Brown）认为的，英国在意识方面走在了前面，并且两个多世纪一直领先。

许多研究世界政治经济的作者分出了第三个流派——马克思主义。它建立在经济决定政治的基础上，其重点不是研究政治经济领域中国家的互动，而是有产者和无产者之间斗争形式的互动。目前，这一流派主要在新马克思主义理论框架下发展着，并且主要研究“南北”关系问题。

最后，一些研究者，包括邓肯（W. R. Duncan）、简卡尔·韦贝斯特（B. Jancar. Webster）、斯维凯（B. Switky），特别关注这种世界政治经济流派——公共选择理论（英语：public choice）。该流派实质在于，它从人类行为的宏观理念出发，强调内政因素在世界舞台国家经济行为中的作用。邓肯，简卡尔·韦贝斯特，斯维凯列出了所说的四种流派的比较结果（见表 12. 1）。

表 12.1 **世界政治经济的理论流派**

主要流派	古典经济自由主义	公共选择论	重商主义	马克思主义和新马克思主义
主要观点	自由市场原则应该占统治地位（从这一角度看，它与从政治理想主义产生的政治自由主义有所不同）	个人和国家是合理的参与者，其行为是为了实现既定的目标	国家运用经济增强自己的实力	经济因素决定政治和社会体制
最重要的分析单位	个人或者公司	利益集团，个人（基本的），政府机构的代表（次要的）	国家	阶级（资产阶级和工人阶级）或者国际资本主义体系
关于世界政治经济领域未来发展的观念	和谐和自我调整：通过正在形成的世界市场实现国际经济一体化	取决于相互目标的合作或冲突	一开始国家就具有的对抗和斗争，他们通过力量平衡来调整	与生俱来就有的冲突，特别是阶级冲突。共产主义胜利前的革命变化

资料来源：邓肯（W. R. Duncan），简卡尔·韦贝斯特（B. Jancar. Webster），斯维凯（B. Switky）：《21 世纪的世界政治》，纽约，2002。

第二节　20 世纪下半叶至 21 世纪初世界政治经济的主要问题

两次世界大战之后，在 20 世纪内，欧洲经济生活曾两次处于悲惨状况之中。而美国这两次显然都处于最好的状态。然而，正如兰伯恩和莱帕戈尔德指出的那样，如果“一战”之后，美国完全拒绝援助欧洲和与欧洲互动的设想，并且在欧洲人达成一致的情况下帮助他们，那么“二战”后一切都会是另外的样子。

到20世纪40年代中期，很显然，世界上唯一的经济领袖是美国。“一战”后初期，美国生产了西方国家一半以上的商品，提供了一半以上的服务。作为经济上最强大的国家，美国制订和提出计划要帮助欧洲国家和日本恢复经济。该计划的正式名称为“马歇尔计划”。根据该计划，近150亿美元拨给了西欧和日本。这种金融投资的意义首先是遏制共产主义在世界的传播。“二战”后，美国支持建立欧洲经济共同体，随后，欧洲经济共同体成为美国主要的经济竞争者。

1944年7月在布雷顿森林小镇（美国）举行了44个国家代表参加的会议，为的是制定贸易和金融体系领域新的世界规则。当世界共有60个国家的时候，这个参与者数目非常有代表性。然而应该指出，当时大部分国家都是殖民地，没有人去制定政治经济互动的新规则。

这次会议上签订的协议是所谓的“布雷顿森林体系”（英语：Breton Woods System，BWS）的基础。会晤参与者的出发点是：

- 必须稳定兑换汇率；
- 必须活跃国际贸易；
- 必须给由于“二战”经济遭受极大困难的国家以帮助。

尽管有44个国家参加了该会议，但是主要协议是由美国以及英国代表制定的。正如休斯指出的，整体上说来，西方国家是会议的主要参与国，他们基于自由主义原则建立了新的世界政治经济体系。同时，英国代表团是由乔·梅纳德·凯恩斯（John Maynard Keynes）率领的，他是著名的经济学家和政治活动家。他坚持必须更有力地吸引其他国家参与解决国际经济问题。

为了稳定兑换汇率，帮助因“二战”经济遭受极大困难的国家，通过了关于建立国际货币基金组织（英语：International Monetary Fund，IMF）的决议和建立国际复兴开发银行（英语：International Bank for Reconstruction and Development，IBRD）的计划。该银行通常称为“世界银行”（英语：World Bank）。这为战后金融体系奠定了基础。

有趣的事例!

国际货币基金组织成立于1945年，是在布雷顿森林协议的基础上建立起来的。它具有联合国专门机构的地位。其资金来源于加入该国际货币基金组织的国家所支付的定额。定额多少取决于人均国民收入，贸易规模及许多其他因素。国际货币基金组织的目标，是促进国际贸易和金融领域的合作。管理委员会是其最高机构。总部设在华盛顿。

世界银行也是同年在华盛顿协议的基础上成立的。具有联合国专门机构的地位。总部在华盛顿。最初，其活动是为了在金融领域帮助“二战”后的欧洲国家，以及重建和发展经济。后来，世界银行的活动在地理上极大地扩展了。

两个机构作决策是建立在所谓的每个国家所支付的定额上。换句话说，不同国家投票的“分量”是不一样的。实质上，定额体系意味着，由现代社会的主要国家来监督主要国际金融机构的活动。

整体上来说，正如戈尔德斯泰因指出的，国际货币基金组织和世界银行在从成立时刻起，就致力于解决三大任务。最初是致力于稳定战后西欧国家和日本的金融体系和贸易。这个任务成功地完成了。接着，19世纪70年代至20世纪80年代，其关注的焦点是发展中国家，而在20世纪90年代，关注的焦点是东欧和俄罗斯。最后两个任务的解决较为麻烦。

在布雷顿森林体系下，试图通过建立国际机构——国际货币基金组织和世界银行使经济领域非政治化，这两个机构是联合国专门机构，但同时也是独立的机构。其想法是要降低经济组织中政治成分的作用。其实，这只是一种愿望，而非现实。所创立的机构主要集中精力调整经济状况，正如布朗指出的，其主要目标在于寻求用技术手段解决技术问题。国际货币基金组织并非打算成为某种积蓄钱财的世界银行机构（顺便说一句，这是凯恩斯提出的），而是成为任务在于监督参与国在多大程度上遵守游戏规则的国际组织。

布雷顿森林体系规定了发展自由贸易的目标。最初曾寄希望于国际贸易组织（英语：International Trade Organization，ITO）。然而，该组织不能实现被赋予的功能。因此，1947 年在日内瓦，23 个国家签订了关税与贸易总协定（英语：General Agreement on Tariff and Trade，GATT）。此事具有重大意义。其目标是通过降低关税和减少其他贸易壁垒来发展自由贸易，完成贸易领域的某些仲裁功能。关税与贸易总协定从一开始更像是谈判和协调利益的代表大会，而不是某种行政机构。有趣的是，创建类似组织的思想实现得很不简单。曾有人担心，这将导致贸易领域被过度调整和控制。

1995 年，决定将关税与贸易总协定重组为世界贸易组织（英语：World Trade Organization，WTO）。这是关税与贸易总协定乌拉圭谈判的结果，这一谈判从 1986 年持续到 1994 年。该组织的功能和活动范围扩展了。因此，世贸组织开始涉及新的领域——农业经济、服务贸易、知识产权贸易。这一切都表现在行政结构以及管理机构的扩大上。

同时，世界贸易组织在许多方面成为了世界经济全球化的标志，但它也引起全球很多地方的抵抗，体现在对该组织的反对上。许多运动和联盟将其活动看做对本国商业的威胁。比如，生态运动指责世贸组织，由于世贸的活动，为了获得经济利益，环保领域的国家立法被破坏，这对自然带来了无法弥补的损失。

一些消费者联盟也反对世贸组织的活动。他们不满意的是，随着贸易壁垒的降低，柜台上出现了许多可能对健康有害的商品。比如，欧洲国家比美国更严格地对待通过基因工程获得的食品。而世贸组织框架内的活动则要求遵循统一标准，而该标准远不能严格保护公民的健康。

目前，世贸组织是贸易领域主要的国际组织。其成员超过 130 个国家，而且世贸组织的成员国数量在不断增加。1999 年中国加入世界贸易组织是一个重要时刻。然而，为了这一天却需要 13 年的复杂谈判。而俄罗斯加入世贸组织的谈判已近结束。

该组织的主要原则是，首先，规定所有该组织成员都要降低关税和其他贸易壁垒；其次，要在相互的基础上进行；最后，不允许歧视，即进口商品和本国生产的商品占有同样位置。

从1970—1998年间，世界贸易指标每年增长4.8%，而从1999年起，包括对2004年的预测，年增长达到5.9%。整体来说，贸易领域现在成了接受国际制度调整的领域。国际制度要求一定的规则、原则、行为准则以及决策程序。它们都具有明示和隐含的特点，即在一定的文件中有规定，或者是某种不言自喻的行为类型。

根据布雷顿森林会谈的结果，决定恢复“黄金标准”（英语：gold standard）。黄金标准第一次是1821年在英国实行。它规定了本国货币对黄金的关系。直到1914年前，黄金标准被废除时，欧洲的金融制度的确相当简单。来伦敦的法国人或在法国旅游的英国人当时可以不兑换货币。黄金是某种唯一的标准。法国的金法郎恰好相当于英国的金镑。然而，尽管这种金融制度很简单，但黄金通过国境线自由流动仍是一个潜在的问题。尽管当时黄金从一个国家转移到另一个国家的数量并不大。伦敦当时是金融中心，英国货币在世界占统治地位。

两次世界大战间隔时期，黄金标准经历了十分复杂的历史过程。在20世纪20年代中期，英国试图恢复黄金标准。它认为，这是大英帝国尊严的标志。但1929—1933年间的经济和金融动荡使这一体系极不稳定，1931年英国拒绝将自己的货币兑换成黄金。从此，世界划分为不同的贸易区，美元、英镑、法郎分别占“统治地位”。

在布雷顿森林体系里，黄金标准重新得到恢复。但是出现了“关键货币”——美元。一盎司黄金的价值定为35美元。同时美国政府保证美元可自由兑换成黄金。结果，美国成为世界政治经济体系最积极的参与者。正是“二战”后，欧洲不再在政治经济领域占统治地位。其他国家的货币与美元“挂钩”。协调汇率成了国际货币基金组织的一项任务。

整体说来，布雷顿森林谈判结果创建的经济体系，促进了西欧国家和日本长达约20年的经济增长。美国这一时期发展得也很快。总之，20世纪50年代至20世纪60年代初，世界经历了经济繁荣。然而，这一切直到对美国经济有信心为止。

20世纪60年代，危机一个一个接踵而来。正如布拉克和沃尔特斯写到，很明显，美国不能履行将美元兑换成黄金的责任。到1971年，据官方资料，国外美元的存量超过美国本土存量的300%以上。

同时，美国开始经历“贸易赤字”（英语：trade deficit）——进口超过了出口。越战的花费也非常惊人。结果，也是在1971年，尼克松总统宣布废除黄金标准。美国把美元贬值9%，确定一盎司黄金价格为38美元。同年12月曾召开国际会议试图挽救建立在黄金标准之上的货币体系。但是1973年，该体系还是崩溃了。大部分国家实行本国货币的浮动汇率。

美国退出布雷顿森林体系，被认为是该体系终止存在的时刻。这一步骤正面影响了美国经济，同时却负面影响了欧洲国家以及日本的经济。这一切正赶上20世纪70年代的能源危机和许多欧洲国家经济问题的尖锐化。

1969年，为了中止20世纪60年代的危机，国际货币基金组织决定实行“特别借款权”（英语：Special Drawing Right，SDR）。新货币为纸币，分别在1970—1972年和1979—1981年有效。从1981年起，这体现在以现有五种主要货币为基础形成的货币单位上——（美元——42%，马克——19%，法郎，日元和英镑各为13%），它们构成了国际储备资金，用做国际货币基金组织成员国的计算与核算单位，以及用做与国际货币基金组织的结算。

特别借款权不能购买某种商品或货币。另一个重要方面是购买货币不允许个人或者团体参与。这只有国家央行才能进行。

20世纪90年代初，在讨论将关税与贸易总协定改组为世界贸易组织时，欧盟也发生了重大变化。1991年12月欧盟签订了《马斯特利赫特条约》。该条约签订以后不久，美国、加拿大、墨西哥签订了关于建立“北美自由贸易区”的条约（英语：North American Free Trade Area，NAFTA），规定建立统一的贸易经济空间。从1994年起，北美自由贸易区开始阶段性地取消国家关税，共计15年。欧盟和北美自由贸易区成为区域性贸易区。

1999年欧盟实行统一的欧洲货币——欧元。它一开始仅用于非现金结算，从2002年起可在现金流通中使用。欧洲国家实行欧元曾伴随着激烈的讨论。比如，英国决定不急于过渡到统一的欧洲货币。然而，欧元已成为世界金融体系的重要现象。

随着美国决定退出“二战”后形成的金融体系，随着布雷顿森林体系事实上的瓦解，该体系产生的一系列机构继续存在。首先是在该体系框架下成立的经济机构——国际货币基金组织和世界银行。虽然它们完全处于另一种政治经济条件下，但依然存在，在世界体系里发挥重要作用。其次，自由贸易机制不仅保留下来了，而且在现代社会加强了。世贸组织不仅在参与者数量上，而且在涉及问题的范围上扩大了其活动范围。国际货币基金组织是解决20世纪80年代的支付危机的国际机构。因此，尽管布雷顿森林体系在形式上不复存在，但是以其作为基础的思想和一系列机构继续在发展。

谈到政治经济发展的趋势时，今天最重要的是两条：

- 发达国家的经济一体化及真正建立全球市场。这方面世贸组织的作用特别大。
- 工业化国家内划分出三大地区竞争集团：欧洲、北美地区和亚洲地区。由于潜力巨大，亚洲地区十分重要。每一个集团自己对自己“开放”（最低的贸易和其他壁垒），对其他国家部分“封闭”。换句话说，集团展示了独特的内部自由主义和外部重商主义。

尽管这两大趋势同时作用，但由于通信以及交通服务的发展，一体化趋势仍然占主导地位。

在现代条件下，跨国公司的活动以及与之直接相关的世界经济一体化，对世界进程的影响增大，是重要的趋势。尽管跨国公司的活动引发了争论，但在一系列问题上，不同研究人员和分析家的观点却是一致的。其中有：

- 活动范围超越边界的公司数量增加了（事实上任何一个大公司现在都以不同方式在国外运作）；
- 跨国公司的活动范围越来越大，经营范围在扩大，不仅涵盖商品销售，而且涵盖服务贸易；
- 许多跨国公司的活动与新通信或信息技术有关；
- 大部分跨国公司的活动在地理上分布在发达或者新工业国家，很少分布在最不发达国家；
- 如果最初大部分跨国公司是以美国为基地，那么现在情况变了：正如布朗（Ch. Brown）指出的，在美国属于外国公民的总股金要比属于在境外美国人的多；
- 跨国公司的民族纽带越来越不明显。

同时，一些作者认为，跨国公司是本国商业在国外的领路人。由于全球化，多数反映重商主义思想的观点越来越不符合现实了。跨国公司对获利感兴趣，因此大部分情况下首先是从这些意图出发，而不是从必须支持本国实力出发。

跨国公司的这些特点在很多方面决定了世界现代经济状况，决定了世界的政治发展。就算美国也不能控制跨国公司的活动。从世界政治观点看，用斯特朗格的话说，这又是一个证明，国家的作用从根本上发生了变化。这一切使得国家寻找新的作用方法。

关键术语

世界政治经济
国际贸易
国际金融体系
跨国公司
重商主义
贸易的或者经济自由主义
新重商主义
征税和非征税调节方法
配额
补贴
自足政策
比较优势
贸易平衡
交易费用
绝对优势
新马克思主义
马歇尔计划
布雷顿森林体系
国际货币基金组织
国际复兴开发银行/世界银行
保护主义
关税与贸易总协定
世界贸易组织
黄金标准
贸易赤字
特别借款权
北美自由贸易区

讨论题

重商主义的主要观点是什么？
经济自由主义的本质是什么？
公共选择论和新马克思主义的主要观点是什么？
布雷顿森林体系是什么？

世界政治经济的主要问题是什么？

世界政治经济发展可以归纳出哪些主要趋势？

现代跨国公司的活动特点是什么？

实践题

21 世纪初俄罗斯的大众媒体，包括专业杂志，激烈地讨论过它们国家是否应该加入世界贸易组织。在这些材料的基础上填写下表：

论证的作者（具体人或者组织）	赞成俄罗斯加入世界贸易组织的理由	反对俄罗斯加入世界贸易组织的理由

仔细分析所得到的结果。哪些集团的代表赞成最快加入世贸组织，而哪些集团的代表反对尽快加入世贸组织？

参考文献

阿丰采夫：《现代社会的经济政策："全球管理"或者全球政治市场》，载列别杰娃主编：《21 世纪之交的世界政治和国际关系》，莫斯科，2000，第 29—61 页。

切普林、基谢廖娃主编：《经济理论教程》（第四版，增补修订本），基洛夫，1999。

利文采夫主编：《国际经济关系》，莫斯科，2001。

斯特凌杰：《政治经济与国际关系》，载布斯、斯密特主编：《世纪之交的国际关系理论》，莫斯科，2002。

费尔德罗夫：《英俄银行百科字典》，圣彼得堡，1995。

谢季林：《经济外交》，莫斯科，2001。

网络资源

世界银行:http://www.worldbank.org
世贸组织:http://www.wto.org
国际货币基金组织:http://imf.org
经济合作与发展组织:http://www.oecd.org
The Economist:http://www.economist.com
International Political Economy Network:http://csf.coloradl.edu/ipe

第十三章　世界政治中的法律与道德

威斯特伐利亚体系一开始所确定的国际关系的无序性是由“国际法”来调整的。美国研究者理查德·福克（Richard Falk）指出，国际关系使用的大部分法规是建立在道德原则基础上的。一个国家对另一个国家领土的入侵（比如，20 世纪 90 年代初伊拉克侵占科威特就是如此）不仅被看做对国际法的违反，而且被大部分国家以及国际关系的其他参与者认为是不道德的行为。齐甘科夫也持类似观点。他认为：“无论法律还是道德都是必须履行的行为准则，它具有法律或者道德义务的形式，追究破坏义务的责任，它反映了国际关系的现有发展水平和人类文明整体发展水平。”但是，道德和法律并不完全相同。齐甘科夫指出了它们的两个不同点：

- 法规在相应的文件中有规定，而道德原则没有；
- 道德和法律在影响形式、手段和方法上有区别，如果法律规定采用强制手段（制裁，将其从国际组织成员中开除出去等），那么道德则没有。

除了上述所说的差异，必须还指出一个不同点。尽管道德和法律都是以价值观为基础，但是道德在更大程度上与价值观有关，它是复杂的，有时也是矛盾的。人类共有的，意识形态的，宗教的及其他价值观都交织在一起，这会引发矛盾的产生。

第一节　世界政治的法律组成部分

现代国际法是历史长期发展的结果。一开始，战争的发动权问题是民族关系最重要的问题。这个问题不止一次在古代思想家的著作中被讨论过。“民族间的法律”（拉丁语：Jus inter gentes）这一概念本身是 16 世纪由西班牙人维多利亚提出来的，他说过对任何一个人都要负起基督的责任。这一概念的根源来自罗马法律，罗马法律中有“人权”（拉丁语：Jus inter gentium）这个概念。

古多·格罗茨（1583—1645 年）是荷兰法律家和政治活动家，他生活在欧洲三十年战争期间，是第一个在著名作品《关于战争与和平的权利》中关注不通过武力手段，而通过法律手段解决争端的必要性。对他而言，战争只有在自卫或者对造成的损失作出回击的时候才能使用。他认为，只有这样的战争才是正义的。

还有，正如我国作者科洛索夫所写的：“如果把国际法的最初定义理解为民族间的法律，那么可以认为，最早的一般法规还是在原始社会时期、国家形成之前就诞生了……如果将‘国际法’这一概念解释为国与国之间的法律，那么不得不承认，该概念是与国体形成的过程同时产生的。”换句话说，随着国家的形成，现代国际法形成并发展起来了。

格罗茨也是确定“国际法渊源”的研究人员之一。“国际法渊源”成为至今有效的国际法的基础，而格罗茨被称为国际法的鼻祖。

之所以产生根源的问题，是因为与拥有立法权的国家不同，国际法中不存在这种中央机构。目前，根据《国际法院规约》第 38 条，国际法的渊源有：

“（a）国际法公约，无论是一般的，还是专门的，都制定了规则，都得到了争端国家的明确承认；

（b）国际习俗，作为共同实践的证明，被承认是法规；

（c）法律的总原则，得到了文明民族的承认；

（d）第 59 条的补充说明，诉讼裁决及各民族公共法律方面最有专长的专家的学说，是确定法规的辅助工具。”

国际法在现代社会中具有重要意义。它降低了国际环境的不确定性，稳定了国际关系。“国际公法”与“国际私法”是不同的。两者都调整国际的法学环境。同时，国际公法，或者说国际法，它首先是调整国家之间的关系。在“外交辞典”中，国际法被描述成“调整国家之间的关系及确定他们相互权利与义务的法律原则和规范的体系”。而国际私法是与国际舞台上的个人、公司或者非政府集团等互动有关的问题。它调整国际贸易、国际信息交换、国际旅游及其他类似的活动范畴。

在现代社会中，正如鲁克尔所认为的，国际法在调整低层次的政治活动方面：贸易、技术、信息、经济等领域的合作，旅游等——主要在国际私法的领域比较成功。而高层次政治，即国际公法领域的情况要糟糕些。鲁克尔写道，当涉及以生命攸关的重要利益时，国家有时违反国际法规。然而，尽管如此，在安全领域，国际法还是国际关系最重要的调节器。在现存国际条约的基础上进行着新的谈判。国际条约是安全领域国际制度形成的一个最重要的元素。

签订《威斯特伐利亚和约》之后，国际法规定了国家（民族）主权思想（英语：national（sovereignty）），该思想至今仍是一种核心思想，其意思是，国家在属于其的领土上拥有全权，并在国际事务中是独立的。据此，其他国家或者其他参与者无权干预他国内政。

主权是国际法中的主要概念。从理论角度上，它与从国家中心世界模式理念出发的政治现实主义理论紧密相联。

从主权思想引申出来的一个最重要的“国际法原则”，是国家主权平等原则（英语：sovereign equatity）。它的意思是，无论领土、人口、军事与经济实力等如何，国家在法律上是平等的。它们都拥有同样的权利。该原则在联合国宪章第1条第2款中有记载。上面写道：“联合国是建立在其成员主权平等基础上的。”根据联合国宪章(1970)，在涉及国家间友好关系与合作的关于国际法原则的宣言中，该观点得到了阐述：主权是其他国际原则的基础——边界及领土完整的不可侵犯性，不干涉内政等。

除此以外，国际法原则还包括和平解决国际争端的原则，不使用武力或武力威胁的原则，合作的原则等。所有这些都记载在联合国宪章中，上文提到的1970年宣言及其他国际文件里。国家间可能的争端应该通过谈判或者法律程序解决。据霍尔斯蒂（K. Holsti）的资料，1919—1986年间，共有168起国家间冲突通过和平手段加以解决。此外，在“一战”结束后，70%的国家间冲突和争端都成功地解决了。

重要的观点!

在国际法中国家主权被确定为“本国疆界内国家的至高无上地位和国际事务中的独立性。这是任何一个国家的本质，特征”。

科洛索夫、库兹涅佐夫主编：《国际法》（教科书），莫斯科，1996，第 58 页。

世界舞台上解决争端，要么通过谈判，要么通过有第三方或者无第三方参与的斡旋程序，要么通过法庭程序。

国际法庭（英语：International Court of Justice，ICJ 或者 World Court）成立于 1945 年，是解决国家间产生的冲突的联合国审判机构。其所在地是荷兰海牙。它由 15 个法庭组成，法庭是由安理会成员和联合国大会以绝对多数的票选选出来的，任期9 年。每隔3 年，法庭成员更换 1/3。法庭的选举程序规定它的继承性。它们可以来自联合国成员国的任何一个国家，同时，安理会的五个常任理事国也是法官。

联合国安理会和联合国大会可征询国际法庭的裁决，只有当事国同意时，国际法庭才开始审理争端问题。比如 1992 年解决了萨尔瓦多与洪都拉斯之间的领土问题，该争端历史悠久，源于 19 世纪中叶。1986 年两国向国际法庭寻求帮助。国际法庭裁定，约 2/3 的领土属于洪都拉斯，1/3 的领土属于萨尔瓦多。领海也在两国和尼加拉瓜间划分完毕。

还有一些地区性的国际法庭。其中之一是在斯特拉斯堡的从属于欧盟的欧洲人权法庭（英语：European Court of Human Rights）。它在 1950 年通过的关于保护人权和基本自由的欧洲公约的基础上发挥作用。当其成员国公民的权利受损时，该法庭审理其申诉。

国际军事法庭（英语：International War Tribunal）成立于“二战”结束后，是追捕和惩罚那些曾为法西斯德国作战的主要战犯的国际审判机构。其成立大会在 1945 年 10 月举行。对这些战犯的审判是在纽伦堡（德国）进行的，被称为纽伦堡审判。戈林、凯特尔、卡尔滕布隆纳及其他主要纳粹犯罪人被追究了责任。其中 12 人被判处死刑，7 人被判处无期徒刑。

远东国际军事法庭是 1946 年 1 月在盟军政府间谈判的基础上成立的。该法庭于 1946 年 5 月至 1948 年 11 月在东京开庭（东京审判）。法庭由 11 个国家组成，包括苏联、美国、英国、法国等。

1993 年，根据联合国安理会决议，在波斯尼亚和黑山哥维那战事最紧张的时候，海牙成立了用以解决前南斯拉夫问题的国际刑事法庭（英语：International Criminal Tribunal for the Former Yugoslavia）。决议表示相信，追捕那些严重破坏国际人道主义的罪犯，有助于结束该领土上威胁和平和国际安全的暴力。海牙法庭公开审理了前南斯拉夫前总统米洛舍维奇的案件。

国际刑事法庭（英语：International Criminal Court）是一个最新的国际审判机构。它是根据联合国会议决定于 1998 年在罗马成立的，其任务是审判与种族灭绝、破坏人权等有关的案件。国际非政府机构对其成立发挥了很大作用。

国际法也调整与外交活动有关的领域。它规定了“外交代表机构”——大使馆、公使馆的功能，它们是驻外的对外关系国家机关。

根据国际法，外交官在驻在国拥有“外交特权”（许多特权和优惠）和“外交豁免权”（某种治外法权）。这使得他们可以不受其工作所在国的干预，有效地完成使命。外交豁免权是指代表处的办公地点、住房、交通工具以及个人的不可侵犯性。外交家不需交税。他们不能被拘捕。如若犯罪，外交官通常被遣送回国，或者被追究刑事责任，但要以得到其本国同意为前提。因此，纽约市长朱利阿尼欲追究违反汽车停放规定的外交代表机构及外交官的责任，结果徒劳无益，这件事当时曾闹得沸沸扬扬。1979 年 10 月，极端主义分子集团在德黑兰扣压美国外交官作为人质，长达 1 年以上，这是规模最大的一次破坏外交豁免权的事件。

有趣的事例!

外国使节并不总是不可侵犯的。而且，在古代，如果使者带来不好消息，那么他们可能被杀害。

确定调整国家间外交关系原则和法规的一个最重要的国际文件是1961年关于外交关系的维也纳公约。公约确定了建立外交关系的程序，外交代表机构的等级，还包含与解释外交家是“Персона нон грата”（拉丁语：persona non grate）有关的规定。“Персона нон грата”意为在该国不受欢迎的身份。在海牙公约中还描述了外交特权和豁免权。

整个20世纪，国际社会都非常关注“战争法与战争习惯”（英语：custom and laws of war，或者通常为：laws of war），即国际法法规，该法规定了交战双方国家在对战事开始，平民以及战俘等的权利和义务。其意义在于，在武装冲突中避免使用最残酷的方法以及保护平民。这里有两组问题。第一组问题与发动战争有关（拉丁语：jus bellum），第二组问题与作战的性质有关（拉丁语：jus in bello），其中包括对待战俘、平民等。

1899年和1907年的海牙和平会议，非常详细地研究了发动战争和作战规则的法律问题。会上通过了关于战争法与战争习惯的公约。

“一战”后，使用武装力量的问题变得特别急迫。在国际联盟宪章第16条中写道：“如果联盟成员动武，违背第12、13条或者第15条规定的义务，那么它本身被看成是对联盟所有其他成员发动的战争行为。其他联盟成员有义务立刻与其断绝一切贸易和金融关系，禁止本国公民与破坏宪章国家的公民间的一切关系。”

另一个防止战争的重要的尝试是签订白里安—凯洛格国际公约。其经过是这样的：1927年春天，法国外交部部长白里安向自己的同事——美国国务卿凯洛格建议签订一个双边协议，协议作为一种国家政策能够禁止战争。作为回应，凯洛格建议签订一个多边协议。此后1928年，美国、法国、英国、德国、意大利、比利时、加拿大、奥地利、新西兰、南非联盟、爱尔兰、印度、波兰、捷克斯洛伐克和日本在巴黎签订了国际条约。稍晚一些，苏联加入了该公约，而到“二战”开始前，已有60多个国家加入了该公约。国际公约将发动战争视为非法，但不意味着自动对侵略者进行制裁。同时，签订该条约的国家有权进行防御。国际公约的倡导者白里安，凯洛格后来被授予诺贝尔和平奖。

遗憾的是，所有这些文件和条约都没能阻止发动第二次世界大战。"二战"结束后，关于制定阻止侵略的措施问题显得更加迫切。这反映在所通过的文件上。特别是在联合国宪章上。联合国宪章第2条第3点写道："联合国所有成员以和平方式解决自己的国际争端，为的是国际安全与和平及正义不面临威胁。"接着，在第4点中讲到，联合国所有成员在其国际关系中应放弃武力威胁，既不运用武力威胁，也不使用任何其他方法侵犯任何国家的领土和政治独立。

同时，第51条规定允许自卫权。其中写道："如果发生武装进犯联合国成员的事情，那么本宪章决不反对个人或集体自卫的不可剥夺的权利。"而第39条赋予安理会有权认定"和平的任何一种威胁、破坏，或者任何一种侵略行为，有权根据第41条，建议或者决定为了保持和恢复国际和平与安全而采取的措施"。但是，如果第41条没有规定与使用武装力量有关的措施，那么第42条授权给联合国安理会使之有权"采用对保持或者恢复国际和平与安全十分必要的海、陆、空军事行动"。

"1949年保护战争受害者的日内瓦公约及其1977年的补充议定书"，对同战争法与战争习俗有关的法学领域的发展有着重要意义。这些文件旨在保护武装冲突时期的伤者、病者、战俘以及公民。150多个国家参与了这些文件的制定和实施。

联合国宪章及其他所列出的国际文件，指出了来自一国或者国家集团的潜在威胁；规定了相互对待或者对待公民的行为准则。今天，一个十分尖锐的问题是：恐怖组织可以在许多国家驻扎和活动，同它作斗争是否可以使用武力。困难在于许多概念，首先是恐怖主义的概念很难定义。正如已经指出的，一些被认定为恐怖主义行为的事，却被另一些人认为是为自由而战。这里的界线是十分有条件的。因此，所有为恐怖主义下定义的尝试，包括在联合国框架内，都是不成功的。概念的不确定性致使在建立与恐怖主义作斗争的法律基础时困难重重。

美国反恐中心主任波茨·加诺尔（Boaz Garnor）提出了一个有趣的解决方案，他认为，关于两国之间的战争状态的规范性原则，可以移用到国家与非政府组织间的冲突上。他提出了两种现象——"游击战"和"恐怖主义"，关键要看攻击的对象——游击战中的军事目标，还是恐怖主义活动中的民用目标。换句话说，游击队的目标是军用目标，而恐怖分子预谋攻击的是平民。加诺尔写到，有了这种差别，恐怖组织就不能断言，它们代表“为自由而战”的运动，是为民族解放或者某种其他的“崇高”目标服务。甚至当其所声明的东西貌似“合法“，但却将平民作为“靶子”时，该组织的本质仍是恐怖主义。

美国研究人员拉瑟特（B. Russet），斯塔尔（H. Starr），金塞拉（D. Kinsella）对最重要的国际文件所提及的战争与和平的主要问题进行了比较分析。这样做直观地显示了，哪些问题是20世纪初社会关注的焦点，哪些问题出现得晚一些（见表13.1）。

表13.1　　**20世纪主要文件记载的战争与和平问题**

问题	海牙公约	日内瓦公约	纽伦堡审判	联合国宪章	联合国大会
和平解决国际争端				●	●
使用陆军	●	●			
使用海军	●				
使用空军	●				
使用大规模杀伤性武器	●	●			●
对待平民	●	●			
对待囚犯	●	●			
法庭审判战犯		●	●		●
中立问题	●				
军事占领问题	●	●			
恐怖主义					●

资料来源：Russett B.，Starr H.，Kinsella，D. *World Polotocs*：*The Menu for Choice*，N. Y.，2000.

在历史发展和国际互动复杂化的过程中，国际法也向前发展着。但是，在世界政治的许多研究者看来，一个最重要的问题，过去是，将来还是应用法律规范的问题。与任何一个国家不同，国际法庭既没有中央政权，也没有警察。正因为如此，国际法庭主要是审理对国际社会具有次要意义的案件。解决萨尔瓦多和洪都拉斯之间的领土争端只是一个例外。

国际法中也缺乏立法机制。因此，一些研究者说，国际法实际上确定的是国家本来就已在遵守的规则。比如，赫夫曼（St. Hoffmann）因此指出，国际法的“行为规范”成了“为行为制定的规范”。

所有国家都努力遵循国际规范，同时也期待其他国家遵守国际规范。在“二战”时期的苏联和德国，正如已经提到的，都拥有化学武器，但它们遵守 1925 年的日内瓦议定书，没有使用它，也因为担心对方会报以回击。

国际声誉也是重要方面，它最直接地影响了国家对国际合作的参与。还有国际条约中确定的责任。比如，联合国宪章规定要对破坏国际和平与安全的行为负责。根据联合国宪章，国际法原则（是关于国家间友好关系和合作的）的宣言就已经注意到，每个国家必须认真履行国际责任。

另一个问题是国际法与国家立法之间可能的矛盾。一般是国际法优先。然而主权原则使得国家忽视国际法。特别是过去，根据《威斯特伐利亚和约》，规定了“神的或神圣国王的权利”（英语：diving right of king）。因此，在面临政权机构可能的恐怖手段时，公民是无法得到保护的。现在在专制制度之下，公民可能因为自己的信仰而受到迫害，“人权”受到损坏（英语：human rights）。

由于国际法无法调整国内立法，那么对这类国家只能采用政治和经济的措施施加影响，包括通过联合国决议，实施谴责政治制度的制裁，限制某些集团的权利（比如，对南非种族隔离制度的制裁）。因此，时任联合国秘书长的科菲·安南 1999 年在联合国大会致辞中提出要重新研究主权的定义，以及国家利益的定义。他宣称，按照传统理解，这些定义不能避免“人道主义灾难”。

一方面，是人权，人民和民族自决原则；另一方面，是维护主权，不干涉内政的原则，这是目前热烈讨论的超出法律框架的问题。

它最明显地表现在科索沃冲突中。西方国家从维护人权的要求出发，认为必须进行人道主义干预。同时引用了联合国宪章第55（c）条和第56条作为依据，第55（c）条中写到，联合国旨在促进普遍尊重和维护人权与基本自由，不分种族、性别、语言、宗教的差异。第56条写到，为达到第55条指出的目标，联合国成员国“有责任在与联合国的合作中采取协同和独立的行动”。人权总宣言就是要保护人权。

然而，俄罗斯的官方立场是必须维护国家主权和不干涉内政。这项重要的国际法原则也包含在联合国宪章中。这样做的论据是：如果不遵循这个原则，我们会走上一条十分不稳定的道路，侵略与人道主义干涉间的界线会变得模糊不清。借口人道主义干涉，可能会入侵另一个国家的领土。顺便说一下，西方国家在1956年（匈牙利）和1968年（捷克斯洛伐克）的事件中遵守了主权原则，这在很多方面避免了潜在的全球冲突。

关于可能的对另一国的“人道主义援助”的程度问题是有争议的。在遭受人道主义灾难时提供药品、食品援助是一回事，不经该国同意就向其领土运送武装力量则完全是另一回事。

所有这些问题暂时悬而未决，这引起法律、国际关系专家、政治家的广泛讨论。把什么作为独特的起算点——是国家还是个人——这个问题的含糊不清仍是主要的。在回答这个问题时，应该指出，时至今天，大部分规范都是针对国家的。

最后，还有一个必须讲的问题。从签订《威斯特伐利亚和约》起，国家成为国际法的主体。这很好地体现了当时的情况。然而，今天世界舞台上，更积极活动的是其他参与者。而且非国家参与者，首先是跨国公司，拥有巨大的金融手段和政治影响。因此，其中的一个观点是，它们应该拥有国际的法律主体地位。其对立立场认为不应该这样做。比如，科洛索夫是这样论证其观点的：“如果承认将能够参与国与国间的关系的机构看做国际法的主体，那么不得不同意的是：没有一个公司拥有国家特有的特质，因此它不能参与这种关系。”接着他指出，“国家与公司之间签订的条约不是国家间协议，而是民事合同，它属于民法（国际私法）的范畴”。

上述所说的问题以及许多其他问题，绝对不是要降低国际法在现代社会中的作用，而只是为了指出最复杂，最有争议的问题。国际法像任何其他一个领域一样在发展着。比如，20世纪末，由于国家间文化、教育、科学领域的互动扩大，“人道主义法”获得了迅猛发展。欧洲一体化导致形成了“欧洲法”，其中特别关注与欧盟成员国的国家法同国际法之间的关系问题。

思考题

你认为，将来国际法会在哪些主要方向发展？

国际法将朝哪些新方向发展，主要是，如何回应今天世界政治格局所经受的变化？库拉金写道：“如果赞同今天的政治存在质的变化，那么合乎逻辑的设想便是：调整政治互动参与者行为的整套规范也发生了同样彻底的变化。”

的确，21世纪初，在一些硬性框架内，包括法律框架，古典的威斯特伐利亚世界模式框架等，采取行动变得极为困难。国际法是国际关系稳定的重要工具。因此，越来越有必要就一系列问题采取决定，这一方面是为了保留国际法几个世纪来创建的一切好的原则，另一方面，是为了适应近几十年来世界政治格局已出现的完全崭新的现象。

第二节　世界政治的道德观

世界政治的道德是指从有多好或者多坏，正确或者不正确，道德或者不道德的观点来评价世界舞台上的一些行为。“道德”概念本身源于拉丁词“mores”，意思是在共同接受的基础上——共同价值和传统的基础上采用某些东西。

政治家总是遇到道德问题。但是对这些问题的答案却各种各样。修昔底德的《弥罗斯的对话》中，雅典人将道德与武力结合起来，较弱的一方应该接受较强大的一方强加给它的一切。这种假设后来被国际关系中的现实主义传统所接受。

从出售武器开始，到组织援助帮助最贫穷的国家，今天政治家每一步都遇到道德问题。组织援助帮助最贫穷的国家时产生了一个问题：这种援助会不会被政治精英们控制，而最不受保护的阶层是否将失去帮助，或者类似行为会不会成为滋长依赖援助情绪的基础？

道德问题常常在政治和社会活动家的演说中出现，而这常有其政治背景。比如，冷战时期的政治家们经常诉诸道德观点。

如果通常认为格罗茨是国际法的创建之父，那么现代世界政治的道德基础在很多方面由康德奠定。哲学家的出发点是社会互动的参与者（包括国家）就其本质而言，从一开始就是为获得互惠而合作。同时，他们只有尊重对方的利益和意图才能进行合作。在这种情况下，他们没有必要成立某种权力机构，让机构来迫使其按规则办事。首批政治理想主义流派的研究者和实践者遵循了这些思想。康德的思想成为创建国际组织的思想基础。该思想假设，如果合作作为共同目标会在将来得到巩固，那么合作将成为习以为常的行动。

道德规范是通用的还是由文化特点决定的？对该问题的回答有两种观点。第一种观点的出发点是，不可能制定适合全人类的共同的道德原则。这种世界政治的道德理念被称为相对主义的道德观。正如维诺蒂（P. R. Viotti）和考皮（M. V. Kauppi）所写，在这种情况下，某些行为的道德评价只能在确定的文化背景下才能作出。

该观点的代表人物否认存在人类通用的规范和法律。他们强调，道德原则在很多方面取决于文化和历史。比如，目前被广泛接受的理念是——民主是好的，而种族歧视、民族歧视、性别歧视等是不好的，只在20世纪才这样。以此为基础通过了许多决议。其他的道德原则还没得到普遍认可。比如，物种灭绝。对此在第十一章中已经讲过。许多人将地球生存的生物种类多样性的减少看做经济问题（比如，对于制药工业来说），而非道德方面的问题。

持相反观点的人认为，存在全人类通用的规范。这其中包括自由主义流派的代表。美国研究者阿姆斯特茨（M. R. Amstutz）在讲到世界政治道德规范的通用性时，强调了一个事实，各民族的基础理念都是一样的，而且引用康德的绝对命令句，“请只按该准则行事，遵循该准则的同时，你可以祝愿它成为共同的法律”和“请这样行事，让你永远属于人类，无论是你代表自己，还是代表别人”。

以永恒价值观为基础的“信仰道德”和以政治行为后果的重要性为出发点的“责任道德”之间的韦伯式差异同世界政治领域的道德问题有着直接联系。如果第一种观点的代表认为，国际舞台上所使用的目标与手段应该是符合道德的，那么第二种流派的拥护者只强调最终结果符合道德标准的必要性。比如，奈的出发点是建立在道德原则上的对外政策，要顾及所采取步骤的目标，手段和结果。

第一种观点的复杂性在于，当世界舞台出于善意而采取的行动，其后果是不道德时。韦贝尔本人建议可以容忍使用不完全纯粹的手段。而着眼于评价最终结果的第二种观点并不是毫无争议的。后果有时是矛盾的。比如，实现某一项目（比如，修建水电站）所带来的经济利益，常与其对大自然所带来的危害相矛盾。要找到解决该两难问题的答案是很不容易的。甚至当专家在事情的事实层面上达成一致时，他们对问题的道德评价也会常发生分歧。

使用更精确制导核武器问题，是引发道德观讨论的最终结果不一致的又一个例子。看起来，它是合理的，因为它可以减少平民的损失和牺牲。然而，其总体的效果（包括生态的，辐射污染领土的远期后果等）以及使用核武器本身——在很大程度上减少了对方用核武器进行回击的道德责任，从道德观点来看，使用该核武器的可能性十分有限。

阿姆斯特茨对国际关系和世界政治划分出了三个主要的道德观点：

- 对道德的怀疑主义；
- 世界主义；
- 集体主义。

他写到，责任道德是“怀疑主义”的基础，信仰道德是集体主义和“世界主义”的基础。

“对道德的怀疑主义”与政治现实主义有关。与“犬儒主义”不同，该传统不否认世界舞台存在道德原则。其代表人物坚信，世界上不存在统一的道德标准。国家应该遵循本国利益，同时从实用主义观点和按理智行事，而政治活动家应该以合理性原则为出发点，仔细考虑自己步骤的可能后果。持该观点的包括美国前国务卿艾奇逊

（D. Acheson），著名的美国外交家和研究人员凯南（G. Kennan）。

世界主义与康德的传统联系最紧密。它建立在相信世界存在统一的通用道德基础之上。而且，道德在世界政治中具有重大意义。世界主义观点的一个最明显代表，是美国总统威尔逊。美国总统卡特也是这些观点的拥护者。

对于持该观点的代表者而言，最重要的道德问题是人权。在该观点框架内，以损害人权来保护国家利益是不道德的。因此，为保护人权而采取人道主义干预的行动是受到支持的。

集体主义和世界主义一样，其出发点是存在这样一些统一的道德规范和传统，如平等、经济繁荣等。政治活动家应该既要遵循国家利益，也要考虑道德观点。该观点的代表人物强调世界舞台所形成的任何一种情况的复杂性。因此，认为不存在简单的千篇一律的决定。

世界政治的道德问题在武装冲突中特别尖锐。尼克尔松（M. Nicholson）举了一个所谓的“道德怪现象”的例子。他写到，任何社会中杀人实际上被看做一种最严重的犯罪行为，常常被判处死刑，而在战时杀害对手则被看做英勇。并且，并不是所有人将这个例子看做一种矛盾现象。对于公谊会教徒而言（基督教宗教成员），任何一种杀戮都是杀人。从道德观点来看，总是值得谴责的。

以否定任何战争为出发点的道德定位被称为“和平主义”（拉丁语：pacificus——维护和平的），而信仰类似观点的运动则被称为“和平主义运动”。它起源于基督教早期，拒绝使用任何暴力手段。除了公谊会教徒，持和平主义观点的有马丁·路德·金，马哈姆马·甘地及许多其他政治家和社会活动家。

一些人对战争的道德原则在许多方面与和平主义观点相反。他们认为，任何有利于国家的武装行动都是允许的，因此也是有理的。他们是以关于国家的现实主义理念为出发点。而且，历史上有不少这种情况，只是由于居民点的平民中有武装抵抗者，就下令消灭整个居民点。

正如拉瑟特、斯塔尔、金塞拉所写到，有些人在这两种观点中居“中间”位置，他们认为，使用武器在政治上是被道德允许的手段。他们以集体主义为出发点，认为，首先，一切取决于使用武器的原因。比如，自我防御是一回事，侵略又是另一回事。其次，战争的进行是很重要的：平民是否受难，如何对待战俘，使用了哪些武器等。

关键术语

国际法
国际法的渊源
国际公法
国际私法
国家（民族）主权
国际法原则
国际法庭
人道主义灾难
人权
人道主义干预
人道主义援助
解决前南斯拉夫问题的国际刑事法庭
对道德的怀疑主义
犬儒主义
世界主义
集体主义
和平主义
战争法与战争习惯
1899年和1907年的海牙和平会议
国际联盟宪章
白里安—凯洛格条约
联合国宪章
1949年保护战争受害者的日内瓦公约及其1977年的补充议定书
欧洲人权法庭
国际军事法庭
纽伦堡审判
国际刑事法庭
人道主义权利
外交代表机构
外交特权和外交豁免权
关于外交关系的维也纳公约
不受欢迎的人
道德的悖论
欧洲法

讨论题

国家法与道德在哪些方面是一致的，哪些方面是有分歧的？

“主权”概念在国际法中有何作用？

战争法与战争习惯是什么？（在该领域通过了哪些重要的国际文件？）

如何在法律方面调整国外外交代表机构的活动？

国际法中产生了什么问题（解决这些问题的可能途径有哪些）？

道德规范是通用的还是由文化历史特点决定的？

道德领域中的集体主义，世界主义，怀疑主义其主要特点是什么？

在采取军事行动方面存在哪些道德观点？

实践题

1．运用网络：Teaching Human Rights Online：http://oz.uc.edu/thro/index/html，网络上描述了与人权问题有关的具体例子。选择其中一种情况来分析。对双方行为的合理性作出一个结论。将其与现实生活中所采取的决定进行比较。

2．从世界政治领域任选一个有争议的事例，从道德观点来看，政治家的行为在多大程度上是正当的（填表）。

从道德观点来看，证明该行为是正确的理由	从道德观点来看，不允许类似行为的理由

参考文献

《人权总宣言》，1948年12月10日联合国大会。

《国际法院规约》。

联合国宪章。

阿列克谢耶娃：《现代政治理论》，莫斯科，2000。

库克林纳：《人权：政治和道德标准》，载《世界政治和国际关系》2000年第11期，第21—30页。

库拉金：《现代国际关系的政治法律体制》，载托尔库诺夫主编：《现代国际关系》，莫斯科，2000，第70—93页。

科洛索夫、库兹涅佐夫：《国际法》（教科书），莫斯科，1996。

齐甘科夫：《国际关系理论》，莫斯科，2002。

网络资源

国际法庭:http://www. icj-cij. org

人权总宣言:http://www. un. org/jverviw/rights. html

解决前南斯拉夫问题的国际刑事法庭:http://www. un. org/icty

第十四章　教育是世界政治的因素

第一节　教育在现代社会中的作用与意义

教育问题暂时还不像经济或者法律那样，成为世界政治教学书籍的传统主题。尽管，正是具有知识与技能的人越来越明显地成为世界政治，即世界政治发展的主要动力。像经济因素当时排挤军事因素一样，今天人类潜力的发展已跃居首位，超过了其他因素。很显然，人类给现代生产、经济、文化、科学作出了决定性的贡献。未来取决于人类自身及其教育水平将来是什么样的。从这个意义上讲，教育成为了现代社会政治构成的因素。

而且，知识总是社会进步的动力。16 世纪至 17 世纪初的英国哲学家弗兰西斯·贝孔指出，力量在于掌握信息。这绝对正确。然而，他的这番话只作出下列修改就更有理由可适用于现时：信息本身不是力量，而能够分析、利用信息才是力量。

后工业时代的新技术及与之相关的信息，通信及生物技术，给人们提出了一个全新的要求。立足于后工业时代或者信息社会所研究的思想的作者，大书特书政治的教育因素，这并非偶然。比如，贝尔注意到，正在形成的新的信息社会是建立在知识——“智能技术”基础之上。另一位作者，全球问题世界经济领域最著名的专家之一图罗乌将这些新领域称为“人工智能领域”（英语：man-made brain-power industries）。

面向“智能生产”要求教育领域的变革。该领域的一些重要进展产生于 20 世纪下半叶，是由于全球化进程及与之相关的对人类要求的变化与提高造成的。知识，以及会应用知识并创造新知识是主要资源。

与原料不同，知识是取之不尽的资源。相反，它们在持续增加：一些知识导致另一些新知识的产生。据世界银行的评估，目前世界财富总量只有16%是传统的“实物”资本，20%是自然资本，而剩余的64%是人力资本，它首先包括专业，即教育水平。

思考材料

在人工智能领域鼎盛时期，胜出的必然是那些学会运用要求使用新战略的新规则，玩转新游戏的人。将来的胜利者将具有与今天的胜利者极为不同的特征。

图罗乌：《资本主义的未来》，新西伯利亚，1999。

思考题：

你认为这将是什么规则；下一代应该具有什么知识和技能？

在发达国家知识增长的作用特别明显。教育水平的差异成为获得未来收入的主要标准。比如，美国从1978—1987年间，知识平均增长了17%，那么大专学校毕业生却增长了48%。同时，未完成高等教育的人的收入下降了4%。因此，受过良好教育的人不仅具有很高的社会地位，而且大大改善了自己的福利。

在其他发达国家和新工业国家也出现了类似的趋势并继续发展。因此，教育成为一个切身重要的优先领域。20世纪末日本和韩国几乎所有的年轻人都上学，而在印度尼西亚只有45%—50%的年轻人上学，泰国则不足40%。

整体说来，20世纪末至21世纪初，大学毕业生一生要比其受过中等教育的同龄人多赚60多万美元。很大程度上这决定了世界对高等教育的需求急剧增长。越来越多的中学毕业生追求高等教育。在发达国家这一数据约为50%，而在马来西亚则不足15%。

有趣的事例!

1990 年每 1 万人中大学生的拥有量：

美国——559.1，加拿大——510.2，德国——281.0，意大利——251.9，俄罗斯——191.0。

别兹格拉斯纳亚：《俄罗斯高等教育中的结构性进步》，载约宁主编：《俄罗斯高等学校中社会人文学科的教学分析报告》，莫斯科，2001，第 32—33 页。

在这种背景下，后苏联国家，包括俄罗斯，20 世纪 90 年代初出现的情况令人担心，那里受过高等教育的人，收入急剧下降，而且他们的专业知识无人问津。同时，社会调查对教育意义的评价下降了。根据奥弗西安尼科夫的资料，如果 1989 年有 58% 的人认为，为了使俄罗斯摆脱危机，必须首先提高教育水平，那么 1999 年只有 27% 的人这样认为。因此，20 世纪 90 年代俄罗斯遇到了一个问题——“智力流失”（英语：brain drain），即高技术人才移民到美国、加拿大和西欧国家。21 世纪初这种情况有所好转，当时该国高等教育的威望增加了，高等学校的学生数量增加了。

随着教育意义的增加，获得教育无论是时间花费，还是物质花费都增加了。越来越重视的不仅是高等教育，而且是具有硕士学位和博士学位，即需要不仅能运用其拥有的知识，而且能产生新知识的人。这种趋势的结果是，人们学习的时间越来越长，而且花费更多的钱以获得优质教育。据俄罗斯研究人员伊诺泽姆采夫的资料，在 20 年间（1970—1990 年）美国部分大学的教学价值增长了 474%，而平均消费价格增长不足 248%。整体说来，到 21 世纪初，据美国作者的看法，教育费用将大大超过了家庭的其他开支（获得住房，饮食等）。家庭预算中用于教育的资金比例，在已经来临的这个世纪中显然将增长。

今天获取新知识不仅是提高收入的动力，而且具有个人的动机。特别注意这点的，包括伊诺泽姆采夫。他写到，如果在初期，足够促使获取新知识的是物质的动力，那么在 20 世纪 90 年代末至 21 世纪初，教育和知识本身就具有动力。人们学习不仅是为了赚更多的钱：“教育和知识也是他们实现自我和进一步完善自我所需要的。”

因此，现代教育领域提出了一系列新问题。如，知识快速“老化”，在一切领域，不分职业，必须使用新技术，它迫使人们：

- 一生都要获得一切新知识，使自己在劳动力市场上有竞争力，能轻松“应对”时代要求；
- 掌握信息和通信技术的知识，以及能运用并完善这些知识，而不论专业是什么。

因为在现代条件下必须不断获取知识，为成人教育提供服务的领域变得越来越迫切。市场上针对这一群人，各个领域都出现了大量大纲和专业教程。比如，掌握电脑知识、进行谈判、学习外语、管理人事、心理学等。

运用新技术极大地改变了现代教育进程的面貌。对于不同的人群——高考生、大学生、教师、自学者或进修人员等而言，因特网是获取信息最重要的来源。教科书引用网络资料已成为一种规范。所有大型学校都有自己的网站，上面有招生规则的信息、课程计划、教学单位的各种活动等。电视会议和电视讨论运用于实践，其中大学生和教师通过网络技术进行实时交往。

新技术发现了许多其他的可能性。比如，电视装置使得医学专业的大学生能够看到罕见的手术，使得物理学家能够看到需要使用罕见仪器进行的最复杂的实验。电视训练使人们能够掌握进行交往和谈判的技巧等。同时，教育变得越来越相互作用。换句话说，学生不仅学习所提供的材料，而且在不同的具体情况下作出独立的决策，这些具体情况是由教师应用新技术设定的。因此，毕业生不仅有知识，而且有技能。

采用高科技的现代教育的另一些特点是其集约化，即在相同单位时间内可以学习更多的东西和跨学科性增强。跨学科性增强在很多方面是由于网络资源的使用。网络资源使得寻找相邻领域的信息极为容易。

技术创新越来越多地应用到日常实践中。不懂得技术创新，不会应用它们的人是没有竞争力的。新工业国家在这方面的经验很有示范意义。这些国家采用新技术的公司迅速发展。相应地，教育在很大程度上也面向新技术。结果，掌握新技术的总水平十分高，而国家也开始快速发展。

的确，使用新技术对教育进程作出了限制，包括要求使用这些手段，必须在学习过程中不断完善使用新技术的知识。此外，产生了医学和心理生理学问题，这是由长期使用电脑工作造成的。教育集约化，信息的超量，长期使用电脑常常对身体产生负面影响。这一问题对于小学生和大学生特别严重。

在采用新技术时，也感觉到教师与受训者之间个人联系的不足，这将导致教育过程失去个性，丧失其“人性”组成部分。在许多情况下，出现了所谓的“技术崇拜”，比如，把使用因特网、电脑技术看做某种绝对的东西。

整体说来，我们看到现代社会已经从生产商品过渡到提供服务，组织教育体系及进行调查等。这使得对高技能专家的需求激增，对非技能人才的需求下降。

对知识和技能的需求变化导致了严重的社会后果。比如弗库雅玛强调，目前，由于所获得教育的不同，社会上懂得并能应用新技术的人与其他所有人之间的急剧两极分化不断扩大。尽管知识是最“民主的”资源，但是要得到它们并非轻而易举。的确，理论上所有人都可以获得知识。而且，受教育权在很多国家的法律及《世界人权宣言》中都有规定。《世界人权宣言》第26条中写道：“人人都有受教育的权利，教育应当免费，至少在初级和基本阶段如此。”然而，存在着获取教育的途径问题，这在很多方面取决于要有好中学、大学，有可能使用图书馆、因特网等。

现代社会教育费用的大幅增加，意味着好的教育越来越只有社会中高层人士才能获得。来自贫困家庭的孩子不仅不能支付高等教育，而且要为获得高等教育花费很多年时间，而来自同一社会群体的同龄人还要赚钱赡养家庭。此外，通常从孩童时起就会形成相应的知识定位和价值观，而这是由家庭和人们受教育的社会环境决定的。

为了获得优质教育以及为了论文答辩后寻找更有技能和更好报酬的工作，东欧，亚洲等地区的人口大量涌入欧洲和北美。结果，教育直接与其他世界发展有关的问题紧密相联：人口移民和沿“富裕的北方——贫穷的南方”线性两极分化。发达国家和发展中国家在教育水平上形成的比例失调，令人担忧并加剧了经济的不平等。

为了部分消除产生的问题，让教育更容易获得，而不论收入水平如何，在国家和国际层面上实施了相应的政策。

第二节 教育领域的趋势和政策

显然，现代社会的主要趋势表现在教育上。特别是，教育领域受到了不同形式的“全球化”的影响。边界的透明使得现代社会的大学生尽力在最权威的大学里学习，甚至常在国外获取优质教育。高等学校也希望拥有外国学生，这使学校获得了额外的资金，在全世界的不同国家或者非国家机构拥有自己的毕业生，针对不同文化和传统的特点去完善课程等。此外，交换教授及教师扩大了教师的职业范围，使之能够交换新思想和经验。因此，在招收应届高考生时，这类大学更有吸引力。

知识，信息——这是最容易跨越边界的领域。因此，在全球化时代，由于新技术开辟的各种机遇，各种不同的“远程教育”越来越流行。现在学生的所在地对于获取知识已经没有原则意义，同时学生丧失了与教师的直接交往，教学失去了个性，也存在语言障碍。大部分网站，以及远程教育节目都是英语的，因此不懂得英语，就像缺乏电脑使用的基本技能，严重妨碍了获取现代知识。

与全球化紧密相连的现代社会的“一体化”也体现在教育领域，主要是高等教育领域。这一进程意味着不同国家的紧密合作：交换学生和老师，使教育大纲通用化等。由于“博洛尼亚进程”是旨在联合欧洲高等学校的一种政策，结果，一体化程度最高的高等教育是在欧洲。1998 年有四个国家——法国、英国、德国、意大利首倡了该计划。1999 年许多欧洲国家负责高等教育的部长在博隆（意大利）会晤，是这一进程的开始的独特起点。他们通过了共同宣言，而会晤地点则被用来命名欧洲在高等教育领域的一体化。目前，80% 以上的欧洲国家加入了博洛尼亚进程。它规定：

- 两阶段的高等教育体系，第一阶段获得学士学位，第二阶段获得硕士学位；
- 学分体系，所有国家教学过程的统一计算（学生听什么课程以及听多少该课程)；

- 独立控制教育质量，教育质量不是教学所花费的时数，而是知识和能力的水平；
- 学生和老师的机动性，为了丰富经验，老师可以用一段时间参加工作实践，而学生要在不同欧洲国家的大学里学习；
- 欧洲各大学毕业生知识的可应用性，它的意思是，所培养人才的专业在当地要有用，而培养好的专业人才要能安排工作；
- 欧洲教育的吸引力（新举措应提高欧洲人的兴趣，以及其他地区国家的公民获得欧洲教育的兴趣)。

教育领域的一体化进程进行得远非一帆风顺。它提出了许多问题，这是由文化、民族传统、对文凭的法律认可度、外国学生对他国的社会心理适应性等的差异造成的。

在教育领域一体化的同时，也有非一体化的趋势。这体现在“教育的非中心化”。正如美国作者卡努瓦写到，这意味着许多国家管理教育的许多功能，从全国转移到地方和市政一级。

原则上，教育的非中心化是世界发展全球进程的一部分，因为它符合参与者的大量性和将决策问题交给更低一级政权的这一现代要求。在这种条件下，在如何教和学方面，地方教育机构更独立了。此外，还鼓励每一个高等学校努力提高其毕业生在劳动市场上的竞争力。非中心化能够灵活地反映实践的需求，特别是来自地方和地区机构的需求。它也扩大了教学大纲的多样性，为教师的创造性实施开辟了前景。

与其他趋势一样，教育领域的非中心化也具有其相反一面。第一，将决策过程转交给更低一级的政权并不会自动提高其有效性。在许多情况下，地方作出的决策根本不理想，教学质量因此受到影响。第二，非中心化使不同学校的大纲不好比较。这会妨碍学生和老师的交换以及教育领域一体化的发展。第三，在非中心化的情况下，一般来说，学校关注更多的是局部问题，将其毕业生局限于实用角度，而不可能关注世界发展的总趋势。虽然普通理论和方法论教育的缺陷将来会阻碍获取其他领域的知识，但今天仍是打造成功职业生涯的必要条件。

制定教育政策后，国家必须确定将哪些功能及在多大范围内交给地方。许多教育中心牺牲理论知识而追求实用知识，这在很多方面与经济因素作用的增大有关。在制定教学大纲时，大学和学院越来越依赖于市场需求。“教育商业化”现象成为所有教育层次（小学、大学），各种类型（国家的、私人的）和不同国家的特点。

在面向市场的条件下，一些机关，尤其是大学，通过提供教育服务，在其他城市和国家开办分校，吸引外国学生等赚钱。除了教育，它们还提供相应方向的咨询和分析服务。这不仅保障学校有了额外的资金，而且给学生提供了在学校时期的实习机会。此外，教师也直接参与解决实际问题。结果，咨询与分析服务让学校有机会在很多领域（比如，国际关系、法律、经济、政治学）获得极大的政治影响。这一进程的结果，最大的学校变成了独特的“跨国公司”，积累了巨大的物质和创新资源。为了维持自身的这种地位，它们不是着眼于获得短期利润，而是长期目标。因此，它们努力巩固教育和科研基地，吸引科学界大名鼎鼎的教师。

其他的教育中心走的是另外一条路。它们首先企图获得短期的商业利益。因此，教育质量不好，尤其是损害了基础教育质量。中小学教育中的类似的行为常导致优先地位的错位。学校不是把孩子看成正在形成独特个性和具有基本基础知识的人，而将其注意力集中于能让他将来很快找到工作的实用知识上。基础教育水平的下降致使在教学过程中对伦理道德、社会正义方面等的注意减弱。这些价值观也没有得到教师队伍的注意。学校的管理部门开始要求教师完成能带来商业利润的工作，而不是符合社会需求的工作。正如沃尔斯特指出的，这种趋势在日本、美国、英国、德国这些国家表现得特别明显，而且在俄罗斯等国也越来越明显。

过去，我国的教学曾更多地是面向基础知识，而不是实用知识。比如，我国研究者杰尼先科、拉祖莫夫、捷列绍娃，就证明了这点。在他们的作品中显示，俄罗斯 20 世纪 90 年代的中学毕业生通过测试表现出要比西方国家的同龄人有更深的知识，但将知识应用于实践方面要差一些。换句话说，我国教育传统有些过头，给学生传授了基础知识，但是没教会学生应用这些知识。

在面向实用教育的道路上，建立培养某一职业，比如电脑技术、管理等方面的人才的专业中心，得到了非常广泛的普及。在拉丁美洲有许多这样的专业中心，拉丁美洲很大一部分高等学校专门培养某一具体领域的人才。在此，高校与生产很好地“融合”起来。具备基础教育和强大的研究基地的经典大学，在拉丁美洲的高等教育领域并非占主导地位。正如美国研究者斯特伦奎斯特（N. P. Stromquist）和蒙克曼（K. Monkman）指出的，从事高等教育的机关有85%是某种属于私人公司的专科性学院。在哥伦比亚、巴西、智利、萨尔瓦多、多米尼加共和国有50%—65%的中学应届毕业生正是进入了这类学校。

跨国公司对为自己的目标而培养人才很感兴趣，它们常建立中等专业学校和高等学校。比如，摩托罗拉，因特尔及其他公司就拥有这样的高校。除了获得知识和生产技能，未来的专家还获得了小团体感，即公司归属感。也存在一些其他好的方面，比如政府在教育上的花费减少了。由于商业机构对招收人才很感兴趣，因此在教育的发展上投入了不少资金。投资教育对于商业来说越来越有吸引力，而且发达国家也是这样。根据伊诺泽姆采夫引用的资料，1960年美国的教育费用有58%来自联邦预算，而1990年则不足30%。

与此同时，跨国公司不受监督地投身教育和发展专科性的高校隐藏着不良后果。在技术专科学校，而不是在大学接受教育的许多人在职业生涯的开始阶段可能拥有某些优势，因为他们掌握着应用技能。然而，由于缺少基础知识将来这常会成为职业上升的障碍。

商业机构通过赞助某些计划而参与教育，以及在教育非中心化的同时创建高等教育，导致国家对该领域的监管越来越少，经常只是保证了教育的最低限度。这些进程的结果，使现实的管理杠杆和教学大纲的调整权常常落到个别教育机构的管理部门和主要赞助者——私人公司的头上。主要赞助者开始越来越多地使依赖于他们的中学和高校教育去适应本集团的需求。

教育领域的市场机制的拥护者有时会强调国家，尤其是发展中国家的负面影响，例如教育部贪赃受贿的增长及管理机构的低能。按照他们的逻辑，国家应该实际上完全退出教育领域，把调整培养干部进程的机会交给市场。与其相反的观点是，国家必须严格地调整教育，不允许其商业化、私有化和教育非中心化。

这是两种极端的观点。实际上教育与其他领域一样，讲的不是国家作用的扩大或缩小，而是国家作用的变化。今天，国家很少控制教育体系，但在很大程度上调整教育体系，制定和通过不同的行为规范和准则。该领域的调整意味着制定国家标准和国际标准，教育机构的布局，教学大纲和教材的认证等。

大部分国家的政府了解今天世界正在经受哪些重大变革，因此明白教育领域进行变化的必要性。因此，正在采取措施以加强现有趋势的良好后果，减弱其不良后果。目前，许多国家都在教育领域进行改革。

为了阻止教育精英化的加剧，许多国家以及国际社会，整体上都试图通过有针对性的拨款和其他方法扩大招收来自不同社会、种族和其他团体的学生进入大学。同时，特别关注过去在接受教育方面受到限制的人群——妇女、少数民族、残疾人。对于残疾人来说，出现了完全另一种学习的机会，尤其是对于很难走动的人——依靠网络技术。整体说来，这一政策旨在发展教育领域的“民主化”。

国家的调整作用还体现在，在保障必要水平的同时，决定整个教育体系中“私人教育”的地位、作用及其他因素。不同国家这种比例是不同的。原则上，中学的私人教育对于国家的意义重大，有1/3以上的学生都是在私立中学学习。这些学校依靠班级人数较少而保障了更高的教育和教养水平。这不仅为孩子的个别教学提供了机会，而且与国立中学相比，给教师提供了更高的劳动报酬。同时，也有这样一组资料（其中以智利为例），私立中学的教育水平只比国立中学高一点。

许多西欧国家没有硬性限制私人教育，尽管这些国家，如挪威、瑞典，在很大程度上是立足于国立教育的发展。那里共有1%—2%的学生在私立中学学习，同时私立中学处于国家的严格监管之下。美国过去更多地让孩子就近入学，现在父母开始选择学习的地点和教育的类型。此外，为了减少家庭在私立中学上学的费用，美国政府还特别发行专门的优惠券给没有高收入的人就读。这种例子在其他国家也有。

20世纪90年代的欧洲东部，无论是中学私人教育，还是高等私人教育都获得了迅猛发展。比如，据别兹格拉斯纳亚的资料，1994

年俄罗斯登记并批准了144个非国立大学，而1998年已经有334个。该现象的解释是：过去这些国家的私人教育实际上完全不存在。的确，在私立学校迅猛发展的条件下，多大程度上可以提供优质教育仍是一个问题。由于东欧国家的教育服务市场还处在形成阶段，既可以发现保障高教育水平的学校，又可以看到不符合这些标准的学校。

确定教育发展发向，即制订教育计划的问题，仍是国家政策最重要的问题。其中一个严肃的问题是，在现代条件下，教育领域国家政策的制定时间大大缩短了。如果过去这一个周期需4—5年，那么现在，正如斯特伦奎斯特和蒙克曼指出的，教育计划在11—12个月内产生并“消亡”。因此，国家面临一个任务——将为期5年的“战略规划”政策调整为对正在发生的变化“不断灵活地进行响应”。

许多国家的教育政策着眼于扩大个性自我发展的机会，着眼于培养世界观，使个人在不同的人生境域里都可以始终如一，从容面对。在规划教育时，许多国家越来越注意一生中教育的不间断性。确定教育政策取决于国家最重要的任务——学习动机的发展，编写所谓的“产生动机”教科书，该书不是某一学科知识的综合，而是要激发其学习和认知的兴趣。

不同水平的教学大纲对内容的丰富和补充很大程度上也是在国家政策的范围内。如果过去的出发点是必须首先教会孩子们读、写、算，那么现在更多地是重视必须掌握电脑和交际技巧。

不同国家给自己提出了不同的任务，并以不同方式确定国家教育政策的主要方向——这取决于既定情况、发展的优先方向、经济潜力等。它们表述了主要任务以及对不同人群的教育政策。一般来说，发达国家要比发展中国家将更大比例的国民生产总值用于教育。而且，这一费用经常增加。伊诺泽姆采夫引用了十分能说明问题的统计资料：美国从1958—1972年间，其教育费用在整体上从国民生产总值的11.8%增至14.8%。苏联宇航取得成功后这一个时期，美国开始特别关注教育，最后终于取得了成功。

然而，大部分国家还未达到国际教育委员会建议的21世纪教育费用水平——国民收入总值的6%。这个数字最能有效地保障教育与社会消费之间的关系。

国家教育领域的优先发展方向是不同的。比如，如果发达国家成年人教育旨在培养具有足够高的知识和技能水平的人，那么发展中国家提出的则是另一个问题：给当时在孩提时代未能接受教育的人提供初级教育。遗憾的是，整体说来，这些国家常出现这种趋势：下层人民的教育完全被忽视。对于初级教育以及成人教育这点特别典型。20世纪末近10亿人，即地球居民的1/6是文盲。换句话说，这些人的知识水平极为低下，不符合现代最低标准。这主要是“地球南方”的人口。

目前，国家在区域和国际级别上越来越紧密地与非政府机构，以及与在学校、地区、大学中兴建并发挥作用的商业机构进行合作。它们的任务是组织休闲活动，组织年轻人假期就业，自主管理中学、大学等。同时，国家常常是这类活动的协调员。国家在教育一体化中的协调作用急剧增大。最明显的例子是博洛尼亚进程。

政府间组织和非政府组织正积极参与教育的发展与规划。政府间组织中应该首推联合国及其专门机构，包括联合国教科文组织（英语：United Nations Educational, Scientific and Cultural Organization, UNESCO），联合国儿童基金会（英语：United Nations Children' Fund, UNCF），联合国发展纲要（英语：United Nations Development）等。政府间组织使用不同来源的资金。如联合国儿童基金会依靠政府和非政府捐助；联合国教科文组织从成员国政府获得资金；而世界银行依靠商业活动获得资金。

关键术语

智力流失	教育商业化
教育全球化	教育
远程教育	教育民主化
教育一体化	私人教育
博洛尼亚进程	联合国教科文组织
教育非中心化	联合国儿童基金会
	联合国发展纲要

讨论题

现代社会的教育和知识的地位如何?

20 世纪末，用在教育上的物质和时间耗费以及具有不同教育程度的人的收入是如何变化的?

新技术对教育有何影响?

教育全球化体现在哪里?

博洛尼亚进程的主要特点是什么?

教育非中心化是什么?

教育商业化和私有化的原因是什么?

国家在现代教育中有何作用，它解决了哪些主要任务?

实践题

根据因特网的材料，选出 10 个进行世界政治和/或国际关系方面培训的大学。仔细分析它们提出的培养计划?它们在哪些方面是一致的?每一所大学有何特色?你会选择哪种培训计划，为什么?

参考资料

巴拉巴诺夫、列别杰娃:《现代社会的全球化与教育》，载《全球化:人类的衡量》，莫斯科，2002，第 54—77 页。

杰尼先科、拉祖莫夫、捷列绍娃:《教育与人类的发展》，载《人类的发展:社会经济进步的新标准》（教科书），莫斯科，2000，第 276—317 页。

博贝列夫主编:《关于俄罗斯联邦人类潜力的发展的报告:第六章——俄罗斯人类潜力发展与教育》，莫斯科，2001，第 96—106 页。

伊诺泽姆采夫:《经济社会之外》，莫斯科，1998。

伊诺泽姆采夫:《分裂的文明》，莫斯科，1999。

伊诺泽姆采夫:《后工业世界的不可避免性》，载《后工业世界与俄罗斯》，莫斯科，2001，第84—104页。
斯莫林：《俄罗斯的教育问题》，载《后工业世界与俄罗斯》，莫斯科，2001，第540—553页。
图罗乌：《资本主义的未来》，新西伯利亚，1999。

网络资源

教育与师范学理论学院:http://www.itop.ru
俄罗斯的高等学府:http://vuz.rin.ru
莫斯科的高等学府:http://www.mos-edu.ru
世界大学教育大纲的参考资料:http://student.by/com

第三编　现代社会世界政治进程的调整

《威斯特伐利亚和约》造成的国家间关系最初的“无序”性（这一点可以同意现实主义派别代表人物的看法），要求作为主权与独立的国家要形成自己的“对外政策”，即自己对外部世界的目标和优先方向，以及活动的主要方向。对外政策首先是在“外交”的帮助下实现的。几个世纪以来，外交过去是，并将一直是实施对外政策的重要工具和调整国际关系的主要手段。随着世界政治格局的发展，外交也发生了变化，产生了外交工作的新形式与方法。但是，近年来，随着非国家实践者的出现和世界政治格局发生的明显变化，仅仅讨论这些还是不够，必须考虑更复杂的管理现代政治世界的方式。本教科书的最后两章将论述这些问题。

第十五章　对外政策与外交

第一节　对外政策的制定与通过

对外政策的形成是一个复杂的过程。其关键要素在于“对外决定的制定与通过”，其性质取决于许多因素：国家的地理位置、是否具有军事和经济实力、文化历史传统、政治体制的类别、社会结构、政治领袖的个人特点。

对外决定的通过不仅对通过决定的国家，而且对整个人类的命运都能产生关键作用。这在 1962 年古巴危机后表现得最为明显，当时古巴安置了苏联导弹，而美国则封锁古巴以作为回击。当时美国或者苏联领袖作出的核攻击决策，可能导致无法弥补的后果。自从意识到这一事实后，对外政策的决策过程，特别是在冲突和危机条件下，成为科学研究的一个最重要的课题。

到目前为止，科学界形成了许多研究外交决策问题和研究寻找该进程理想途径的流派。这些流派大多“相互交织”着，因此很难按照一个统一具体的理由对其分类。在这种情况下，根据是否处在研究人员的关注焦点中来开展对流派的研究，也许是最有说服力的。比如，澳大利亚作者里卡德森（R. Richardson）划分出了五个主要理论流派：

- 合理选择派；
- 心理学派；
- 制度化派；
- 相互作用论派；
- 体系派。

第一种流派——“合理选择派”（英语：rational choice）——从最适宜的观点来研究决策问题。本流派是指提出问题要有一定的连续性。从最广义上看，它们是：（1）确定问题的本质；（2）选择应该达到的目标；（3）揭示可能的两难情况；（4）选择最好的方案。根据这点，合理选择派又划分出了两个分支：第一个分支是面向形式化分析方法和程序，第二个分支面向非形式化分析方法和程序。第二个分支在评价合理选择时特别强调国家利益及政治目标的作用。许多研究该分支的作者着眼于舍尔林（T. Schelling）的著作。

第二种流派——心理学流派。它在很多方面是作为对过度合理主义的回应而产生的。因此，它的一个主要假设是决定，特别在冲突和危机条件下通过的决定，常常距离合理的决定较远。而且，这应归结于政治活动家的错误决策，他们与所有人一样，常感受到压力。压力成为冲突或者危机条件中特别重要的因素，霍尔蒂以“一战”的爆发为例说明了这点。

该流派也研究与认知的等同性有关的问题。杰维斯的作品《国际政治中的认知与认知错误》（*Perception and Misperception in International Politics*）就谈论了这个问题，该书出版于1976年，其中用具体例子展示了认知错误与对事实的虚假解释如何导致不正确的决定的。

国际危机条件下对外政策的决策过程特别脆弱。美国研究者乌里和斯莫克研究了这一个进程的心理特点，并将在这些条件下影响决策过程的因素有四个。第一种因素是由参与者的高期望决定的。与通常情况不同，在危机时刻，可能失去，或者相反，获得太多的东西。而且，危机状况涉及至少被认为是双方生命攸关，几乎是主要的利益。由此，一旦犯错误，参与者所蒙受的损失是无法弥补的。乌里和斯莫克指出，1958 年和 1961 年的柏林危机就被西方看做这样的危机，不是因为危机会导致失去一半城市，而首先是因为对北大西洋公约组织带来了威胁，从这个意义上说，危机已涉及西方很重要的利益。

危机时期在决策中影响政治活动家的第二个因素是时间不足。国际危机的事态发展波澜起伏。比如，1962 年的古巴危机，1967 年、1973 年、1982 年的近东危机，还有许多其他实例。政治活动家被迫很快对情况的发展作出反应。分析情况的时间实际上已经没有了。而且关于危机可能的进展消息常常并非马上能传达到决策者。比如，在古巴危机期间，美国人曾多次核实过苏联在古巴放置导弹的消息，然后才将消息报告给总统。

乌里和斯莫克认为第三个因素是危机的高度不确定性。危机的双方不能马上获得关于对方真实目的和计划的准确可靠的信息。更有甚者，出于保密性考虑，危机条件下，在规划各种行动时，还试图限制有可能获得信息的人的范围。其他一些情况下，决策人拥有的信息绰绰有余，但不同来源的信息带有自相矛盾的特点。

按照乌里和斯莫克的看法，在危机时期影响政治活动家的最后一个因素是选择数量有限。决策人缩小了可能选择的范围。实际上大量方案未被研究。比如，古巴危机第一天结束前，美国行政机关只严格地分析了这样的选择方案——封锁古巴或者采取军事行动。接着，又只讨论了另一个选择方案：是否应该获取联合国及其他国家的支持或者没有它们的支持也能行？

通常制定和决定对外政策的人数是有限的。决策的集团特征，尤其在危机条件下，导致了一系列现象，这些现象由美国研究者贾尼斯（I. Janis）在其作品《集团决策的牺牲者》（*Victims of Groupthink*）中揭示并很详细地描述过了。这些现象的总和被称为“团体迷思”（英语：groupthink）。其中一个最有意义的现象——选择极化现象，即集团中的一些成员，与平均的个人选择情况相比，要么倾向更冒险的选择，要么相反（这种情况极为少见）——倾向于更保守的决定。换句话说，集体决策比该集团每一个成员分别作出决策，而后确定一个折中方案更具有冒险性。在很多研究者看来，趋向风险的选择极化现象，究其原因，似乎集体决策时的风险责任在心理上是和集团的其他成员一起分担的。然而，这不能解释为什么在相反情况下，尽管很少见，极化会发生在相反的方向。

团体迷思的另一种现象是，集团常对不属于自己研究概念范畴的信息不敏感。集团一旦对所分析的情况或者行为作出结论时，与情况参与者的想法相反的信息就被忽视了。因此，集团受制于自身的体制，该体制可能大大歪曲现实情况。

参与决策的政治活动家的个人特点，也是研究心理流派作者的研究焦点。研究者 R. 霍尔曼和 M. 霍尔曼得出结论，“一战”开始之前，政治活动家的决策，很大程度是由其个性特点决定的。

个性特点中，最突出的特点也许是政治领袖的价值观和信仰体系。难怪某一领域的对外政策方针常以国家首脑的名字命名，比如，尼克松主义、卡特主义、勃列日涅夫主义等。

“制度化派”分析的是与对外政策的决策过程的组织有关的问题。其最后的决策方案取决于许多指标。其中，罗西瑙划分出了以下几组按传统方式研究的指标：（1）国家大小（大国和小国）；（2）经济发展水平（富国或者强国）；（3）政治体制的类型（民主或者专制）。近年来，还分析许多其他因素对外交政策的决策产生的影响，比如信息技术发展程度。

“标准化操作程序”（英语：Standard operations procedures）的划分，对于理解具体国家的对外政策将如何构建很重要。这首先是指外交政策的通过流程和决策规则。

从事不同国家“对外政策的比较研究”（英语：Comparative foreign policy）的研究人员，特别关注民主和专制国家的决策问题。在民主制度下，决策过程和标准的操作程序较透明。专制国家的决策在更大程度上取决于偶然因素和领导圈子与政治领导人的相互关系。然而，民主也有其不足。遵守一切程序的决策过程通常占去较多的时间；这时，常常采取民粹主义的决策办法等。

思考材料

美国著名政治活动家和学者凯南写到，对外政策决策过程的民主化使得职业家的观点被不是专家的人的看法所“淡化”。

Kennan G. *American Diplomacy*, 1900-1950, N. Y., 1951.

思考题：

你同意凯南的观点吗？为什么？

制度化派研究的是专门从事对外政策的制定和决策进程的国家机构：国家首脑机关，议会，外交部，其他对外政策部委的作用。阿里森（G. Allison）1971年出版了著作《决策的本质：分析古巴危机》（*Essence of Decision*：*Explaining the Cuban Missile Crisis*）。这是一本经典的研究作品。书中展示，国家机器对外交政策的决策，是通过不同集团利益的冲突和调和来进行的。此时，形成了形式上的和非形式上的集团，这些集团对“自己”的决定，即与它们休戚相关的决议进行幕后游说活动。

“利益集团”（英语：interest groups）——社会的、种族的、职业的和其他集团，极大地影响着对外政策的决策过程。比如，20世纪90年代初期，法国当局在欧盟—美国关于农产品进/出口的纷争中，被迫考虑农场主的立场。利益通常由国家和立法机关的某些集团进行幕后游说，这有时会产生贪污受贿。

军工体系也是强大的杠杆，影响着对外政策的决策。这在冷战时期表现得特别明显。美国总统艾森豪威尔甚至在20世纪60年代宣称，军工体系在他的国家里发挥着十分巨大的作用，这可能会威胁到民主。

最后，还有一个影响对外政策的最重要的工具——媒体，它可以形成对某些事情的社会舆论。媒体对美国当局作出结束越南战争的决定起了很大作用。

近年来，信息噪音的增大成了一个严重问题。随着因特网的出现，电子的、可视的及印刷手段的发展，信息有时绰绰有余，但同时又经常是不确切的或者自相矛盾的。大众传媒试图尽可能更快地报道消息，因此并非总是反复证实消息。泰洛（P. M. Tailor）举了一个例子。1991 年 2 月 15 日，巴格达广电台广播了一条消息，后来被埃塞俄比亚媒体广为传播：说萨达姆同意了联合国第 660 号决议，将从科威特撤军。这个信息实际是不存在的。由于信息噪音的加剧，尖锐地提出了一个关于选择和分析报刊信息的问题。其结果也产生了如何提高从事制定对外政策的分析部门的作用的问题。

第四种流派——相互作用论派，其重点在于分析研究双方互动的过程。其关注的焦点是这样一些问题，如一方的决策对另一方行为的影响。比如，一国不友好的行为会挑起对立方的类似行动。它也研究国际互动的每一个参与者对自己以往决策的依存性。比如，多伊奇指出，正是这些决策要求美国继续在越南采取军事行动。双方类似行为的结果，使双方陷入了“升级的陷阱”之中，从中很难脱身：冲突开始加剧，并开始将其发展逻辑“强加于人”。

最后，第五种流派——体系派的研究强调，政治领导人必须从国际关系和世界政治的大背景上来研究其作出的决定。其出发点应该是，不仅应该分析决定本身，而且应该分析它在世界政治体系所有参与者关系的更为广泛的体系中的地位。比如，研究决定将如何影响世界政治体系不同的参与者——其他国家、政府间组织、非政府组织、国内地区、跨国公司等。

近十年来，由于全球化和世界的相互依存，外交决策越来越大地具有全球性后果。因此，出现了一种趋势：协调对外政治活动。这体现在不同层次、不同渠道，包括在“八大国”、欧盟、不同的国际组织等的框架内。

第二节　外　　交

国际关系和世界政治问题，包括世界舞台上发生的一切，总是政治家、记者、分析家关注的焦点。而寻求实现外交决策的手段，或者实现外交政策的问题，换句话说，也就是外交问题，被关注的范围比较窄。对待外交的这种态度的原因是可以理解的，在某种程度上也是正确的。因为首先必须要认识正在发生的事情，指出主要的外交优先方向和途径，然后再寻找落实的手段。

“外交”这一概念有许多定义，在下列这些著名的书籍中引用过，比如，尼科尔森的《外交》，萨托伊的《外交实践的领导》等。大部分定义的出发点首先是外交是实现国家间关系的工具。在这点上怀特（B. White）在其著作《世界政治的全球化：国际关系绪论》（*The Globalization of World Politics*：*An Introduction to International Relations*）中的“外交”这一部分最具代表性，该书出版于1997年，认为外交是政府活动的一种形式。

其次，强调外交与“谈判进程”的直接联系。尼科尔森以牛津词典为基础，将之定义为“通过谈判处理国际关系的举措；是大使和公使借以调解和处理国际关系的方法；是外交工作或者艺术”。这种解释在今天仍是外交和谈判理论的基础。可以列举瑞典研究者约翰逊（Ch. Jonsson）的名为《外交，讨价还价和谈判》一书中的章节作为谈判理论的例子。该书是国际关系教科书（Handbook of International Relations），出版于2001年。该书从谈判过程这一观点出发对外交进行了详细的研究。

然而，将外交仅归结为谈判是不正确的。除了谈判之外，外交还有许多领事工作，比如协商（不要求通过共同决议，共同决议是谈判的目的）和许多其他类型的活动。因此，经常使用更广的外交定义，在此定义中谈判被赋予重要的作用，或者，正如美国作者霍尔曼写到，谈判是现代外交主要的活动方式，尽管外交还不能完全等同为谈判。

英国研究者贝里奇（G. R. Berridge）的定义可能是理解这种相当广义的外交的例子。在他看来，外交是通过谈判或者其他和平手段（收集信息，体现善意等）来处理国际事务，这些和平手段要求直接或间接地进行谈判，而不是使用武力、运用宣传或者诉诸法律。

因此，几个世纪来谈判是最重要的外交工具。因为谈判符合现代现实，总之与外交一样，获得了新的特点。

哈密尔顿（K. Hamilton）和兰霍恩（R. Langhorne）在谈论现代外交的特点时，划分出了两个关键点。第一，与过去相比，具有更大的开放性。所谓开放性是指，一方面，吸引各阶层代表参与外交活动，而不像过去仅仅是贵族精英参与此项活动；另一方面，更广泛地报道国家所签订的协议。第二，在国际组织层面上“多边外交”获得了蓬勃发展。许多其他作者，包括夏普（P. Sharp）也指出多边外交的作用在增大。

整个20世纪，出现了“外交的开放性”。它与世界民主化的发展有关。因此，谈判、所签订的协议、外交活动，整体上处于舆论的密切关注下，特别是在媒体的密切关注下。美国第28届总统威尔逊是最先打破“开放外交”平静的人之一。他提出了民主外交的思想，主张裁军、自由贸易、自由主义，以及外交对于社会舆论而言的“可接近性”（注册和批准条约的必要性）。威尔逊思想受到了当时政治和社会活动家不同的反应，一些人非常热烈地支持，而另一些人则持怀疑态度。比如，尼科尔森就属于后者。他认为，为了使外交确实有效，它不应该让所有人“一目了然”。后来，这一思想被美国研究者扎特曼（W. Zartman）和伯曼（M. Berman）形象地做了阐述。他们指出，如果公开进行谈判，那么谈判的参与者被“拉到窗前亮相”，而非互相接近。换句话说，公开性会促使双方更多地采取公开行动，而非自己决策。这点上出现了某些问题，在许多方面与外交决策过程的公开化所表现的东西相似。因此，最需要公开的是最终文件，而不是决策的研究和讨论过程。

20世纪下半叶至21世纪初，外交越来越处于社会舆论的监督之下。这是由于媒体有越来越多的机会了解真相，以及批准外交文件的需要，还由于登上国际舞台的常常不是国家机构，而是各种不同的运动——种族的、宗教的运动，以及社会组织和研究“传统的外交问题”的学术界——在冲突条件下寻求一致，提供调停服务等。当然，类似的现象过去就已经广为人知了。然而，20世纪下半叶这种活动开始具有更大规模。因此，在20世纪70年代末至20世纪80年代初，形成了一种特殊的活动领域，即所谓的“外交第二方向”（英语：Track Two Diplomacy），或“非正式外交”。它与外交的“第一方向”——“正式外交”不同。该领域的代表人物主要是退休的研究者、记者、外交官。在美国该流派获得了最大的发展，尽管近年来许多欧洲国家，包括瑞士，对此也非常关注。

如果过去外交活动主要是由双方通过交换使团来实现的，那么今天的外交在很大程度上具有多边特点，它要求两方以上同时参与讨论和解决问题。这是由于现代世界的全球化很快就涉及许多参与者的利益。

20世纪下半叶，不仅“多边谈判”的数量急剧增加，而且多边外交的形式变得更多种多样。如果过去外交主要归结为不同会议框架内的谈判过程（1648 年的威斯特伐利亚会议，1698—1699 年的卡尔落瓦茨会议，1914—1915 年的维也纳会议，1856 年的巴黎会议等），那么现在多边外交是在以下的框架内进行的：

- 国际开放型组织（联合国）和地区组织（非洲统一组织，欧洲安全与合作组织）；
- 会议，委员会和类似的为解决某一问题召开或创建的活动或机构（比如，解决越南问题的巴黎会议以及调解西南非冲突的联合委员会等）；
- 首脑的多边会晤（“八大国” 等）；
- 多方向的大使馆工作（美国原第一副国务卿塔尔博特指出，比如，美国驻北京大使馆将自己很大一部分工作立足于与中国和日本同事一起共同寻求解决朝鲜半岛的问题的途径）。

多边外交和多边谈判产生了一系列新问题，同时在外交实践中也引发了困难。讨论问题参与者数量的增加，导致了共同利益的结构复杂化，导致联盟的建立及谈判会场出现领袖国。此外，多边谈判还产生了大量组织、程序和技术上的问题：必须协商议事日程，谈判地点，制定和通过决议；主持论坛；安置代表团等。这一切促使谈判过程的官僚化。

还必须指出由世界政治发展的现代趋势所决定的现代外交的其他特点。全球化和世界相互依存，致使在高端和最高端上实现外交的意义增大，因为这种外交为“一揽子”解决各种问题提供了可能。还应该考虑到这样的事实：由国家最高负责人签署的条约，为履行该条约提供了额外保证。最后，国家元首的这种会晤有机会很快获得必要的“第一手”信息，以此交换意见。

与此同时，高端和最高端外交也有其不足之处。首先，决议的高规格大大提高了其严重性，因此，也大大地提高了可能产生错误的代价。危机情况下，这一问题特别尖锐。也应该指出，高端和最高端达成的条约在其签订后将一旦被认为是错误的，那么拒绝履行这种条约要比拒绝较低级别的类似条约要复杂得多，因为在这种情况下，是会损害国家高层人士声誉的。

高端和最高端外交的另一个局限性，在于其外交在很大程度上是由个人的好恶决定的，而这影响了对外政治的决策。最后，必须考虑到，高端和最高端外交只有做好充分准备时才能有效。否则，这类会晤的参与者可能成为舆论界的“人质”，被要求迅速解决问题，而采取不正确的措施。正由于如此，尼科尔森非常谨慎地对待高端和最高端外交。他认为，在某些情况下，外交部或者内阁首脑参加重要会议是必要的，但不应太鼓励他们频繁互访。他写到，这样的访问只能激发希望，导致误会，有时会制造混乱。

不断增长的世界相互依存性还造成外交领域的一种现象。国家间关系即便不友好，也被迫组织对话。别里杰的《与敌人对话：没有外交关系的国家如何讨论问题》（*Talking to the Enemy: How States without “Diplomatic Relation” Communicate*）一书很有意思。该书出版于 1994 年。研究人员研究没有外交关系的国与国之间的互动形式，如在别国的大使馆建立“利益单元”（比如，瑞典大使馆 1989 年代表了英国人在伊朗的利益）；使用专门的特使（美国国务卿基辛格专门飞往巴黎与越南大使会晤）；建立共同委员会（比如，20 世纪 80 年代末至 20 世纪 90 年代初的西南非调解共同委员会，其成员包括来自安哥拉、古巴、苏联、美国、南非共和国的外交官，最后阶段，纳米比亚的代表也加入其中。在其工作期间，以下国家没有外交关系：南非和苏联、古巴和安哥拉、美国与古巴和安哥拉）。

世界发展的其他一些特点也极大地影响了现代外交的发展，影响了外交的形式与方法。威斯特伐利亚政治体系的架空，冷战的很快结束和两极世界的崩溃——所有这一切使外交快速并忠实地对所发生的事情作出反应。国际关系快速变化的面貌，对外交提出了积极和主动的要求；否则，对于国际环境有利的作用时机将会被错过。

思考材料

当年美国的一个在国务院工作的外交官接受的建议是：观察、分析、报告，但主要的是——不要干预任何事。

W. C. Olson. *The Theory and Practice of International Relations*, 8th edition. Englewood Cliffs, N. J., 1991.

思考题：

你认为，这个建议在今天具有现实意义吗？

国际关系现代面貌的变化是由其多方位特点造成的。如果过去外交手段对国际关系的调解可归结为对外政策和贸易，那么从20世纪下半叶起，问题的范围大为扩大。需要讨论和调解的领域如下，如裁军、生态、恐怖主义、社会问题及许多其他问题。因此，怀特写到，原则上过去曾是外交讨论对象的议事日程，现在变得极为复杂，而外交官不得不学习以前不熟悉的领域。结果，在培养外交干部时，教学大纲除了传统课程外（国情、历史、法律、经济、语言等）还出现了全新的课程。比如，塔尔博特指出，国外服务学院是美国培养外交干部的主要中心，它开设了关于毒品交易、移民、环境保护、美国市场拓展等课程。

现代社会飞速发展的相互依存性，极大地改变了外交的信息通讯功能，其本质在于告知对方官方立场和从中获得类似的消息。在此，新技术发挥了巨大作用。还在20世纪50年代尼科尔森就注意到，外交部部长可能通过电话同时与许多大使联系。现代英国研究者邓恩（D. Dunn）指出，这样一些通讯技术手段的出现，如传真、电邮、视频等，使得国与国之间的对话极大地集约化。

思考材料

由于信息通讯方式的发展，越来越多的人赞同，外交作为一种职业正在走向消亡。

思考题：

你同意该观点吗？

从地球不同地点快速移动的可能性也促进了国家级别上的信息交换。这对于高端和最高端外交特别重要，它有时变成趣闻。如，詹金斯（S. Jenkins）和斯托曼（A. Stoman）引用负责国家安全问题的美国总统卡特的前助手布热津斯基回忆说，他常看到美国总统通过电话与英国总理大臣及德意志联邦共和国国务总理进行交谈。因为这样的谈话是私人的，谈话内容连大使也未必知道。

然而，主要的问题还不是技术创新，而是外交的信息通讯功能本质的变化。在外交形成的早期，它在很大程度上是靠计谋、参与阴谋、欺骗等手段来实现的。16 世纪末至 17 世纪初，英国外交官沃顿曾注意到外交活动的这一方面。他用开玩笑的口吻表达了这一切，这句话后来成为名言：大使是被派往国外为本国利益撒谎的忠实的人。

有趣的事例!

为了调解阿根廷与英国由于马尔维纳斯群岛引起的冲突，美国国务卿黑格 5 天内跨越了相当于 34 000 海里的距离。

Dunn D. "How Useful is Summitry", D. H. Dunn. L. *Diplomacy at the Highest Level*, N. Y. , 1996, p. 247-268.

后来，公开的欺骗收买及类似的方法退出了外交实践，在尼科尔森看来，这意味着外交的成熟和开始从根本上同 17 世纪至 18 世纪期间形成，并在全世界流行一时的古典法国外交流派与其先前的流派——15世纪的意大利使团区别开来。当然，某些狡猾手段并未完全从外交上消失。然而，类似的影响手段，正如美国研究者德·德里安（J. Der Derian）所说，成为反外交的东西。

现代外交的重点不单是拒绝公开欺骗。事实是，欺骗与谎言，正如阿列克斯尔罗德（R. Axelrod）的研究所表明的，在相互依存及经常互动的条件下无利可图，因为马上会引起反击。因此目前，外交的信息通讯功能首先是为了形成对话。

当年我国文艺学家巴赫金研究的对话及交际的对话性思想，对于外交而言很具有现实意义。"外交对话"要求承认对方有其自身的利益和目标。这不仅很自然、合乎规律，而且从关系发展的观点来看，也是卓有成效的。因此，信息通讯功能重要的不是将自己的观点强加于人，而是通过对话试图寻找双方可接受的解决问题的办法。

国与国间的对话发展反映在关于谈判的理论书籍上。"硬性讨价还价"是指每一个参与者只关心自身的利益，表述自己的观点却极为封闭。取代这一概念的，是与同伴共同分析问题。它要求应相互满足利益，并使谈判具有足够的公开性。

现代社会对对话的要求，是由于必须共同努力去寻求解决生态、恐怖主义、调解冲突、适应一体化进程的发展等正在产生的问题。因此，解决国际问题客观上成为外交的主要功能。

上述所说并不意味着外交已丧失了与保障国家利益，实现对外政治方针等有关的古典功能及活动形式。从民族国家成立时刻起，这些就由外交来实现。然而今天，由于全球化，它们在本质上并不互相矛盾，相反，它们与解决最迫切的世界问题的必要性是一致的。不过，在实践中国家有时还常常为了短期利益而损害长期利益，这是另一回事了。

关键术语

外交政策
外交
对外决定的制定与通过
合理选择派
研究决策的心理学流派
决策人
团体迷思
选择的极化
研究决策的制度化流派
标准化操作程序
院外活动
利益集团
贪污受贿
研究决策的相互作用论流派
研究决策的体系流派
谈判过程
多边外交
外交的开放性
外交的第一方向（官方外交）
外交的第二方向（非官方外交）
多边谈判
高端和最高端外交
利益单元
外交对话
讨价还价

讨论题

对外政策和外交是什么？
存在哪些分析外交决策过程的流派？

为什么研究者和政治家非常关注外交决策过程？

合理选择派的理论有哪些主要观点？

哪些心理因素影响外交决策过程？

哪些主要国家机构从事制定和通过外交决策？

什么是利益集团？

谈判在外交实践上有何作用？

现代外交的特点体现在哪些方面？

多边外交有哪些形式？

高端和最高端外交是什么？在今天其作用是什么？

实践题

运用合理选择派的理论，确定现代俄罗斯外交决策的优先方向。描述情形，选出一对两难选择，挑出其中最合理的一个。比较它们落实时的优缺点，以及在学术界不同作者获得的结果。

参考文献

伊斯拉埃良：《外交官面对面》，莫斯科，1988。

科瓦廖夫：《外交学入门》（第五版，修订增补本），莫斯科，1988。

科洛博夫、科尔尼洛夫、马卡雷切夫、谢尔古奇：《外交的决策过程：美国、以色列以及西欧国家的历史经验》，下诺夫哥罗德，1992。

列别杰娃：《现代外交是调整国际关系的工具》，载托尔库诺夫主编：《现代国际关系》（第2版），莫斯科，2000，第260—278页。

尼科尔森：《外交学》，莫斯科，1941。

萨托伊：《外交实践的领导》，莫斯科，1944。

费尔特赫姆：《外交家的案头书》（英译本），明斯克，2001。

菲舍尔、尤里：《达成一致的途径或者成功的谈判》，莫斯科，1990。

网络资源

俄罗斯外交部:http://www.mid.ru

《外交事务》:http://www.foreignaffairs.org

《外交政策》:http://www.foreignpolicy.com

第十六章　全球管理

第一节　对全球管理的不同定义

一方面，现代世界舞台的参与者众多，世界政治格局变化巨大（对此本书第一部分已谈及），另一方面，存在最为复杂的世界难题（对此本书第二部分已谈及），两者从逻辑上归为一个问题：如何解决这些问题，谁来解决，以及参与者的互动有哪些新规则。

在20世纪，已经很明显，必须对作为一些国家或国家联盟在世界舞台上互动结果而形成的传统国际关系进行更多的调整，以及建立明确的行为准则。两次世界大战，20世纪末的危机和冲突，世界舞台非国家参与者的出现成为这一切的推动力。实际上，完善对世界的管理，创建某种统一的世界大家庭的思想以前就曾表述过，其中包括康德。他写到，贸易不能与战争并存，而且贸易精神迟早会占据所有人的头脑。

20世纪初，主要寄希望于对国际关系进行更明确的法律调整，以及创建政府间组织。“二战”后，当欧洲出现一体化进程时，提出了一个关于“全球政府”（英语：global government），或者“世界政府”的问题，这是世界范围的某种统一机构，类似于国家组织。

20世纪末产生了一种新的概念——“全球管理”（英语：global governance）。这个概念的广泛流行得益于勃朗特和他在联合国全球管理委员会（Commission on Global Governance）的同事们。创建这个委员会是为了讨论如何通过共同努力来解决这样一些全球问题，如生态，与贫穷、疾病作斗争等。冷战的结束也提出了研究制定世界舞台新的行为准则的问题。因此，全球管理问题在20世纪90年代变得很流行。出版了《Global Governance》，《Global Society》杂志。该主题在许多其他刊物上也是中心问题。

目前，划分出了几个对全球管理进行解释的流派。比如，德国研究者德·米西涅尔指出了四种主要流派。在2001年俄罗斯对外与国防政策委员会的报告中也划分了这四种流派，只是有所不同。

第一种流派实际上是重复冷战结束前很久就提过的主张——建立统一的世界政府。其代表人物与以前一样，其出发点是，统一的世界政府是根据国家的方式和类似物创建的。芬基尔斯坦（I. Finkelstein）写到，世界政府应该从事国家政府在其国内所从事的一切工作。问题在于，应赋予其相应的权限。但这种观点目前既没有得到政治界的支持，也没有得到科学界的支持。主要的反对意见是，在政治体系，传统和经济发展水平等有着极大的多样性的情况下，这看起来完全是不现实的。

第二种流派的实质是改革国际组织，尤其是联合国，它是管理的中心机构，而其分支机构开始充当独特的“部”和“部门”角色。比如，安全理事会——政府功能，联合国——议会；国际货币基金组织变成中央银行等。然而，对这一项目也有不少反对意见。其中指出，在国际组织框架内，中心化不可能太强。也有表示担忧的，说联合国很少经受改革：其机构是反映过去时代的现实，而在安理会里，美国作为超级大国而存在，会将一些关于组织民主管理世界的努力化为乌有。由于后一种想法，加尔通（J. Galtung）甚至提出在没有大国参与下进行全球管理。

第三种流派主张“单极世界”，由美国作为主要实践者管理世界。换句话说，第三种流派主张美国霸权主义。现实主义观念取向的作者持本流派的观点。以美国为首的单极世界的最积极的拥护者之一是布热津斯基，他划分出了四个主要领域，美国在这些领域占有统治地位：军事政治、经济、技术和大众文化。

有趣的是，管理世界的“美国方案”思想的拥护者们，有时引用其对手——新自由主义分子的理论观点作为支持自己的根据。比如，他们引用“霸权稳定性理论”（英语：hegemonic stability theory），该理论是在20世纪70—80年代由这些作者们发展起来的，如克拉斯纳，科恩及一些其他学者。在世界政治经济范围内完成的研究中，探讨了经济体系的稳定与某种国家领导的存在之间的相互关系。

这使得人们认定，在某个霸主国家存在时建立了一种稳定的经济体系，这是因为领袖制定的规章和行为准则，也为其他人所接受。

然而必须指出，霸权稳定性理论表明，只在一个领域——经济领域，有领导权的可能性。同时，将政治、经济、文化生活领域的行为规范强加于人，一般来说，会引起国际互动其他参与者的强烈不满。

与前面的流派一样，美国霸权思想引发了大量批评意见，包括对于单极世界的观点的批评意见。奈在其2002年出版的书中令人信服地说明了实现该流派不可能，该书称为《美国实力的自相矛盾：为什么唯一的世界超级大国不能单独行动》(*The Paradox of American Power: Why the World's Only Superpower Can't Go it Alone*)。主要理由是现代社会已经不能不考虑到目标、利益和其他参与者的积极性。

最后，第四种流派主张，全球管理的出发点是世界的多中心性，它要求不仅国家和国家间组织，而且还有其他实践者也应参与管理。让这些实践者参与全球管理，正是本流派与以往的流派的主要区别。

各种不同的集团参与全球管理的重要性思想由来已久。功能主义者是头一批注意到合作可能导致政治变化，并最终致使创立“世界大家庭”（英语：world society）。功能主义的创立者米特拉尼还在1943年就写到这点。他强调，单一组织级别上的合作最终会取代过去的政治机构，包括民族国家。后来，世界大家庭的思想在哈斯(E. Haas)、格鲁姆、比尔东（J. Burton）和许多其他作者的不同文章中出现过。

20世纪80年代末，结构主义框架下的这些作者，如文特(A. Wendt）和拉杰（J. Raggie）翻译的作品，对于理解全球管理问题是很重要的。他们指出，随着世界的发展，人类不仅会创造物质机构，而且会创造统一的社会机构，它们是未来发展的重要因素。在研究国际关系和世界政治时，不同层次的联系和关系变成最重要的问题。

1992年出版的由罗西瑙和塞姆皮克（E. O. Szempic）主编的《无政府管理：世界政治中的秩序与变化》（*Governance without Government: Order and Change in World Politics*）一书极大地推动了上述最后一个流派的发展。书中讨论了这种管理的可能机制。在早两年出版的《世界政治中的涡流化》（*Turbulence in World Politics*）一书中，罗西瑙写到，管理是一种规则体系，是全部人类活动的典型体系。他理解的管理，涵盖了不同政府的活动，还包括了许多其他机构和集团。

20 世纪 90 年代的科学书籍中还产生了一个术语——“新多边性”（英语：multilateralism）。与经典理解多边性是几个国家的合作不同，德国作者努舍列尔写到，新术语包括的含义广泛得多：

- 国际关系中的法学基础和文明起源加强了；
- 通过使用地区的或者全球的调解机制共同解决全球问题；
- 巩固联合国体系的作用，将其作为世界性的协商论坛，解决战争与和平问题的一级机构，解决全球问题的倡议者和组织者；
- 增强跨国全球网络框架中国家与非国家参与者之间越来越多的互动。

因此，努舍列尔事实上综合了全球管理两个流派。一方面是联合国改革，另一方面吸引非国家参与者与国家参与者一起参加共同活动，解决迫切问题。

当回到由不同参与者的互动解决世界问题时，必须说明，在现代政治实践中可以找到大量这类成功合作的例子。

获得最大发展的一个领域是对冲突的调解。美国研究人员蒙特维列（J. Montville）划分出了非正式外交活动的三个相互联系的领域。第一个领域旨在使冲突双方代表之间开展讨论，以改善他们的相互理解；第二个领域是对社会舆论施加影响，使社会意识支持用和平手段解决冲突；第三个领域立足于共同的经济发展。这三个领域是对国家机构和政府间组织行为的补充，以利于调解冲突。

而且，正如美国研究者克尔曼（H. Kelman）和科恩（S. Cohen）指出的（他们与冲突双方代表曾进行过非正式讨论），这类会晤和一般的非正式外交不可能也不应该被认为能够代替外交的和政治的谈判。而只是对这类谈判的一种准备工作。

还有一个方面很重要。不同的参与者不仅在局势发生改变时（联合国工作的改善等）互动，同时，管理功能还会重新分配，从国家转移到其他国际互动参与者。乔治·海利用示意图（见图 16.1）相当明确地展示了这一事实。示意图中所有参与者的重新分配取决于它们是哪种级别（超国家的，国家的或者国内的），是哪个部门（私人的，公共的或者第三方（社会组织））。

	部门		
	私人的	公共的	第三方
超国家的	跨国公司(如IBM，壳牌)	政府间组织(如联合国，世贸组织)	非政府组织(如牛津灾荒救济委员会，绿色和平组织)
国家的	国际航空公司(如美国航空公司等)	20世纪的国家	国家非商业组织(如美国红十字会)
国内的	地方商业机构	地方政权机构	地方团体

图 16.1　20 世纪管理功能从国家再分配给其他参与者

资料来源：约瑟夫·奈：《美国实力的谬论：为什么单极世界不能单独行动》，剑桥，2002，第 46 页。

有趣的是，世界政治经济领域的专家是第一批指出国家不能将管理垄断在自己手中的人之一。斯特棱杰在 20 世纪 90 年代写到，所有国家，不论其领土、大小、实力如何，当面临正在发生的技术和金融变化以及面临国内经济加速一体化成为统一的世界市场时都在弱化。有趣的是，正如费尔久森写到的，斯特棱杰开始自己的研究是为了给国家展示所发生进程的本质，以便国家能够调节这些进程。

紧跟在世界政治经济领域的研究者之后，研究国际非政府组织的专家们开始谈论管理功能的再分配。

这样一来，国家在改变自己的功能并将自己的功能部分转交给其他参与者的同时，也将部分管理交给它们。正如德国研究者里塞（Th. Risse）激情地写到，这是我们以前所了解的国与国间世界的结束。

管理功能最终究竟将会不会再分配，未来世界政治格局的观点实际上给出了这一问题的答案。

第二节　全球管理的问题与前景

在分析全球管理的现代结构时，突出的第一点，就是其纷繁多样的特征。威斯特伐利亚体系中，国际法规规定了各个国家平等的法律地位，正在显现的新体系不体现这一点。世界政治体系新参与者们的“管理资源”及其多种多样。“管理资源”可能是联合国决策时国家的政治呼声，跨国公司的金融能力或者社会舆论对非政府组织的信任度等。这类资源很难比较，意味着其各种不同的组合后果很难估算。同时，国家保留了其作为国际法主题的垄断权。

第二个重要因素是，形成的世界全球管理关系不像存在于国内的那样等级森严（虽然硬性等级标准在国内也已淡化）。而且，它们已经不是像古典威斯特伐利亚体系要求的那样，是无政府主义的。罗泽乃，梅斯涅尔和许多其他作者写到了这点。

现代政治的基础，是通过大量不同水平的各种协商来制定集体决议。俄罗斯研究人员谢尔盖耶夫的观点，对于理解正在形成的全球管理体系具有启发性。他把通过谈判来协商不同集团的利益，看做民主，即民主管理。正如卢科夫写到的，从全球角度上看，这对于“集体管理相互依存性”，这可能会是展示机遇的多边的国与国之间的形式。这也可能会是国家和非国家参与者代表的共同会晤。后者的一个例子是2002年8月在约翰内斯堡举行的可持续发展大会，大会展示了在解决全球问题时，各政府、商业机构、非政府组织的合作互动的思想。

的确，严峻的问题不仅是如何寻找解决方法，而且是如何真正解决问题。换句话说，即便想方设法，成功地将不同参与者的行动通过共同努力达成了一致，执行功能也暂时难以实现。其中的一个例子便是履行京都议定书的复杂性。

第三个特点是，在全球管理中已经使用了各种不同的形式和方法，而且，很显然，这一趋势将继续加强。国家、非政府组织、政府间组织、跨国公司通过共同的论坛讨论作出决策（包括在约翰内斯堡的可持续发展会议）。在其他情况下，实践者为了共同目标展开平行活动，比如，调解冲突。于是功能发生了分化。国家，政府间组织可以引入维和部队使发生冲突的双方脱离接触，可以在冲突双方政治精英层面上调和接触。而非政府组织可以在平民中间工作，尽力缓解民众对敌方的负面成见，并提供人道主义帮助。

在此，行动的协调一致是很重要的。由于不同的原因，包括卷入进程的参与者太多，常常很难达成一致。然而，尽管存在这一切困难，但是目前，下列全球管理的因素仍然表现得相当清晰：

- 不同参与者的参与；
- 它们之间的关系不分等级；
- 互动形式与手段多样；
- 使用谈判手段达成一致。

还有一个关键问题是，在正在形成的世界政治体系中，应当通过怎样的途径对实践者间的管理权限进行分配。

第一种途径是混乱的，难以控制的。各国间，国际关系的其他参与者之间的“拔河绳索越拉越紧”，甚至可能使用武力等。该途径是，国家被动地表现自己，企图限制非国家实践者实施管理功能，迫使它们在其硬性控制下活动。对此，国家原则上拥有很多政治和法律资源，正因为如此，国家仍是世界舞台上的主要实践者。但国家在金融和经济方面，以及在社会舆论的支持度方面资源较少。

在这种难以控制的途径框架内，可能有一种解决方案：不需特别抵抗，国家就将管理功能转交给其他实践者。任何一种情况下选择该途径时的缺点，是全球管理体系在很大程度上是自发形成的。在极端情况下，该方法可能导致国家中心世界体系突然因而病态地解体。至于这种解体以何种具体形式发生，这还很难预测。但有一点很明确，无论这种激烈变革的长期后果如何，变革本身将导致极大的社会和心理震荡。

第二种途径是国家运用其拥有的资源和其他实践者一起“构建”世界新格局。这种途径是“危机管理和建立新结构的途径，创建新的世界结构的途径，这要考虑到新现实和不同实践者——国家、国家间组织、非政府组织、最大的金融和商业机构等利益的途径。

采用这种途径中也有不少问题。首先，国家本身应该相当协调一致地行动，如果考虑到国家的多样性，这就不简单。其次，必须与许多“肤色不同的”的非国家主体签订条约。由于其利益的复杂性和多样性，签订相似的条约是不太可能的。同时，必须注意，历史上也存在很难将利益协调一致的例子。当年谈判签订《威斯特伐利亚和约》的参与者们也曾遭遇类似的难题。考虑到社会舆论，非政府组织、商业机构、国内地区的立场，欧盟中在几十年里也曾发生很难协调一致的情况。当然，上述情况下的协调一致仅局限于世界的一个地区。

思考材料

那时，国内体制的政治模式，以及名为威斯特伐利亚体系的国家间相互关系，先在欧洲被接受，后来在全世界流行。

思考题：

你认为，欧洲联盟会不会是未来世界政治体系的雏形呢？

在谈到国家与非国家参与者利益的联系时，应该指出，非国家参与者常常表现得很有侵略性，完全不顾及与国家机构的合作关系。此外，还有一个问题是，这些国家机构应与哪些非国家参与者合作。近来，分析家们越来越经常注意到，有可能发生这样的危险，即利用国家机构，包括利用外交渠道进行毒品贸易和其他类型的非法贸易。最后，国家利益对非国家参与者来讲有时是矛盾的。比如，一方面，国家对大型的外国投资感兴趣，另一方面，国家对本国商业实施保护主义。

因此，提出了一个问题：未来全球管理会不会变成专制管理？许多作者，包括巴拉巴诺夫都关注了该问题。这种担心的理由是，许多非政府组织、跨国公司和国家根本不是在民主原则下建立起来的。然而，大部分研究者还是给予了否定的回答，其论证依据是，专制主义全球管理的产生，与现代社会发展的一个重要趋势——民主化是矛盾的，这既表现在世界民主国家数量的增长，还表现在非政府组织、社会舆论、世界舞台上正在形成的互动所起的越来越大的作用上。

整体来说，对不断改变的现实，国家很难适应和被同化。同时，国家对此从来不选择单一的途径。通常，国家使用不同手段进行活动，与非国家参与者合作的同时，试图限制其权力欲望。费尔久森认为，管理功能的再分配很可能会通过多次的尝试、犯错误，带有很大的偶然性。问题只在于，国家尤其是主要国家将来会不会努力组织这一进程，并将其纳入明确的轨道。顺便说一下，一些研究者、政治家，包括对外政策与国防政策委员会的代表，把主要国家将世界“推往”所需要的方向看做组织全球管理的一种途径。从这个意义上讲，的确不是在谈（至少在第一阶段）全球管理，而是在谈“全球调整”。

第三节　全球管理中的俄罗斯

俄罗斯参与了世界政治体系的改革进程，保留了巨大的可能性，这对威斯特伐利亚世界体系极为重要，而且时至今日还未失去其意义：军事潜力、领土、原料资源等。因此，俄罗斯经受该体系的衰败是非常艰难的。还有其他一些原因，既受到俄罗斯近期发展的制约，又受到其历史的制约，这些都促使俄罗斯不适应已出现的变化。

古典威斯特伐利亚世界体系要求在国内有十分严格的隶属规则（等级制度），有强大的国家政权（由此该世界模式还有另一个名称——国家中心模式）。正如舍夫佐夫指出的，俄罗斯政权从来具有不可分性，这种政权简化了其结构，在俄罗斯继承的国家中心主义看来，是一种独特的等级制度——重点在于服从性和垂直性。

俄罗斯政治，无论在革命前，还是在苏联时期，表现在追求国家中心化，反对妥协，把妥协看做暂时的让步。集中管理的趋势在苏联时期达到了“顶峰”。许多研究人员，包括弗库雅玛都注意到了这一点。他写到，苏联体现了国家的韦伯类型。正因为如此，该类型与过去的沙皇俄国一样，与签订威斯特伐利亚和约之后欧洲形成的关系体系很好地“融合”起来。该体系主张成为强大国家，追求在国际舞台上占关键地位。对于现代俄罗斯而言，背离该体系很难。对此还应补充国际关系两极化的瓦解因素，两极化时期，俄罗斯曾是其中的一极。

应该说，俄罗斯的困境不是独一无二的。美国虽然轻一些，但也很难经受后两极世界的重大变化。然而现在俄罗斯情况变的复杂的原因还有：在十多年时间内，发生了政治、经济、社会转型。在本身就很困难的状况下还伴随着大量的消极因素，出现了过去未曾出现的新问题，包括公开的种族冲突、失业等。

所有这些都是在国家政权垂直性减弱的背景下进行的，这既有客观原因（向市场经济过渡，民主化），也有主观原因（推行改革的错误，干部的频繁变动等）。所有这一切使得管理问题尖锐化。社会开始形成对“恢复秩序”，加强国家性和加强国家在国际舞台上的地位的需求。因此，俄罗斯十分欢迎果断的行动，由此展示国家的力量和实力。

根据调查，在社会情绪中，到20世纪90年代末，已明显形成了对加强国力与秩序的需求（谢多夫，库特科韦茨，克利亚姆金和其他研究者写到了这点），而在对外政治领域，俄罗斯十分残酷地经历了大国地位的丧失。在这方面很有表现力的是，根据罗米尔公司2000年2月的调查，对“你对自己投票拥护的总统有何期待?”这一问题的回答中，居第三位的回答是：“回归大国地位。”引人注目的是，这种回答很突出的背景，是存在着大量与车臣的军事行动、经济、社会问题有关的其他问题。

上述所说的是否意味着俄罗斯在客观上没有准备好适应新的世界现实，没有同其他国家一起去适应全球管理的共同活动呢？显然不是。首先，俄罗斯在现代社会上拥有相当大的政治潜力，这是第一个主要的资源。俄罗斯是联合国安全理事国，是“八国”和许多其他国际组织的成员。考虑到在现代条件下国家仍是主要参与者，它们能够决定未来政治发展的方向，那么俄罗斯的这一状况很有意义。

俄罗斯的第二个主要资源是教育和科技潜力。依靠自己的智力潜力，俄罗斯能够成为危机管理和新世界政治格局形成的倡导者。它能够建议制定整套的发展计划，该计划能规定邀请广大参与者，包括非政府参与者，进行一系列关于世界未来结构的谈判。还可以指出俄罗斯的另一个资源——几十年来本国所积累的在利益交织的条件下解决复杂问题的外交经验。

陷入两难境地的可能性：由于世界发展的客观趋势，走保留威斯特伐利亚世界体系的道路对俄罗斯而言，在最好的情况下也会陷入绝境。最后，选择立足于“摆脱”外部世界，集中精力于内部问题，然后以其经济和政治潜力重新进入国际关系，这条路也是不正确的，这有许多原因：首先，由于强大的经济、技术和其他的世界相互依存性以及全球化的现代阶段，这实际是不可能做到的。其次，目前，发展速度如此之快，使得任何一种孤立或者自我孤立，不可避免地将使选择该途径的国家走向历史的反面。

关键术语

全球政府或者世界政府
全球管理
世界的单极性
霸权稳定性理论
世界的多中心性
国际社会
两极体系
新多边性
外交的第二方向
威斯特伐利亚体系
管理资源
危机管理
全球调整

讨论题

关于全球管理有哪些主要观点？

“全球政府”和“全球管理”概念的区别在哪里？

“新多边性”是什么？

为什么一个国家甚至一个最强大的国家未必能管理世界？

现今体现了全球管理的哪些特点？

进行全球管理有哪些困难？

在全球管理中国家有何作用？

在正在形成的新的世界政治格局里，实践者之间再分配管理权限有哪些可能的途径？

俄罗斯在全球管理中会有何作用？

实践题

假设你收到准备关于全球管理（调整）的国际论坛任务，你会怎样组织和进行这个论坛？谁可以进入该论坛准备的倡导组？你想象俄罗斯、其他国家和国际参与者们有何观点？请分配角色并准备“全球管理的国际论坛”的公务游戏。

参考文献

巴拉巴罗夫：《全球管理与全球合作》，载《全球化：人类的衡量》，莫斯科，2002，第31—53页。

格鲁姆：《国际参与者不断多样化》，载齐甘科夫主编：《国际关系的社会学流派》，莫斯科，1998，第222—239页。

列别杰娃：《新世界政治格局的形成及俄罗斯在其中的地位》，载伊利英、伊诺泽姆采夫主编：《世界发展的大趋势》，莫斯科，2001，第152—169页。

梅斯涅尔：《世界秩序格局：全球问题的解决方略》，载《世界政治》（俄语版），1998年第11期。

努舍列夫：《新世界政治：多极性取代美国世界》，载《世界政治》（俄语版），1998年第11期。

谢尔盖耶夫：《谈判进程的民主》，莫斯科，1999。

费尔久森：《20世纪末的全球社会》，载齐甘科夫主编：《国际关系的社会学流派》，莫斯科，1998，第195—221页。

网络资源

http://www.worldcitizen.org

http://www.wfs.org

《世界政治》杂志:http:www.germany.org.ru

结　语

近 15 年来世界舞台上所发生的事件，使人们在很多方面以另一种方式看待这样一些习以为常的概念和政治事件，如国家利益、冲突和战争、恐怖主义、国家主权和对外政策。

20 世纪末，世界政治被认为是一门独立的学科和课程，它研究现存和正在重新形成的世界政治体系及其结构、制度和进程，清楚地确定了其他学科的学科领域，包括传统的国际关系学科。甚至产生了一个术语"新传统现实主义"（英语：neotraditional realism），用以表示分析国际关系、各国的外交政策、裁军和军备竞赛问题的研究方向。这些问题目前完全没有从议事日程中消失。

世界政治是一门研究今天的政治现实和世界未来发展趋势的科学。这造成了研究的一定困难。世界上每天都有事件发展的新情况，其中有些与原来的观点不相符，促使人们重新思索某些规律。在许多方面，世界政治事件发展的转折时刻是这样一些事件，如苏联解体和冷战结束、2001 年 9 月 11 日美国的恐怖主义事件、2002 年印度尼西亚和俄罗斯的恐怖行为等，都成为对国际安全的严重挑战。其他事件可能对世界的发展趋势不具有（或者暂时不具有）极其重要的影响，但从事实来看，也是重要的。比如，2002 年 9 月 17 日通讯社报道说，朝鲜"解冻"了自己的核计划。该消息引起了许多国家，特别是其邻国的担心。事实的背后到底是什么——某种战略手腕还是更多的东西——只有未来能够证明。对于世界政治本身而言，所有这些事实和事件只说明一点：世界政治永远无法"写完"。

关于世界进程的发展趋势，那么暂时，虽然还是有几分胆怯（因为占统治地位的是军事政治和经济主题），"人的因素"已开始显露。人以及人的问题、机遇、知识和技能越来越成为世界政治研究的重点。

写教科书总是很难的。当科学还年轻，尤其在俄罗斯刚起步，而且还是研究现实问题和完全在将来才能表现出来的趋势时，就更加困难。

第一，其他国家早已研究出来并已习以为常的某些概念和方法（比如，分析角度、世界政治经济、霸权稳定性理论等），在我国科学界中远不是这样。甚至在信息和通信技术迅猛发展的现代，尚需要一定的时间向我国读者介绍。

第二，新的研究对象促使引入新概念，但显然，这样做需要十分谨慎。其中之一就是“世界政治体系”，它指的是对政治的整体研究方法，不硬性划分国外和国内政治。世界政治体系得以分析政治制度和全球性事件；展示全球环境如何向更低的政治级别——地区的、民族的和局域的——提供发挥作用的“走廊”。

第三，世界政治是一门极其快速发展的学科。它要求关注每天的事实和事件，要求对新闻保持持久的兴趣。因此，任何一本，即使是最理想的教科书都不可能是教学过程中唯一的一本书。科学论文、学术专著、通讯社的资料都可以经常把新现象与原有的一些解释进行比较。

我们只能够向揭示秘密的目标接近，对未来作出自己的预测，并看看预测有多少是正确的。但是政治发展是长期的，正在加速前进，给我们提出新的科学和实践问题。世界政治及其研究的巨大吸引力就在于此。

术语解释

闭关自守

在经济，政治及其他领域的国家自给自足。

亚太经合组织

亚洲—太平洋地区国家，包括俄罗斯、美国、日本和中国，以及该地区其他许多国家之间就贸易和其他问题进行的讨论和谈判会议组织。

力量均衡

现实主义的概念之一，描述国家如何解决国家安全问题。一方的国家利益与相对立的一方国家利益的对抗形成了一个平衡系统。国家间的和平被理解为这个系统框架下国家间的力量平均分配。

水下弹道导弹

布置于公海，安装在潜艇上可运载核弹头的导弹。

两极格局

具有两个力量中心的国际关系格局。国际关系两极格局的实例是冷战格局。

国家联盟

为了达到某种目的而组成的国家集团，或者由国家建立的联合体。例如北约，华沙条约组织等军事—政治联盟，或者石油输出国组织等贸易联盟。

布雷顿森林体系

包括政治和经济关系的体系。1944 年 7 月，在美国的新康普士州布雷顿森林小镇举行的多国会议上创立。与会者的出发点是：稳定货币汇率，活跃国际贸易，为“二战”中经济遭受极大困难的国家提供援助。同时成立了国际货币基金组织和世界银行。

国内生产总值

衡量国家经济生产的标准。不同于国民生产总值，只评价国内生产情况。国内生产总值是衡量民族经济指标的国际标准。

国民生产总值

一年内国内生产的商品和服务的总价值，是衡量国家经济活力的标准。

货币联盟

在两个或几个国家领土上建立统一的货币体制。

维也纳会议

1815 年的和平会议，结束了拿破仑战争，并建立了名为“欧洲音乐会”的国际关系体系。会议的成果还包括建立了调整国家间外交关系的明确的规则。

凡尔赛条约

于 1919 年 6 月 28 日在法国凡尔赛签署的和平协议，结束了第一次世界大战。

威斯特伐利亚和约

于 1648 年，欧洲 30 年战争结束后签署的和约，是民族国家体系和国家中心世界格局形成的开端。

相互依存关系

国家及其他参与者的相互联系，某个参与者的行动会影响到其他参与者，乃至整个世界局势。

对外政策

由政府在国家边界之外，与世界的相互关系范围之内执行的优先政策、原则和行为。

军工企业联合体

该术语表示武器生产商、服务商和国家身份的供货商的密切关系。这些机构致力军事政治问题、关注获得军事订单、增强军事实力等。

可再生资源

储量无限或可通过自然过程再生的资源，如大气等。

重建和平

创造巩固和平的条件，如成立公民社会组织等。

世界卫生组织

联合国的专门组织，用于解决健康问题。

世界贸易组织

关贸总协定乌拉圭谈判后创建的组织，关贸总协定的功能和范围均有所扩大。世界贸易组织还包括一些新的领域：农业、服务业、知识产权贸易等。

高端会晤

国家首脑会晤。

相互确保摧毁

一种威慑学说，认为因为害怕被歼灭，任何一方均不会发起核战争。

性别不平等

男性和女性在经济、社会和政治上的不平等，表现为同工不同酬，女性受教育和升职机会较少，被限制参与政治生活等。

联合国大会

联合国的主要会议机构。根据章程规定，代表所有联合国成员国，全权处理广泛涉及政治、经济和社会的问题。

关贸总协定

1947 年成立的政府间组织，是进行多方谈判的全球性会议组织，目的在于降低贸易中的关税和非关税壁垒。

种族灭绝

有目的地和系统性地灭绝人种，民族和部落群体。

地缘政治

根据其特征也可以看做是符合现实主义基本观点的流派之一。地缘政治从国家疆域、地理位置、气候、地形、人口、资源、出海口等方面评价国家的实力。地缘政治认为，国家的任务在于扩大和增加这些资源。在德国，“地缘政治”一词曾被积极应用于第三帝国的侵略目的。

全球化

一种进程，其结果使民族国家之间的经济、社会交流等界限越来越透明。

全球管理

一种进程，各个参与者借此制定共同的国际社会准则，规范国际行为。

军备竞赛

两个或多个国家为了安全目的和防备对方增加军备。

核武器的水平扩散

拥有核武器的国家数目增加。

“热线”

古巴危机后设立的连通莫斯科和华盛顿的电话线路，用于两国首脑的直接通话。

国家中心模式

威斯特伐利亚和约建立的世界政治体系（也称做威斯特伐利亚世界模式），其中心环节是国家本身。

国家

一种政治构成体，包括疆域、居民、合法主权和被其他国家承认。

七国（八国）集团

七个最大的、工业发达的民主国家：美国、日本、德国、法国、加拿大、意大利和英国，其后增加了俄罗斯。这几个国家的首脑定期组织会晤，讨论现代社会发展最主要的问题。

团体迷思

一种社会心理现象，即在小集团范围内解决政治问题。

不结盟运动

冷战时形成的大部分由发展中国家组成的国家集团发起的运动，以避免被超级大国拉拢以及参与超级大国的竞争，并维护该组织国家的共同利益。

贬值

相对于其他国家的货币，本国货币的价值降低。

外交豁免权

一种原则，根据此原则，外交官在派驻国享受的一定的特权，可不受派驻国司法权的管辖。

外交

国家执行对外政策的方法和实践。

全面禁止核试验条约

1996 年签署的条约，限制核武器领域的进一步研究。

核武器不扩散条约

关于不扩散和禁止买卖，拥有和生产核武器的国际条约。

限制反导弹防御体系条约

于 1972 年签署的条约，用于限制美国或苏联（俄罗斯）中的任何一国利用反导弹防御体系使用核武器。

中短程导弹条约

苏联和美国于 1987 年签署的关于消除中短程导弹的条约。该条约限制了中短程导弹，以及各国在欧洲设置的导弹装置的数量。

裁减战略进攻性武器条约（条约 1 和条约 2）

俄罗斯和美国在 1991 年和 1993 年签署的条约，目的是裁减两国的战略核武器。

"欧洲音乐会"

1815 年拿破仑战争后，由俄罗斯、英国、普鲁士和其他欧洲国家在维也纳会议上建立的国际关系体系，目的在于解决国际问题，避免使争端升级为战争。

欧盟

由 1992 年签订的马斯特里赫特条约规定的欧洲共同体的后继组织。

欧洲煤炭钢铁联盟

1952 年成立的组织，目的是联合六个欧洲国家的煤炭和钢铁资源。后改为欧洲经济共同体。

欧洲共同体

在 1957 年罗马条约基础上由西欧国家组成，是一体化进程的步骤之一，包括欧洲煤炭钢铁联盟、欧洲原子能联盟、欧洲经济共同体。

欧洲经济共同体

根据 1957 年罗马条约建立的欧洲国家最早的"共同市场"。

日内瓦备忘录

1925 年在日内瓦签署的和约，规定禁止在战争中使用窒息的、有毒的或其他类似气体和细菌武器。

绿色革命

20世纪下半叶科学研究成果在农业中的普及。绿色革命大大提高了发展中国家的粮食产量（粮食生产超过了人口增长速度），解决了饥荒。

自由贸易区

经济一体化的阶段性组织，成员国之间互相取消关税壁垒。

理想主义

国际关系理论流派之一，盛行于20世纪上半叶。认为在国际活动中起主导作用的是国家法、国际组织和道德观念。

孤立主义

一种国家政策，限制发展本国与别的国家之间的政治、经济等方面的关系。

进口配额

对本国进口商品数量的限制。

物质生活质量指数

包括寿命指数，婴儿死亡率，识字率等。指数用于判断各国满足人口基本需要的水平。

人类发展指数

包括寿命，识字率，平均受教育年限，收入水平等。

国外援助

由一国向另一国提供的贷款，出口贷款，以及技术和军事援助等。

一体化

国际级别的互相接近与联合的过程。

干涉

一国对另一国内政进行的军事、经济或者外交干涉，也包括入侵别国领土。

和平问题研究

国际研究的方向之一，研究武装冲突的缘起，以及如何预防、调整和解决武装冲突等问题。

京都备忘录

1997年在日本京都签署的协议。成员国有义务减少向大气层排放造成温室效应的废气，避免全球变暖和气候变化。

集体安全

一种世界秩序体系。该体系中，国际联盟集体反对侵略国。

关于禁止研究，生产，储存细菌和有毒武器以及销毁该武器的公约

1972 年签订的和约，禁止使用，生产和储存细菌性武器。

关于禁止研究，生产，储存和使用化学武器以及销毁化学武器的公约

于 1993 年在巴黎签订。禁止生产化学武器，规定对违反该公约的国家，包括未加入该公约的国家进行严厉制裁。

军备控制

关于在不同领域限制，改善，储存和使用某些武器的协议。

联合国贸易与发展会议

联合国大会的常设机构，建于 1964 年，用于解决发展中国家的经济问题。是常设的事务性国际组织，每四年召开一次。2002 年初其成员国有 191 个。

低紧张冲突

一种较为缓和的冲突，冲突双方之间的摩擦不会造成大规模的战争。

限制发展观

由于资源紧缺危机的逼近和环境的极大恶化而产生的学说。认为人类如果要生存，就必须遏制经济发展。

危机

一种恶劣的，危及主要利益的政治局势。危机的特点是事件呈雪崩式的发展，要求采取政治举措来解决。

危机决策

在受到严重威胁或感到潜在危险的形势下，考虑到事件的突发性和时间的紧迫性，由外交最高级别长官采取的外交手段。

贸易自由化

指消除国际贸易的关税和非关税壁垒。

自由主义

国际关系理论的基本流派之一。认为人类总是争取合作与和平，倾向公平和道德。20 世纪上半叶作为“理想主义”广为传播。

自由制度主义

国际关系研究的新自由主义派别。重点研究现代世界的全球性组织的形成情况。

马斯特里赫特条约

1992 年由比利时、英国、德国、希腊、丹麦、爱尔兰、西班牙、意大利、卢森堡、荷兰、葡萄牙、法国等 12 个欧洲国家在马斯特里赫特（荷兰）签订，是创建欧盟的基本文件。该条约于 1993 年获准通过。

国内外政策

科学术语，表示国家在国内和国际两方面同时执行的国家政策。

国际政治经济

一种研究领域，研究国际关系领域的政治与经济的相互作用。

国际原子能机构

联合国的专门性机构，根据不扩散条约和其他控制核武器的条约，负责安全使用核燃料以及核废料的安置。

国际制度

决策的原则、标准、规则和程序。从国际制度的角度看，世界联盟成员国在国际关系和世界政治的某个领域（例如，关税和贸易领域、财政领域、宇宙利用领域等）的预期利益是一致的。

国际货币基金组织

联合国的专门机构，基本功能为：通过弥补成员国的支付缺口，维持成员国之间的货币信贷稳定；保证国际货币合作，稳定汇率；为需要的国家建立外汇基金，使世界贸易规模最大化。

国际法庭

1945 年建立，是联合国的司法机构。目的是解决国家间的争端。位于荷兰海牙。国际法庭有 15 名法官，由联合国安理会和大会的绝大多数投票选出，任期 9 年。每三年更换 1/3 的法官。

洲际弹道导弹

可装载弹头，发射到另一大陆的导弹。

政府组织

在成员国家签署的国际条约基础上建立的组织、机构。

重商主义

一种学术派别，以及相关政策，认为必须增强国家的经济实力，发展民族经济。

移民

从一地迁移到另一地。

“和平优势”

由于裁减武器造成的局势，冷战结束后成为可能。

和平行动

一个广泛的概念，包括各种行动，如调节冲突的军事行动。

缔造和平

为了达成和平协议所进行的斡旋，谈判以及其他外交活动。

世界体系理论

后马克思主义最著名的流派之一。主张世界不仅划分为国家，还划分为更主要的结构单位——阶级。资本主义发展的结果造成国家分化，国家按照经济指标分成三个部分：中心国家（核心国家），边缘国家，半边缘国家。中心国家的生活水平较高，与其他国家相比占据优势。核心国家的发展以其他国家为代价，这样就导致了冲突。

多极体系

一种具有多个力量中心的国际关系体系。

多边外交

与多个国家同时进行外交。

现代主义者

利用建立在自然科学原则之上的研究方法分析国际关系的研究人员。

超国家层面

超出单个国家界限的行动以及政策层面，如政府组织层面。

发展中国家中的最不发达国家

这些国家的人均收入每天1美元左右，商品货币交换倒退为物物交换。有时称做“第四世界”。

民族主义

一种把民族性看做政治认同感形成基础的学说。常用于现代世界的政治冲突，包括武装冲突。

国家利益

（新）现实主义的最基本概念之一。国家利益是由国家决定的，通过外交政策实现国家利益。包括安全保障、独立、以及国家的经济利益。

国家主权

国际关系理论和国际法的基本概念之一，指国家拥有对其领土的全权，国家在国际事务中独立自主。但主权国家也要为自己采取的行动负责。

不可再生资源

数量有限，可能完全消失的资源。

非国家参与者

国家关系的参与者，包括跨国公司、非政府组织、国内地区等。

中立

不加入任何政治军事联盟和组织的国家的官方立场。

新殖民主义

一种理论流派，认为发达国家仍然在继续掠夺发展中国家的经济资源。

新马克思主义

国际关系理论的最主导的流派之一。强调现代世界的经济不平等，世界居民因经济指数的不同，不是以国家边界线，而主要是以“南—北”为轴进行分化。

新现实主义

现实主义的新发展。国家仍然是分析国际关系的基本的和实际上的唯一单位，但是不仅仅研究国家本身，而是首先研究包括联盟和政府组织的整个世界结构。

新功能主义

前身是功能主义。重点研究可促成国际合作的领域，如卫生、新技术等。强调政治决策的重要作用。

新兴工业国家

1970—1980 年经济快速增长和工业高速发展的国家，这些国家从发展中国家进步为中等收入国家。

国际经济新秩序

在20世纪70年代由发展中国家提出的一系列提案，要求建立贸易、援助、投资的新规则，建立发达的“北方”和落后的“南方”之间的利益分配新制度。

联合国

1945年成立的综合性政府组织，目的为维护和平与国际安全，以及经济和社会领域的合作。

联合国教育，科学与文化组织

联合国的专门组织，目的是促进提高不发达国家居民的文化程度，促进各国的科学、文化与信息交流等。

欧洲安全与合作理事会

联合了欧洲各国，以及美国和加拿大的多边组织。主要目的是保障欧洲安全促进合作。

北大西洋公约组织

1945年由西欧与北美的15个国家建立的政治军事联盟。

石油输出国组织

由世界主要的石油出口国建立的国家联合体。

经济合作与发展组织

由经济上最发达的国家组成的联合体，目的在于促进相互的经济合作。

硬实力

以军事力量等资源对国际事务施加影响的能力。

军费开支比例

军费开支与国民经济总值的比例。

白里安—凯洛格条约

1928年在巴黎签署的多边协议，规定战争不能解决国与国的冲突。

有约必守（拉丁语 Pacta sunt servanda，直译为“协议不可破坏”）

国际关系准则，规定条约必须遵守。

温室效应

由于二氧化碳的积累造成的全球温度普遍升高的现象。

和平主义

一种世界观。反对屠杀，主张寻找不流血的解决冲突的方法。

外围国家

新马克思主义理论的术语，指发展中国家。外围国家依赖“中心国家”，而且由于不平等关系发展较慢。

马歇尔计划

美国提出的援助西欧国家的计划，帮助其恢复在“二战”中遭破坏的经济。

贸易支付差额

国家与世界进行的经济往来的金融结算，包括货币的流入和流出。

维和行动

由多个国家和（或）政府组织采取的分隔对抗双方的军事行动。只有在当地国允许的情况下才能进行。

高端政治

有关国家安全的政治。

低端政治

经济，社会等不涉及政治军事方面的政策。

斡旋

调节冲突的方法，由第三国组织谈判，并参与寻求和平解决问题的方式。

后现代主义

20 世纪 80 年代形成的国际关系流派，一方面反对经典理论（新自由主义，特别是新现实主义），另一方面受到新马克思主义的影响，寻求新的理论。

人权

由国际社会认可的全世界国家人民所具有的不可剥夺的政治权利和公民自由权利，该权利在各国际协议和宣言中被明确规定，例如《世界人权宣言》。

“战争权”

主权国家使用武力捍卫自己利益的权力。

“条约权”

主权国家与别国签订条约的权力。

预防性外交

在冲突发展为暴力形式前提早进行的外交活动。

执行和平行动

为了中止已发生的战争而采取的军事行动，迫使交战双方和解、休战或同意投降。

“南北”问题

世界依“南—北”轴线两极分化，导致北半球国家（发达国家）的社会经济生活总水平远远高于发展中国家的生活水平。

联合国环境计划

根据1972年斯德哥尔摩会议结果制定的环境保护计划，目的在于促进环境保护领域的国际合作。

保护主义

利用限制进口来保护国内市场的政策。包括各类关税或非关税措施。

反弹道导弹

反导弹防御体系的要素之一，可在敌方开始进攻之前对其实施核攻击，摧毁其进攻性弹道导弹。

发展中国家

收入和工业生产水平较低的国家。

多弹头分导导弹

在一个洲际弹道导弹上装填3－10个弹头，每个弹头可分别攻击不同的目标。

裁减军备

一个或多个国家缩减，撤销或销毁某些武器的决定。

缓和

对立双方紧张局势的缓和。

武器扩散

超出国界的武器，配件和图纸的买卖和赠与行为。

合理选择

进行决策的一种方式，要求准确了解形势、确定目的、研究可行的方法，并选择达到目的的最佳途径。

现实主义

国际关系的基本流派，认为国际关系是国家争夺统治权的斗争，国家是无序的原始国际关系的唯一参与者。

赔款

对战争造成的损失进行全部或部分的补偿。由战败国支付给战胜国。

实力政策

国际关系的理论流派。该理论的基本前提是：国家应该为了维护和平而进行战备。更“温和”的提法是指一种政治行为准则：即必须注意对方的实际利益是什么，而不是它宣称的利益。只有当所有其他方案都无效的情况下，才能预备使用武力。

罗马条约

由比利时、法国、联邦德国、意大利、卢森堡和荷兰（六国）于1957年3月25日签署，根据该条约建立了欧洲共同体，即欧盟的前身。

国家杠杆

该术语用于形容实现国家影响力和权力的工具。

北美自由贸易协议

由美国、加拿大和墨西哥签署，规定了建立自由贸易区。

北大西洋合作组织

北大西洋公约组织中的分支机构，成立于1991年，目的是发展北大西洋公约组织与中东欧国家的关系。

外交政策比较分析

一种研究方向，研究国家外政行动的模式，以及制约这些行动的因素。

战略防御计划

美国在20世纪80年代初提出的在外太空配置武器，建立备战体系的计划。

关税联盟

国家构成物，成员国同意取消彼此的关税壁垒，建立统一的贸易壁垒体系。

关税

向国家进口商品征收的税金。

影子经济

所有无法正式监测和统计的经济种类，如非法行为（毒品或禁卖品买卖），以及“柜台”下交易。

一体化理论

解释国家如何联合起来，并把一部分主权移交给超国家组织。

霸权稳定性理论

该理论认为，由于霸权国家的存在，可以建立稳定的经济制度，由霸权国设定行为的标准和规则，其他国家则接受这些规则。

从属关系理论

新马克思主义框架中的国际经济和政治模式。由于不发达国家的经济被工业发达国家剥削，不发达国家的资本、技术和商品都依赖于发达国家，而发达国家则利用这种依赖性牟利。

恐怖主义

广义上可以理解为针对和平居民采取的暴力行动或者采取暴力行动的威胁行为。目的是进行政治勒索，强迫和宣传。

后现代恐怖主义

新型的恐怖主义，具有一系列新特点，如使用21世纪的新技术，吸引国家机构对恐怖行为进行反击等。

国际贸易平衡

国家年贸易顺差或逆差，指国家该年进口商品和出口商品总值差额。

传统主义者

国际关系研究者，采用传统方法分析国际关系：历史描述法和直觉逻辑法，撰写小品文式的学术作品。该术语出现于20世纪60年代，两大流派进行研究方法论和方法的辩论期间。

多国（跨国）公司

在国境外拥有企业的公司。

跨国公司参与者

在国境外进行业务的国际事务参与者，例如秋明石油公司、科学生产联合公司等。

持续性发展

只为了满足目前居民的需要而利用自然资源，不损害后代的利益。

智囊流失

专家、工程师和学者离开本国，流向更发达国家。

货币自治

国家不受国际协议或规定的影响，利用中央银行决定本国金融政策的能力。

功能主义

理论流派，认为国家间的经济、技术和其他领域的合作经验也可以用于政治领域。

化学武器

能够摧毁敌对方部队或平民的毒气和其他化合物。

冷战

“二战”后东西方的军事和政治对抗。最早始于20世纪40年代。

联合国经济及社会理事会

联合国的组织之一，负责起草在经济、社会和卫生领域的国际问题建议和报告。

经济自由主义

认为当国家最少干预经济时，国家能得到最好的发展。

禁运

由政府决定的禁止和某些国家进行贸易联系。

种族大清洗

迫害，迁移和屠杀某个民族或种族的公民。

CNN（美国有线电视新闻网）效应

大众媒体对国家或国际组织施加压力，迫使其采取行动。

核不扩散

不研究核武器及其生产技术，不研究把核武器运送到无核国家的运输工具。

核威慑

该理论认为，一国有可能使用核武器，则可以遏制敌对国的进攻。该理论的前提是，国际关系参与者的行为是理性的，大家都努力避免导致使用核武器的毁灭性后果。

核心

新马克思主义所指的最发达的工业国家。